AMBASSADE EN TURQUIE

DE

JEAN DE GONTAUT BIRON

BARON DE SALIGNAC

1605 A 1610

VOYAGE A CONSTANTINOPLE — SÉJOUR EN TURQUIE

RELATION INÉDITE

PRÉCÉDÉE DE LA VIE DU BARON DE SALIGNAC

PAR LE

Comte Théodore DE GONTAUT BIRON

PARIS	AUCH
HONORÉ CHAMPION	COCHARAUX FRÈRES
ÉDITEUR	IMPRIMEURS
9, quai Voltaire, 9	11, rue de Lorraine, 11

M DCCC LXXXVIII

ARCHIVES HISTORIQUES
DE LA GASCOGNE

FASCICULE SEIZIÈME

AMBASSADE EN TURQUIE
DE
JEAN DE GONTAUT BIRON

PAR LE

Comte THÉODORE DE GONTAUT BIRON.

CHÂTEAU DE SALIGNAC (Dordogne)

PRÉFACE.

Je songeais à publier la correspondance diplomatique de Jean de Gontaut, baron de Salignac, ambassadeur en Turquie de 1603 à 1610, lorsqu'en parcourant les volumes de la *Revue d'Aquitaine*, mon attention fut éveillée par quelques lignes de mon savant compatriote M. Tamizey de Larroque (¹), dans lesquelles cet amant passionné de nos gloires gasconnes signalait sommairement un manuscrit inédit de la Bibliothèque nationale, intitulé : *Ambassade en Turquie de M. de Salignac* (²).

Je lus avec empressement ce manuscrit, dont j'avais presque honte d'ignorer l'existence, et l'oubli dans lequel il était resté si longtemps me sembla regrettable. La relation des faits qui s'y trouvent décrits est intéressante ; elle est gaie, pleine de traits vifs et amusants ; et la naïveté du style y ajoute même un certain charme. Mais le volume renferme

---

(1) Voir *Revue d'Aquitaine*, tome XIII, p. 269-271.
(2) Bibliothèque nationale, fr. 18076.

quinze cents pages in-folio. Il eût fallu, pour en rendre possible la lecture, abréger le récit, extraire des passages, supprimer des redites. On hésite devant ces procédés; et le manuscrit paya de l'abandon la faute d'être trop volumineux.

Devais-je, à mon tour, m'arrêter à ces considérations? Je ne l'ai pas pensé; et tranchant dans le vif, je me décide à présenter aux lecteurs les parties de la Relation ayant spécialement rapport à l'ambassade du baron de Salignac.

Le manuscrit comprend trois parties : la première est consacrée à la Relation du voyage de l'ambassadeur de Paris à Constantinople; elle servira d'introduction à la correspondance. La deuxième est un journal des faits qui se passèrent en Turquie pendant une période de cinq années. J'aurai l'occasion, dans le cours de la correspondance, de revenir souvent à cette fraction du manuscrit, et j'y puiserai bien des notes précieuses. Un récit des divers voyages que l'auteur entreprit en Orient constitue la troisième partie dont je ne m'occuperai pas, puisqu'elle est tout à fait étrangère à mon sujet.

M. de Biran a inséré dans son étude sur la politique de Henri IV dans le Levant (1) quelques pages de ce manuscrit, notamment celles qui renferment des détails si curieux sur la cérémonie du baisemain, sur la mort de Henri IV et sur celle de M. de Salignac; mais il n'a parlé que fort sommairement du Voyage, et je pense que cette partie ne sera pas la moins intéressante de la Relation. Les réceptions faites

---

(1) Voir *Annuaire de la Société philotechnique*, année 1880, tome XL : *Une Ambassade de France en Turquie sous Henri IV*.

à l'ambassadeur du roi de France, les honneurs qui lui sont rendus partout où il s'arrête, les épisodes de cette traversée si longue, pendant laquelle les passagers faillirent plusieurs fois périr, enfin tous les moindres incidents racontés dans un langage imagé et naïf, avec une gaîté toute méridionale, ne sont pas sans offrir un réel intérêt.

Afin de satisfaire la curiosité des lecteurs, j'ai cherché à connaître exactement la personnalité de chacun des voyageurs. Plusieurs, comme M. de Bauveau, quittèrent Constantinople après un court séjour, et firent un voyage en Terre-Sainte. D'autres, tels que M. de Birac et Ozéas Halla furent les héros d'aventures dont la correspondance nous donnera tous les détails. Ce dernier qui, dans une rixe, avait tué un turc et fut cause d'une surexcitation très vive des Musulmans contre les Français, paya de sa tête le crime qu'il commit. Lesdos, l'aumônier, devint évêque de Milo. Pour quelques-uns les renseignements ont fait défaut. Le chroniqueur lui-même avait négligé de nous dire son nom, et c'est tout à fait incidemment vers la fin de la Relation qu'il nous le fait connaître. Il s'appelle *Bordier*, est originaire de Pluviers (¹) en Périgord et remplit près du baron de Salignac la charge d'écuyer de son écurie. Chargé, par l'ambassadeur, de l'organisation des chasses, il se montre, dans ses récits, passionné pour ce divertissement. Quand il nous parle de son exercice favori, son enthousiasme lui fait tout oublier : la politique et la diplomatie n'ont plus alors à ses yeux

---

(1) Pluviers, arrondissement de Nontron, Dordogne.

qu'une importance bien secondaire, et il semble que pour lui les plaisirs de la chasse doivent primer même le service du Roi. Après la mort de l'ambassadeur en 1610, Bordier retourne en Périgord (¹), puis repart pour le Levant et achève sa Relation à Alep, en 1626. C'est là que nous le perdons de vue. J'avais espéré trouver dans le pays natal de Bordier quelque souvenir de lui, mais les démarches que j'ai faites dans ce but n'ont pas eu le résultat souhaité.

La Relation que je donne ici s'arrête à l'arrivée des voyageurs à Constantinople. J'aurais été entraîné trop loin si j'avais dû publier le manuscrit en entier. La verve intarissable du chroniqueur et son plaisir de conter l'emportent souvent et rendent parfois ses récits trop longs. Il serait peu intéressant de repasser avec lui l'histoire ancienne et mythologique des moindres endroits qu'il traverse. J'ai donc supprimé certains passages de la chronique et je les ai remplacés par des résumés plus succints que nous fournit un journal du même voyage rédigé par le sieur d'Angusse, compagnon et secrétaire du baron de Salignac (²). Malgré ces coupures indispensables, dont le lecteur ne me saura pas mauvais gré, l'odyssée de notre gascon est assez volumineuse. Mais que de pages encore et des plus intéressantes

---

(1) Je trouve dans le testament de M. de Salignac, daté de Constantinople, le 17 septembre 1610 : « N'ayant point jusques icy baillé au sieur Julien « Bourdier aucuns gages, je désire aussy que l'on luy donne cinquante escus, « après que Dieu aura faict sa volonté de moy » (voir le testament aux pièces justificatives).

(2) Il existe deux exemplaires du *Journal de Voyage* du sieur d'Angusse : l'un se trouve à la Bibliothèque de l'Arsenal, sous le n° 4970; le second, qui est conservé à la Bibliothèque nationale (fr. 16171), paraît être la copie du précédent.

n'auront pas vu le jour. Espérons qu'un autre après moi sera tenté de reprendre le voyage où je l'ai laissé, et, partant de Constantinople, de suivre dans ses pérégrinations lointaines notre aventureux compatriote.

Aucune notice biographique n'avait jusqu'ici été consacrée au baron de Salignac. Il fut pourtant mêlé fort activement à la vie du roi Henri IV, auquel il rendit d'éminents services soit à la guerre, soit dans les négociations diplomatiques, et plus tard comme ambassadeur en Turquie. Vivant à une époque féconde en hommes remarquables, il peut compter parmi ces glorieux capitaines qui, sans avoir acquis la renommée éclatante réservée à un si petit nombre, se sont signalés par des actions valeureuses dignes d'être connues de la postérité. Jouissant de peu de fortune, Salignac ne put se montrer à la Cour avec l'éclat de ceux qui étaient plus favorisés que lui. Sa grande modestie le portait d'ailleurs à se tenir sur la réserve et à l'écart des intrigues dont tant d'autres se servaient pour arriver aux honneurs. Il fut l'un de ceux qui, s'attachant dès leur jeune âge à la personne de Henri de Navarre, se dévouèrent entièrement à lui, sans jamais l'abandonner, et contribuèrent le plus au succès de sa cause. C'est à ce titre que je le présente au lecteur : il sera touché comme moi par la lecture de sa correspondance, où les sentiments les plus élevés se font jour, et où l'on retrouve à chaque page la manifestation d'un cœur dévoué jusqu'à la mort.

Jean de Gontaut Biron naquit en 1553 au château de Salignac. Son père, Armand de Gontaut, chef d'une branche cadette de la Maison de Gontaut Biron (¹), avait épousé Jeanne de Salignac, issue d'une fort ancienne famille de Périgord, dont plusieurs membres s'étaient déjà rendus illustres à la guerre et dans l'Église.

Après la mort de Bertrand de Salignac, père de Jeanne, Armand de Gontaut, dont la fortune n'était pas considérable, fut obligé pour conserver la baronnie de Salignac de vendre ses biens patrimoniaux (²). Attaché au roi de Navarre qui l'avait nommé son lieutenant général en Périgord (³), il embrassa avec

---

(1) Voir l'extrait généalogique aux pièces justificatives.

(2) Armand de Gontaut, dans son testament fait en 1583, déclare « qu'il a « acheté de ses deniers la baronnie de Salignac. » Par suite de cette acquisition et selon l'usage à cette époque (où les gentilshommes portaient toujours le nom de leur terre ou seigneurie), Armand et Jean son fils ne furent plus connus que sous ce nom de *Salignac*. Quelques historiens modernes et annotateurs de mémoires, ne tenant pas compte des coutumes anciennes, ont confondu Jean de Gontaut, baron de Salignac, avec l'un des membres de la Maison de Salignac, le plus souvent avec Bertrand de Salignac, seigneur de la Mothe Fénelon (qui cependant était toujours désigné par son nom de Fénelon). Celui-ci, qui assista au siège de Metz, en 1552, et en écrivit la Relation, fut ambassadeur en Angleterre, sous Charles IX et Henri III, puis ambassadeur en Espagne, et termina ses jours en 1599; tandis que le baron de Salignac (Jean de Gontaut) mourut ambassadeur à Constantinople, en 1610 (voir aux pièces justificatives l'extrait généalogique). Il y a lieu de remarquer que la baronnie de Salignac était, avant le XVIIe siècle, indistinctement appelée Salignac ou Salaignac, mais que Jean de Gontaut signait ses lettres *Salagnac* ou *Biron Salagnac*, tandis que ses contemporains et le roi lui-même le désignaient presque toujours sous le nom de baron *de Salignac*.

Signalons ici quelques erreurs commises par ceux qui ont eu occasion de parler de Jean de Gontaut : le P. Anselme le fait mourir avant le 15 août 1608, et cite, à l'appui de son dire, une quittance de sa *veuve*, tandis qu'elle n'a pu signer cet acte que comme « procuratrice de son mari », ainsi qu'on la voit désignée dans deux quittances de novembre 1608 (Bibliothèque nationale. — Pièces originales Gontaut, fol. 135 et 136). — Dans L'Estoile, *Journal de Henri III*, édition de 1744, tome I, page 276, l'annotateur l'a confondu avec l'un des fils du maréchal Armand de Biron, également appelé Jean. Berger de Xivrey, s'en rapportant aux assertions du P. Anselme, le fait mourir en 1604 (*Lettres missives de Henri IV*, t. I, p. 236).

(3) Armand de Gontaut, baron de Salagnac, conseiller du privé conseil, chambellan du roi de Navarre et son lieutenant général au comté de Périgord et vicomté de Limoges (P. Anselme, t. VII, p. 309).

ardeur les idées de la réforme dans lesquelles il éleva ses enfants, et combattit vaillamment pour cette cause. Il mourut à quatre-ving-dix ans, laissant une nombreuse postérité.

Jean était l'aîné de ses fils, et devint l'héritier de ses biens et de la baronnie de Salignac.

Les premières années de son enfance s'écoulèrent au château de Salignac, à l'ombre de ces vieilles tours, de ces immenses remparts qui subsistent encore, rappelant les temps héroïques où chaque jour apportait son contingent de luttes et de combats. Le bruit des armes, les crépitements de la poudre furent les premiers sons qui frappèrent ses oreilles et le préparèrent à suivre la destinée que lui imposait sa naissance. Élevé avec les enfants de son âge, participant à leurs jeux, se livrant avec eux à tous les exercices du corps qui fortifient et assouplissent les muscles, il apprit ainsi de bonne heure à endurer les fatigues que l'on doit supporter à la guerre. En même temps qu'il recevait cette éducation agreste, rien n'était négligé pour développer dans son cœur les qualités chevaleresques qu'un observateur attentif eût pu déjà entrevoir. A quinze ans, il était un homme accompli : d'une intelligence vive, d'un cœur ardent et généreux, d'une hardiesse qui semblait défier tout danger, il joignait à ces qualités une affabilité très grande et une condescendance pour les autres qui le faisaient rechercher et aimer par les jeunes gens de son âge. L'existence aventureuse que menaient son père et les gentilshommes qu'il voyait autour de lui avait rapidement fait mûrir ses goûts militaires; et sa jeune intelligence s'enflammait au récit des batailles et des combats. Il brûlait lui aussi du désir de se signaler, d'imiter ces héros dont il entendait vanter les exploits.

Il eut bientôt la satisfaction de pouvoir réaliser ses rêves de gloire.

Les guerres de religion déchiraient alors la France. La paix de Longjumeau (mars 1568) venait à peine d'être signée que catholiques et protestants reprenaient les armes. Condé et Coligny, inquiétés par Catherine de Médicis, s'étaient enfermés dans La Rochelle, et Jeanne d'Albret parvenait non sans peine à les rejoindre avec son fils. Henri de Béarn venait d'entrer dans sa quinzième année, et ses qualités brillantes donnaient déjà de grandes espérances; il était impatient d'acquérir gloire et honneur.

Jeanne d'Albret, qui comprenait combien il était important d'attacher à son fils des amis fidèles, cherchait principalement à attirer près de lui les jeunes gentilshommes gascons. Jean de Gontaut ne fut pas des derniers à répondre à l'appel de la reine de Navarre; et l'accueil qu'il reçut de Henri de Béarn devait l'encourager encore à ne jamais servir d'autre maître que lui. Tous deux du même âge, ayant des goûts semblables, parlant le même langage, ils étaient faits pour s'entendre; et la familiarité du jeune prince n'excluant pas le respect de Salignac, ils se lièrent de cette vive amitié qui, prenant naissance à l'aurore de la vie, s'épanouit en se fortifiant, à mesure que l'âge mûrit les caractères.

A cette époque où les nouvelles idées religieuses avaient créé la division dans le royaume, il régnait une sorte d'incertitude sur ce qu'il fallait croire et sur ceux à qui l'on devait obéir (¹); mais Jean de Gontaut avait juré une fidélité inviolable au prince de Béarn, et n'admettant aucun de ces compromis auxquels on était si enclin dans ces temps troublés, il resta jusqu'à la fin inébranlable dans son serment : « J'ai servy 42 ans sans intermission le feu Roy « vostre Père », pouvait-il écrire à Louis XIII, après l'assassinat de Henri IV, « sans que la contagion du « siècle m'aye tant soit peu pu esbranler, non pas « mesme à jeter les yeux sur un autre Maistre (²) ». C'est bien là le cri de son cœur et la pensée dominante qui se révèle à chaque instant de sa vie, qui se traduit à chaque page de sa correspondance (³).

Henri de Béarn sentait tout le prix qu'il fallait attacher à de pareils dévouements et témoignait à son tour la plus grande confiance au jeune Salignac. En paix comme en guerre, il se plaisait à le voir près de lui, à lui communiquer ses moindres pensées, et aussi à prendre son avis dans tous les cas difficiles.

L'existence de Salignac fut si intimement liée à celle de son prince qu'il nous suffirait, pour le suivre

---

(1) « En ce temps là, dit le maréchal de Bouillon, dans ses *Mémoires*, les « divisions du Roi et de ses frères, du roi de Navarre, de ceux de Guise, de « ceux de la Religion, faisoient suivre une liberté de se mescontenter facilement, « ayant facilité, un chascun, de recouvrer un maistre lorsqu'on en perdoit un ; « et aussitôt qu'on voyoit quelqu'un mal content, il ne manquoit d'estre recher- « ché d'autre part » (*Mémoires de Bouillon*, édit. Michaud, tome II, p. 32).

(2) Lettre du baron de Salignac au Roi, de Constantinople le 4 septembre 1610.

(3) « En cet an (1580), dit L'Estoile, ceux de la Maison de Lorraine « sollicitoient fort ceux de la Religion d'entrer en leur Ligue, et le duc de « Mayenne entr'autres en parla au baron de Salignac, qui depuis a épousé la « fille de la chancelière de L'Hôpital, lui promettant, et à tous ceux de sa religion, « le libre exercice d'icelle, même dans le milieu du camp ; à quoy le baron « répondit qu'il ne seroit jamais d'autre ligue que de celle du Roy » (L'Estoile, *Journal de Henri III*, tome I).

dans sa carrière militaire, de rappeler les combats, les batailles, les sièges témoins des exploits de Henri de Navarre. Pendant cette longue période de guerres sanglantes, qui dura presque sans interruption de 1568 jusqu'à la paix de Vervins, Salignac ne perdit pas une seule fois l'occasion de signaler sa valeur. Il conquit successivement tous ses grades sur les champs de bataille, non par la faveur, mais par son mérite et son courage. A cette époque d'ailleurs, la jeune noblesse cherchait avec avidité les occasions d'acquérir de la gloire. Le mérite personnel était presque toujours le seul titre à l'avancement, et les gentilshommes, loin d'obtenir de droit les hauts emplois, ainsi qu'on le suppose trop souvent aujourd'hui, se faisaient honneur de commencer leur carrière dans les plus bas grades, sous le commandement de capitaines renommés. Les places d'archers, quoique les dernières de l'armée, n'en étaient pas moins recherchées; elles étaient même souvent convoitées par plusieurs seigneurs forcés d'attendre qu'une vacance se produisît pour pouvoir à leur tour compter dans la compagnie.

Jean de Gontaut ne fit pas exception à cette règle commune et, dès ses débuts dans la carrière militaire, il remplit avec passion ces fonctions inférieures où il put apprendre les moindres détails de son métier : homme d'armes dans la compagnie du prince de Navarre dès 1571 ([1]), il assista en 1572 ([2]) au siège

---

(1) Voir *Histoire de Gascogne*, par Monlezun, t. VI, p. 161 : Rôle de 60 lances sous la charge de M. le prince de Navarre (10 janvier 1571).

(2) Biblioth. nat., ms. fr. 21533 : Montre de la compagnie du roi de Navarre faite à La Ficte en Agenois, le 31 octobre 1572.

de La Rochelle. C'était après la Saint-Barthélemy : Henri de Béarn, devenu roi de Navarre après la mort de sa mère, avait été forcé, pour sauver sa vie, d'abjurer le protestantisme et, subissant les exigences de la Cour, de conduire sa compagnie devant cette place pour y lutter contre ses coreligionnaires. Le siège terminé, le jeune baron de Salignac passa dans la compagnie de son cousin le baron de Biron (¹) qui était alors grand maître de l'artillerie et devait, quelques années plus tard, devenir maréchal de France. Bientôt il dut quitter la compagnie de Biron. Un nouveau parti s'était formé sous les murs de La Rochelle, à l'instigation du duc d'Alençon, frère du Roi, qui, pressé de jouer un rôle dans l'État, avait réuni autour de lui et sans distinction de religion, tous ceux qui pensaient avoir à se plaindre de la Cour. Henri de Navarre s'était facilement laissé entraîner dans ce parti dit des *malcontents*. Il espérait, à la faveur des troubles, recouvrer sa liberté et obtenir pour les protestants les sûretés qu'on leur avait refusées jusqu'ici. Forcé lui-même à l'inaction, il envoya ses amis en Gascogne pour préparer le soulèvement des réformés et hâter une prise d'armes. Le baron de Salignac se chargea de constituer une compagnie de chevau-légers, et, dès 1574, il put tenir la campagne et amener sa troupe au vicomte de Turenne qui se trouvait déjà à la tête d'une armée considérable.

Pendant les années suivantes, il rendit de grands services à la cause du roi de Navarre, qui, en 1575, le

---

(1) Biblioth. nat., ms. fr. 21533 : Montre de la compagnie d'Armand de Gontaut-Biron faite à Saintes, le 15 novembre 1573.

nomma son conseiller et chambellan ordinaire. L'année suivante (1576), Henri de Béarn parvint enfin à s'échapper de la Cour et reprit solennellement l'exercice de la religion réformée. Il s'efforça, en même temps, de ressaisir la direction de son parti, qui, depuis la Saint-Barthélemy, lui montrait une grande défiance.

Le traité de Beaulieu vint interrompre un instant les hostilités; mais l'organisation de la Ligue et la révocation de l'édit de paix donnèrent le signal de la reprise des armes. Dès lors le roi de Navarre résolut de concentrer en ses mains toutes les forces dont il pourrait disposer, et, prenant l'offensive, de harceler les troupes de la Ligue, sans leur laisser de repos jusqu'à ce qu'elles eussent abandonné les provinces qui lui avaient été ravies. Il trouva, pour l'exécution de ces projets, des auxiliaires dont le dévouement fut à la hauteur de la tâche. Quelques gentilshommes aguerris, pleins de courage et d'énergie, ne ménageant ni leurs fatigues ni leurs peines, et décidés à sacrifier leurs intérêts particuliers pour se vouer entièrement à sa cause, se groupèrent autour du prince, lui amenant les troupes qu'ils avaient recrutées à grand'peine. Ce fut là le noyau de cette petite armée qui, grossissant sans cesse, devait enfin conquérir le pays tout entier. Chaque jour on en venait aux mains : tantôt c'étaient des escarmouches, tantôt des attaques de villes ou des assauts. Salignac était du nombre des gentilshommes qui se distinguaient dans ces luttes incessantes. Pendant l'année 1577, il se signala particulièrement à l'attaque de La Réole, qui fut prise par escalade « avec des échelles de plus de 60 pieds » raconte d'Aubigné. Un mois après, il prenait part au siège de Marmande et aux luttes sanglantes qui se livraient autour de la place. Au combat de Nérac, il était près de Henri de Béarn lorsque ce prince, accompagné de quelques gentilshommes seulement, fut attaqué à l'improviste par une troupe de cavalerie. Chacun se défendit vaillamment, et si bien que l'ennemi, ne pouvant parvenir à vaincre cette poignée de braves, dut opérer sa retraite.

La paix signée à Bergerac (septembre 1577) permit à peine aux combattants de déposer les armes. Les esprits étaient très surexcités, et Catherine de Médicis n'était pas étrangère à cette fermentation. Sous prétexte de ramener sa fille au roi de Navarre, elle visita quelques villes de Gascogne. En même temps elle encourageait les intrigues qui s'ourdissaient dans l'ombre. Les deux reines, suivies d'une cour brillante, étaient arrivées à Auch, capitale de l'Armagnac, et prenaient part à toutes les réjouissances qui s'y donnaient en leur honneur. Ce fut pendant une de ces fêtes que Henri de Béarn reçut avis de la surprise de La Réole par les catholiques. Il sut contenir sa colère et calmer ses amis, qui voulaient répondre à la violation de la paix en s'emparant de la Reine mère et des principaux seigneurs de sa cour; puis après une courte délibération, l'on se décida à tenter un coup de main sur Fleurance, dont la proximité permettait de prendre une revanche immédiate. La nuit même, à trois heures du matin, Henri, suivi de Turenne, Rosny, Salignac et quelques autres, ainsi que d'une petite troupe de choix, arriva devant la place. Les échelles furent posées sur la muraille et la ville emportée sans perte d'un des leurs. Tous revinrent à Auch le matin et Catherine de Médicis apprit alors avec stupéfaction la réussite de cette audacieuse entreprise; mais, comprenant la leçon, « elle n'en fit que rire » rapportent les *Économies Royales*. Quelques jours après, le baron de Salignac fit partie d'une expédition semblable contre Saint-Émilion, dont les habitants avaient dépouillé quelques marchands calvinistes. La ville fut prise et la Reine mère, se plaignant de cette nouvelle infraction au traité, dut reconnaître qu'elle même y avait donné lieu par sa partialité en faveur des habitants de la ville.

Les deux reines, continuant leur voyage, s'arrêtèrent au commencement de janvier 1579 à Nérac. Marguerite de Valois nous fait dans ses Mémoires une peinture très agréable de l'existence qu'on menait dans cette petite ville; et les *Économies Royales* nous rapportent que « la Cour y fut fort douce et plaisante, « car on n'y parloit que d'amour et des plaisirs et « passe temps qui en dépendent. » Mais les séductions des dames, les rivalités et les jalousies qui se manifestaient à leur propos entre les seigneurs, et aussi les intrigues de la Reine mère, engendrèrent bien des querelles qui durent se vider en champ clos. Le baron de Salignac, dans l'une de ces circonstances, servit de second au vicomte de Turenne. Celui-ci nous a fait dans ses *Mémoires* ([1]) le récit de cette

---

[1] Nous tirons de ces *Mémoires* quelques passages qui dépeignent bien les mœurs de l'époque. Nous verrons que le baron de Salignac sut rester loyal et courtois malgré la conduite équivoque de ses adversaires. — Il s'agissait d'une ancienne querelle entre le vicomte de Turenne et Rosan, frère

affaire qui ne semble pas s'être terminée à l'honneur de ses adversaires. Le vicomte demeura sur la place, percé de dix-sept coups.

Sur ces entrefaites, une nouvelle trêve fut signée à

de Duras. Celui-ci vint trouver le vicomte de Turenne à Agen afin de convenir des conditions du combat. « Je luy dis, raconte Bouillon, que le lendemain de
« grand matin, je me trouverois au bout du Gravier (ainsy appelle-t-on la place
« qui est entre la ville et la riviere de Garonne du costé qui va à La Foz) monté
« sur un courtaut, avec une espée et un poignard, et que là son frère et moy
« nous nous contenterions. Il me dit qu'il vouloit estre de la partie; je refusay
« cela, il me le contesta, je m'accorde d'y mener un ami... Nous nous donnons
« le bonsoir, je le conduisis jusque dans la rue. Soudain après estre retourné
« dans ma chambre, je donnay le bonsoir à tout le monde, et envoyai quérir
« le baron de Salignac, auquel je dis ce qui s'estoit passé entre Duras et moy,
« et que je le priois de m'assister en cela; ce qu'il accepta volontiers. Nous
« avisasmes nos épées et poignards, et en prismes chascun une, longue de trois
« pieds, épées que nous portions ainsi ordinairement, et aussi deux poignards,
« n'estant lors ceste vilaine et honteuse coustume introduite depuis, de porter
« aux duels des épées de cinq ou six pieds, des poignards avec des coquilles
« comme des demy rondaches. Cela fait, nous nous séparons.

« Le matin avant jour, il me vint trouver. Ayant accomodé la pointe de nos
« épées, nous résolumes d'user de toutes les courtoisies que les occasions nous
« offriroient envers ceux à qui nous devions avoir affaire. Je pris un pourpoint
« découpé, en quoy je faillois, pour se pouvoir aysément embarrasser dans les
« découpures les gardes du poignard ou de l'espée. Le jour venu, nous prenons
« chascun un courtaut, des esperons sur nos bas de soie, nous faisant suivre
« par un petit laquais. Nous sortons par la porte du Pin, et nous nous rendons
« au lieu désigné, où nous demeurasmes près de deux heures; à la fin, nous
« voyons venir les deux frères, montés sur deux chevaux d'Espagne, contre ce
« qu'ils avoient arresté. Ils s'approchent de nous, et veulent mettre pied à terre;
« je leur dis : « Allons plus loin, voilà des gens qui courent après nous, qui nous
« separeroient. » Nous galopons environ deux cens pas, bouillans de venir aux
« mains et craignans que de la ville on ne courust et fussions empeschés. Je
« m'arreste et mis pied à terre, et le baron près de moy, faisons oster nos
« esperons et priasmes Dieu; eux mirent aussi pied à terre. Duras s'avance pour
« nous visiter. Nous estions tout détachés, la chair nous paroissant par l'ouver-
« ture de nos chemises; eux ne l'estoient, mais seulement déboutonnés de
« quelques boutons. Ainsi que Duras me visitoit, je luy mis la main sur le
« pourpoint, luy disant qu'il n'estoit maillé, le tenant trop galant homme; je
« dis de mesme à son frère qui estoit à 10 ou 12 pas de moy. Je vis qu'il avoit
« des éperons, je luy dis qu'il les ostât, le pouvant faire tomber, ce qu'il fit. »

Nous empruntons la suite de ce récit à un Mémoire qu'écrivit le vicomte de Turenne après cette affaire, et qui fut présenté à un tribunal de gentils-hommes appelés à juger la conduite des deux frères Duras (Bibliothèque nationale, fr. 20153, f° 177). — « Je m'en vais droit au s^r de Rozan, dit
« Turenne, et du premier coup, je luy donne une estocade dans l'estomac;

Nérac. Henri de Navarre, satisfait des garanties accordées aux protestants, avait le plus grand désir de maintenir cette paix qui laissait aux populations un repos devenu bien nécessaire. Il ne se méprenait pas sur les intentions de Catherine de Médicis, tou-

« il commence à rouler le plus qu'il est possible ; je luy tiray cinq ou
« six estocades qui tous portoient sur luy. Toutefois pas une ne perça le
« pourpoint. Le poursuivant, et le pied m'ayant glissé, je tombay, et estant
« à terre il me donna un coup dans la chausse qui ne me blessa point.
« Je me relève soudain et commence à le recharger. Il me tourna le dos et
« commença à fuyr, tant qu'il pouvoit courre. Cependant j'entendis le baron
« de Salignac qui disoit au s^r de Duras : « Prenez une espée ». Ce que n'en voulant
« point prendre le dict Duras commence à crier à son frère : « Mon frère, vous
« fuyez, vous faites le poltron ». Il tourna, et en tournant le s^r de Rozan tomba.
« Je luy dis : « Lève toi ». Là dessus, je me senty chargé de cinq ou six qui
« me baillèrent trois coups d'espée par derrière et deux par devant, tout en un
« même temps, sans que le dict de Rozan s'approchast de moi. Incontinent le
« s^r de Duras commence à crier à ses gens : « Au baron de Salignac, tuez,
« tuez. » Le baron de Salignac vit que cinq ou six s'advancèrent pour le charger
« et ung entre autres qui est fort blond et avoit un manteau rouge doublé de
« vert, qui estoit cinq ou six pas devant eux les joignant. Le s^r de Salignac alla
« à luy ; luy se retira jusques à ses compagnons, et tous ensemble se retirèrent
« plus de huit pas, ce qui l'empescha de voir ce que le dit s^r de Duras fit. Depuis,
« les dicts me laissèrent après m'avoir blessé de seize ou dix sept coups d'espée,
« et estant tout en sang, je chargeay encors le s^r de Rozan, lequel je feis encore
« fuyr et reculer devant moy. Le dict s^r de Duras luy cria encore les mesmes
« mots qu'il avoit fait auparavant, et prenant une espée s'en vint à moy, et
« m'en tira une estocade qui ne fit que me percer le pourpoint. « Las! ce dis-je,
« c'est une grande meschanceté, ce n'est pas la courtoysie que le baron de
« Salignac t'a fait, et celle que j'ay faite à ton frère à ceste heure... » Là dessus
« je m'arrestay ; et vint un gascon de la fruicterie de Madame la Princesse de
« Navarre qui me dist : « M. de Turenne, retirez vous, ils vous tueront. » « Las!
« ce dis-je, c'est estre trop armé, et encores estre dix ou douze sur un homme. »
« Je me mis adonc à main gauche, et eulx à main droicte, et commençasmes à
« nous en aller vers la ville. Comme j'eus fait environ deux cens pas, je trouvay
« M. de Lusignan avec deux de ces gens auxquels je dis : « Vrayment, voylà
« de meschans hommes, estre armés et encore dix ou douze sur un homme »...
« Là dessus je trouvay encore M^r le Mareschal de Biron auquel je tins mesme
« langage et me retiray à mon logis. »

Le tribunal des gentilshommes, présidé par le maréchal de Montmorency, à la suite de considérants dont l'un signale « la courtoysie du baron de Salignac,
« pour avoir fait reprendre une espée au s^r de Duras, la sienne estant rompue, »
déclara que les frères de Duras s'estaient rendus coupables d'assassinats et que
« on ne pourra trouver mauvais les voies desquelles le v^{te} de Turenne usera
« all'encontre des personnes qui se sont monstrées indignes d'estre appellez
« avec les armes. »

jours prête à déchirer un traité, lorsqu'elle croyait y trouver avantage, mais de son côté, il voulait, tout en restant dans son droit et en sauvegardant les intérêts des réformés, faire les concessions de nature à éloigner une reprise d'armes. Il n'ignorait pas à quelles difficultés il devrait se heurter de la part de ses adversaires et même de ses partisans. Les prétextes ne manqueraient pas pour rouvrir les hostilités; il devrait déployer toute son intelligence et toute son énergie pour calmer la fougue de ses amis et aplanir les obstacles qui se dresseraient sans cesse entre les deux partis. Ses conseillers eux-mêmes étaient presque tous portés aux mesures violentes. Le baron de Salignac, dont l'ardeur sur les champs de bataille ne le cédait pourtant à personne, était un des seuls dont les avis penchaient toujours vers la conciliation. Comme il se rapprochait ainsi des idées du roi de Navarre, la confiance que celui-ci lui avait témoigné jusque là n'en devint que plus vive. Aussi est-ce à dater de cette époque que nous le voyons fréquemment chargé de missions difficiles et délicates, auxquelles son caractère loyal et en même temps plein de finesse se prêtait admirablement. La correspondance de Henri de Béarn, en nous laissant la trace des efforts qu'il fit pendant l'année 1579 pour éviter un conflit, nous apprend aussi que Salignac servit fort utilement dans les pourparlers qui eurent lieu à cette occasion : le maréchal de Bellegarde s'agitait en Dauphiné et cherchait à se créer un gouvernement indépendant. La Reine mère, persuadée qu'il agissait sous l'inspiration du roi de Navarre, s'en plaignit vivement. Le baron de Salignac fut envoyé « en

b

« Dauphiné pour faire contenir ceux de la Religion
« dans les limites de la paix, et les retirer et faire
« despartir de toute intelligence qu'ils pourroient
« avoir avec le maréchal de Bellegarde (¹). » Et
quelques jours après, Henri de Navarre écrit encore
à la Reine mère : « Madame, il y a deux ou trois
« jours que j'ay depesché le baron de Salignac vers
« vous afin de parler au sʳ Desdiguières de ceux des
« églises de Dauphiné suivant qu'il vous a plu me
« mander (²). »

Cette mission eut le succès qu'on pouvait espérer, et le négociateur fut apprécié par la Reine mère qui, désirant éloigner de Périgueux le sieur de Vivans, gouverneur du comté de Périgord et de la vicomté de Limoges dont elle craignait l'intolérance religieuse, pria le roi de Navarre de le remplacer par M. de Salignac. Mais celui-ci n'avait pas fait fortune en suivant son maître, et ce ne fut pas sans peine qu'on parvint à lui faire accepter cette charge trop onéreuse pour ses ressources personnelles. Salignac avait su acquérir l'estime des deux partis, et la lettre que Henri de Béarn écrit à son sujet au roi de France est trop à son honneur pour que nous hésitions à la citer en entier : « Monseigneur, écrit-il,
« j'ay, ces jours passés, à la prière et requeste des
« habitants de la ville de Perigueux, commis au
« gouvernement d'icellé le baron de Salignac au lieu
« et en la place du sieur de Vivans, estimant que

---

(1) Lettre de Henri de Navarre à M. de Benac, 25 juillet 1579 (*Lettres missives*, par Berger de Xivrey, vol. VIII, p. 137).

(2) Lettre de Henri de Navarre à la Reine mère, 29 juillet 1579 (*Lettres missives*, vol. I, p. 236).

« l'aurés plus agréable que un aultre, comme la royne
« vostre mère l'a desclaré, et que pour estre du pays,
« estimé par la noblesse et les catholiques mesmes,
« gentilhomme d'honneur et de vertu, il se sçaura
« dignement et avec toute doulceur acquitter d'une
« telle charge, laquelle néantmoins il a cy-devant
« refusée, et s'en est voulu excuser. Toutesfois j'ay
« tant faict qu'il l'a acceptée ; estant deslibéré se
« rendre dans peu de jours à la dicte ville, pour y
« faire restablir le siège de la justice et rentrer les
« catholiques qui en sont absens. Mais d'aultant qu'il
« luy conviendra faire de la despence, et qu'il ne
« sçauroit s'y maintenir sans grands frais, m'ayant
« demandé appointemens, je l'ay remis à ce qu'il
« vous plaira en ordonner, et vous en ay bien voulu
« escrire la présente pour vous supplyer très humble-
« ment, Monseigneur, luy pourveoir sur ce, selon que
« sa qualité et telle charge méritent : aultrement il
« ne peut y entrer comme il m'a desclaré. Et du
« tant qu'en y laissant entrer les catholiques qui sont
« pour le moins mille ou douze cens personnes, la
« force qui y est du présent, qui n'est que de soixante
« six soldats, est foible, il ne pourroit y estre en telle
« seureté qu'il convient, s'il ne vous plaisoit luy
« parfaire jusques au nombre de cent, qui n'est que
« trente de creue. En quoy me semble qu'il a très
« grande et apparente raison, tant pour ce que le
« nombre de ceulx des habitans sera plus grand que
« pour ce qu'il les descharge de toute garde, comme
« j'estime que c'est pour le mieulx et pour esviter
« à toutes querelles et divisions. J'espère, Monsei-
« gneur, que recevrez contentement de son service.

« Qui fait que je redoubleray ceste très humble
« requeste, que ce soit vostre bon playsir luy accor-
« der son dict appointement et la dicte creue de
« trente soldatz. Et sur ce, etc...

« De Nérac ce XXVIᵉ jour de decembre 1579 (1). »

Le roi de Navarre ayant tenté tous les moyens de conciliation sans pouvoir se faire rendre justice, se décida à reprendre les armes et résolut d'assiéger Cahors.

Cette ville, capitale du Quercy, donnée en apanage à Marguerite de Valois lors de son mariage, n'avait jamais consenti à reconnaître son nouveau maître. C'était une place très forte, environnée par la rivière du Lot, et communiquant avec l'extérieur par trois ponts munis de portails solidement constitués. L'expédition paraissait difficile à cause des nombreux engins de défense accumulés dans la ville, où se trouvaient réunis, sous le commandement de M. de Vesins, un grand nombre de gentilshommes et des troupes aguerries. Mais la nécessité de posséder cette place eut raison des objections présentées par les plus prudents.

Le P. Daniel rapporte, dans son *Histoire de France*, que ce fut le premier siège « où l'on se servit du « pétard comme moyen de destruction, l'invention « de cet engin étant toute nouvelle. » Nous laissons à d'Aubigné le soin de nous faire, avec sa verve entraînante, le récit de cette attaque si glorieuse pour les troupes de Henri de Béarn : « Surprise hono-
« rable sur toutes celles de ce siècle, pour ce que le

---

(1) *Lettres missives de Henri IV*, vol. 1, p. 259.

« combat dura 5 jours et 5 nuits..... Il y avoit autour
« du roy de Navarre force capitaines de mérite qui
« le détournoient tant qu'ils pouvoient de ceste
« entreprise grandement périlleuse, tant pour estre
« besoin de rompre 2 portes et 1 barrière que pour
« y avoir dedans 1,500 soldats et 1 compagnie de
« gendarmes. Ils ajoutoient à cela la grande valeur
« et créance du lieutenant du Roy nommé Vésins. En
« un mot ils luy faisoient voir le dedans plus fort
« que le dehors. A tout cela le roy de Navarre
« s'opiniâtra en son dessein, et s'y achemina le 5e de
« may; mit pied à terre à 1[4 de lieue de la ville, fit
« son ordre ainsy :

« Il donna aux pétardiers 6 soldats de ses gardes
« bien choisis; à 30 pas d'eux marchoit le baron de
« Salignac accompagné de St-Martin, capit^{ne} des
« nouvelles gardes, et de 18 bons hommes. Roque-
« laure commandant une troupe gaillarde soutenoit
« Salignac; lui l'estoit de Terride et du v^{te} de
« Gourdon avec 1,000 arquebuziers. L'entreprise
« faillit d'estre rompue par un grand orage et les
« furieux éclairs et coups de tonnerre qui survinrent.
« Le 1er pétard ayant joué à la première porte, le
« trou s'y fit plus bas que la barre, sy mal à propos
« qu'il fallut rompre les bandes qui demeurèrent,
« mais enfin les soldats les ébranlèrent si bien avec
« hallebardes qu'estant entrés, le baron de Salignac
« joinct à eux emporta la garde des deux ravelins
« et poursuivit si bien la pointe que malgré les ar-
« quebuzades qu'on tiroit, Jean Robert porta le
« dernier pétard à la dernière porte de la ville, cettuy
« là joua si bien qu'il coucha la porte tout de son

« long sur le pavé. Ce grand bruit mit toute la ville
« en armes hormis ceux qui firent les paresseux
« croyans que ce fust le tonnerre. Ceste première
« troupe de 6 courut devant le baron de Salignac
« comme pour recognoistre, mais ils furent arrestés
« au premier canton, et là un des six mis par terre.
« A cent pas de là parut Vesins avec 40 gentilshom-
« mes et 300 arquebusiers. Roquelaure ayant doublé
« le pas ne fist plus que mesme troupe avec le baron :
« ce fut des deux côtés à qui porteroit les arquebu-
« sades à bout touchant. Des coups de trait il fallut
« venir aux coups de piques : là Vesins blessé,
« ceux de la ville s'estonoyent et estoyent en route
« (déroute), sans les blessures des trois capitaines
« assaillans Salignac, Roquelaure et St Martin et
« aussi sans un renfort d'hommes armés et de bons
« arquebusiers du costé de la ville ([1]). »

Malgré sa blessure, le baron de Salignac voulut conduire au combat les renforts qu'il avait reçus; mais il ne put assister aux assauts livrés les jours suivants et aux luttes acharnées qui déterminèrent la prise de la ville. Sully raconte qu'il vit là « les choses
« les plus belles et les plus effroyables tout ensemble. »

M. de Cabrerès ([2]) fut laissé dans la place en qualité de gouverneur, et le roi de Navarre revint à Nérac où se préparèrent de nouvelles entreprises. Mais la campagne de 1580 ne fut pas favorable aux réformés; aussi s'empressèrent-ils d'accepter les offres de paix portées par le duc d'Alençon frère du Roi. Ce prince remuant et ambitieux s'était mis à la

---

(1) D'Aubigné, *Histoire universelle*, t. II, livre IV, chap. 7.
(2) Jean de Gontaut, baron de Cabrerès et de Roussillon.

tête des Flamands révoltés, et espérait ainsi devenir souverain des Pays-Bas. Ayant obtenu de Henri III une promesse de secours, aussitôt que la guerre contre les protestants serait terminée, il intervint entre les deux camps et provoqua les conférences de Fleix qui amenèrent une nouvelle trêve. Il entama immédiatement des pourparlers avec les gentilshommes de Gascogne, qui ne se voyaient pas sans regrets forcés à l'inaction, et fit miroiter à leurs yeux les perspectives les plus brillantes s'ils consentaient à l'accompagner dans son expédition contre les Espagnols. Le vicomte de Turenne, Rosny, Salignac et beaucoup d'autres acceptèrent cette offre séduisante, et au commencement de l'année 1581 ils vinrent retrouver le duc d'Alençon qui assiégeait Cambrai.

Cette jeune noblesse cherchait à rivaliser de bravoure et se laissait entraîner parfois aux expéditions les plus hasardeuses. C'est ainsi que vers la fin du siège, le vicomte de Turenne, ayant conçu le projet de forcer les lignes ennemies et d'entrer dans Cambrai, fut fait prisonnier avec quelques amis, parmi lesquels le baron de Salignac et l'un de ses frères [1]. Ainsi se termina pour eux cette campagne qu'ils avaient entreprise avec enthousiasme et qui leur valut une longue captivité. De Cambrai ils furent conduits à Valenciennes, où pendant trois ans ils subirent les traitements les plus rigoureux. Ils ne recouvrèrent leur liberté qu'en 1584.

Le duc d'Alençon venait de mourir sans avoir pu

---

[1] Mémoires de Sully, chap. xv. — L'Estoile, *Journal de Henri III*, t. i. — Journal de François de Syreuilh.

accomplir ses rêves ambitieux, et Henri de Béarn devenait l'héritier de la couronne. Cet événement ranima les haines des ligueurs qui, craignant de perdre l'influence qu'ils avaient eue jusqu'ici dans l'État, refusaient de reconnaître les droits futurs de ce prince hérétique. Henri III était au contraire tout disposé à se réconcilier avec le roi de Navarre. Il lui envoya le duc d'Épernon qui devait lui proposer les conditions les plus avantageuses s'il voulait se faire catholique et revenir à la Cour. Avant de prendre une décision si importante, Henri de Béarn voulut connaître l'opinion de ses conseillers. « Les avis « furent fort partagés, nous dit *Davila* : Jean de « Salignac et Antoine de Roquelaure, s^{grs} très atta- « chés au roi de Navarre le pressaient vivement de « se fier au Roi et de retourner à la Cour occuper la « place qui lui appartenait. » C'était aussi le sentiment du roi de Navarre; mais il craignit de se rendre suspect aux réformés par cette réconciliation solennelle, et sachant que les ligueurs aveuglés par leur fanatisme ne changeraient aucunement leurs mauvaises dispositions à son égard, quelque chose qu'il fît, il se décida à rester en Gascogne, se contentant d'exprimer au Roi toute sa gratitude pour les propositions qui lui avaient été faites, et protestant de son entière fidélité au trône.

Cependant les Guise organisaient ouvertement la rébellion contre l'État, signaient le traité de Joinville, qui déclarait Henri de Navarre incapable de succéder au trône comme hérétique et relaps, et mettaient la Ligue sous la protection de l'Espagne. Puis ils entraient en campagne, s'emparaient de plusieurs

villes, et, par leur audace, forçaient le Roi, qui jusque là était resté indécis, à se prononcer en leur faveur. Henri III allait commencer la guerre malgré lui et au profit des Guise qu'il considérait pourtant comme ses plus mortels ennemis. Cependant il entretenait des relations très affectueuses avec le roi de Navarre et ne lui dissimulait pas les embarras que lui causaient les menées des ligueurs. Celui-ci essayait de raffermir son courage ébranlé, le poussait à sévir contre les révoltés, lui offrait même de réunir leurs troupes contre l'ennemi commun. Puis impatient de connaître exactement les intentions du Roi, il confia au baron de Salignac le soin de s'en éclaircir : « Monseigneur », écrit-il au roi de France, « voyant les pratiques et
« sollicitations des auteurs des Ligues continuer et
« s'eschauffer plus que auparavant en ce gouverne-
« ment, j'ay pensé que je feray faulte à mon debvoir
« et au bien de vostre service, si je n'en donnois bien
« particulièrement advis à V. M^{té}. C'est pourquoy
« j'ay depesché le s^r baron de Salignac, bien instruit
« de tout ce qui se passe par deçà et que je connois
« importer à V. M^{té}. Sur lequel à ceste cause me
« remettant et vous supplyant très humblement de
« le croyre comme moy mesme, je vous diray seule-
« ment, Monseigneur, que j'ay conneu que leurs
« moyens seront beaucoup plus faibles que leur
« attente (¹) ».

Le roi de Navarre prenant en même temps toutes les mesures nécessaires en cas d'une reprise des hostilités, chargea Salignac de porter ses ordres et

---

(1) *Lettres missives de Henri IV*, vol. II, p. 19 : mars 1585.

de donner ses instructions aux commandants des places : « M. de Roques, écrit-il, j'ay donné ordre au « baron de Salaignac de vous voir en passant par vos « quartiers et vous communiquer les instructions « dont est porteur, auxquelles vous debvrez vous « conformer et tascher de les ayder aux affaires qu'il « va depescher par delà, qui sont grandement impor- « tantes pour mettre ordre aux desseings des pertur- « bateurs : et sy tant est que n'ayez plus besoing au « lieu où vous estes, vous me ferez service de suyvre « le dit baron de Salaignac pour estre plus à portée « d'accomplir ce que pourroit estre à faire... (¹) ».

Un mois après, préoccupé de ne pas recevoir de réponse de Henri III, il lui rappelle « qu'il a envoyé « le baron de Salignac vers luy, et que depuis il n'a « recu advis de ce qu'il avoit à faire contre les « perturbateurs (²) ».

Le même jour, dans une lettre à M. de Bellièvre, il insiste sur cette question si importante : « J'ay « donné charge au baron de Salignac, écrit-il, de vous « voir et se condouloir de ma part avec vous du « déplorable estat auquel les auteurs de telles ligues « veullent resduire cest estat et vous asseurer que « leurs moyens se trouvent beaucoup plus faibles « que leur espérance (³) ».

La mission qu'avait reçue Salignac ne se bornait pas seulement à porter au Roi les plaintes des réformés et à tenter un accord pour la répression des troubles provoqués par les ligueurs; il devait aussi

---

(1) *Lettres missives*, vol. VIII, p. 281. — Mars 1585.
(2) *Lettres missives*, vol. II, p. 38. — 13 avril 1585.
(3) *Lettres missives*, vol. II, p. 41. — 13 avril 1585.

entrer en relation avec les députés des Pays-Bas qui étaient venus offrir à Henri III la souveraineté de ces provinces. Afin de ne pas mécontenter l'Espagne, le Roi avait refusé d'écouter leurs propositions. Henri de Navarre, qu'ils avaient prié d'intercéder en leur faveur, leur écrit : « Le s^r Caluart vous dira qu'à « ceste fin je luy ay fait une depesche bien expresse « par le baron de Salignac, auquel aussy j'ay com- « mandé de vous tenir advertis du progrès de sa « négociation (¹) ».

Mais la funeste influence de Catherine de Médicis et des conseillers de Henri III eut raison du caractère faible de ce prince, qui se laissa enfin entraîner dans le parti des Guise. L'Édit de Nemours, qu'il signa le 7 juillet, accordait à la Ligue les places de sûreté qu'elle réclamait, et défendait dans le Royaume l'exercice de la religion réformée.

La guerre allait recommencer. Salignac, quittant sans regrets cette Cour où les intrigues triomphaient des arguments les plus justes, retourna vers son Prince, et, ressaisissant l'épée, se prépara à seconder ses efforts dans la lutte sur les champs de bataille.

Henri III mit sur pied deux armées sous les ordres du maréchal de Matignon et du duc de Mayenne. Les troupes protestantes remportèrent d'abord quelques succès, puis furent forcées de se replier en arrière de la Dordogne. Au mois de février 1586, Mayenne vint mettre le siège devant Montignac. C'était une mauvaise place, si difficile à défendre qu'on fut sur le point de l'abandonner.

---

(1) *Lettres missives*, vol. II, p. 61. — Mai 1585.

Mais le vicomte de Turenne et plusieurs autres capitaines pensèrent que si les ennemis « voyaient « une telle bicoque oser se défendre », ils en seraient démoralisés et ne tenteraient pas le siège de places véritablement fortes. Le s^r de La Porte commandait dans la ville, et le baron de Salignac, sans s'illusionner sur le résultat final, s'offrit à tenir dans la citadelle le plus longtemps qu'il pourrait. Les régiments de Vic et de Birague durent investir la ville, qui fut prise sans peine, puis ils assiégèrent le château « contre « lequel on pointa 4 pièces de canon, dit de Thou, « et l'on tira 260 coups qui firent une brèche à la « muraille. » La garnison se rendit enfin à condition d'avoir la vie sauve et que les gentilshommes « sortiraient l'épée au côté et les soldats un bâton « blanc à la main ».

Le but était atteint : l'armée de la Ligue avait subi un retard dans sa marche, et la capitulation honorable qu'on avait obtenue permettait aux troupes de prendre part à de nouveaux combats.

Le baron de Salignac alla aussitôt s'enfermer dans Monségur, que Mayenne vint assiéger. Cette place, dans une situation fort élevée au dessus de la rivière du Drot, commandait toute la vallée. 50 gentilshommes et 800 hommes seulement avaient pu entrer dans la ville. « L'armée qui l'assiégea », nous dit d'Aubigné, « était composée de tout ce qu'avait le « duc de Mayenne et le mareschal de Matignon, « qui faisoit 28,000 hommes, esquippée de 22 canons « desquels les assiégeants firent 3 batteries. Le deu- « xième jour fut tiré 1,500 coups de canon, et les « soldats trouvant la bresche trop raisonnable, don-

« nèrent un assaut duquel le régiment de Sacremore
« eut la poincte, et le maistre de camp y demeura.
« Après 6 jours de batterie, il se trouva manquement
« de poudres et de munitions de guerre dont il
« fallust avoir recours à Bordeaux... En peu de
« temps il y eut 300 pas d'esplanade, et ainsi en
« 3 semaines, presque toute la ville mise en ruines,
« les meilleurs hommes qui y furent estant blessés,
« entre ceux là Salignac et Cazes; on offrit capitu-
« lation non espérée, qui estoit à sortir armes et
« bagages, la mesche esteinte et sans drapeaux,
« laquelle fut acceptée de bon cœur, mesmement ne
« restant plus aucune espérance de secours, pour ce
« que le roy de Navarre estoit deslogé de Bergerac
« pour gaigner La Rochelle ».

La blessure qu'avait reçue Salignac en défendant Monségur l'empêcha d'accompagner le roi de Navarre, qui ayant obtenu des Rochellois les secours nécessaires en artillerie put tenir la campagne et secourir quelques places.

Le duc de Mayenne parvint à s'emparer de Castillon, dont les défenseurs avaient été décimés par la peste et les privations. Un des frères du baron de Salignac y fut fait prisonnier; puis remis en liberté il donna au vicomte de Turenne des détails si exacts sur le point vulnérable des fortifications que celui-ci put quelques mois après, avec une simple échelle posée à l'endroit désigné, introduire un certain nombre de soldats qui surprirent la ville et s'en emparèrent.

Cependant Catherine de Médicis, effrayée des progrès de la Ligue et craignant l'intervention des auxiliaires envoyés d'Allemagne, faisoit des démarches pour amener un rapprochement avec Henri de Béarn. Les pourparlers durèrent longtemps sans aboutir. Enfin on convint qu'une réunion se tiendrait au château de Saint-Bris près Cognac, vers la mi-décembre. Le roi de Navarre y conduisit ses plus fidèles amis, et parmi eux le baron de Salignac. Ce dernier avait eu plusieurs fois déjà l'occasion de se rencontrer avec la Reine mère sur le terrain diplomatique, et connaissait par expérience les finesses de sa politique cauteleuse. Catherine de Médicis ne cherchait qu'à gagner du temps afin d'empêcher la jonction des forces allemandes avec les troupes protestantes. Mais le roi de Navarre était peu disposé à laisser traîner en longueur des conciliabules dont il n'attendait aucun résultat: il rompit les négociations, et, à l'expiration de la trêve, le 6 janvier 1587, il se remit en campagne.

La guerre se fit d'abord en Saintonge et Poitou où le duc de Joyeuse à la tête d'une armée nombreuse devait s'opposer à Henri de Béarn. Celui-ci déployait une activité dévorante. Une vingtaine de places tombèrent en son pouvoir, parmi lesquelles Talmont, Chizé, Saint-Maixent. Partout Salignac accompagnait son prince, payant de sa personne, ne craignant ni les dangers ni les fatigues. Les officiers, dit Sully, étaient sans cesse dans les tranchées, « mettant la main au pic, à la pioche et au « louchet (bêche) ».

Joyeuse avait reçu l'ordre de combiner ses opérations avec Matignon afin de livrer bataille dans les conditions les plus avantageuses. Mais pressé de réparer les échecs qu'il avait subis et de remporter avec ses propres troupes une victoire dont il pensait s'attribuer tout l'honneur, il courut à la rencontre de l'armée protestante sans attendre les secours qui lui eussent été nécessaires. De son côté, le roi de Navarre voyait le danger de tout livrer aux hasards d'une bataille. Ses forces n'étaient pas assez considérables pour pouvoir se relever facilement s'il essuyait une défaite. Il voulait donc éviter une rencontre en rase campagne, se replier derrière la Dordogne en s'établissant solidement dans les places; puis, fatiguant l'ennemi par des escarmouches fréquentes, il profiterait de ses fautes, lui échapperait et gagnerait la Loire, afin d'opérer sa concentration avec les auxiliaires allemands dont il venait d'apprendre l'entrée en France. Mais ces projets habilement conçus ne purent s'exécuter comme il le désirait.

Le 19 octobre, les deux armées se rencontrèrent à Coutras, sur la rivière d'Isle, et l'on dut prendre sans tarder les dispositions de combat :

Henri de Navarre partagea sa cavalerie en 5 corps, se mit à la tête du premier, confia le second au prince de Condé qui se tint à l'aile droite, le troisième au comte de Soissons qui forma l'aile gauche. Le vicomte de Turenne, à la tête de la cavalerie de Gascogne, conduisait la réserve. Le duc de La Trémouille commandait la cavalerie légère.

L'infanterie était placée sur les ailes, ayant à sa tête, dit de Thou : « Gaspard de Valiros, Jean de « Parabère, Jean de Biron de Salignac, Gabriel de « Charbonnières, de Castelnau, Hector de Préaux » et plusieurs autres gentilshommes.

Enfin l'artillerie était commandée par Clermont d'Amboise qui, pendant la nuit, était parvenu à faire passer la rivière à deux grosses pièces de canon.

Dès le commencement de la bataille, cette artillerie, établie derrière un monticule de sable et admirablement postée pour foudroyer l'ennemi tout en restant à l'abri de ses coups, fit subir aux catholiques des pertes cruelles et leur mit hors de combat un grand nombre d'hommes. Aussi tentèrent-ils une diversion en lançant leur cavalerie légère contre celle de La Trémouille, bientôt secourue par la réserve de Turenne. Les protestants furent forcés de reculer, et Turenne dut se replier et chercher abri près de l'infanterie. Les catholiques criaient déjà victoire. « Alors, dit de Thou, le roy de Navarre
« s'ébranla, suivi du prince de Condé et du comte de
« Soissons, marchant tous trois à peu près sur la
« même ligne, précédés des pelotons d'arquebusiers
« qui les couvroient et qui ne tiroient qu'à coup sûr;
« et après avoir essuyé le premier feu des lanciers du
« duc de Joyeuse, ce prince fit une charge si vigou-
« reuse au centre qu'après quelque légère résistance il
« rompit les catholiques et les mit en fuite. En même
« temps Valiros et Salignac attaquèrent chacun de
« leur côté l'infanterie royale qui, ne se voyant plus
« soutenue par la cavalerie, se débanda. »

Le duc de Joyeuse fut tué sur place, ainsi qu'un grand nombre de gentilshommes du parti royal. Beaucoup furent faits prisonniers. Les catholiques, poursuivis pendant trois heures, laissèrent plus de deux mille morts sur le champ de bataille, tandis que les réformés ne perdirent que très peu de monde.

Malheureusement le roi de Navarre ne sut pas profiter de sa victoire. Il se contenta de mettre les provinces qu'il avait conquises sous la sauvegarde de ses lieutenants, et se retira en Gascogne sous prétexte de négocier le mariage de sa sœur avec le comte de Soissons.

La défaite des auxiliaires allemands à Vimory et à Auneau lui ayant enlevé tout espoir de secours immédiat, il se résigna à recommencer la vie aventureuse des sièges et des escarmouches.

Vers la fin de mars (1588), il résolut de reprendre Marans, qui était tombée aux mains de Lavardin. C'était une île entourée d'autres petits îlots formant ensemble comme un rempart autour de La Rochelle. Il fallait d'abord prendre les forts qui entouraient la ville de Marans, et ce fut là l'objectif de Henri de Béarn. Le 1er juillet il s'empara de l'îlot de Charron. Deux jours après il s'avança vers le fort de Clousy qui se trouvait séparé de Marans par un canal très profond creusé dans des prairies marécageuses. Pour pouvoir jeter un pont sur ce canal, il fallait affronter le feu de trois autres forts, ce qui rendait l'entreprise très périlleuse. Cependant le roi de Navarre voulut tenter l'expédition. Il donna ordre à ses galères de s'avancer en mer afin de canonner les forts, pendant qu'une troupe d'infanterie tournant l'île exécuterait une fausse attaque du côté opposé. Lui-même avec le reste de ses troupes se porta en avant, suivant dans l'eau le chemin qui avait été tracé au moyen d'herbes. Salignac fut chargé de conduire à l'escalade son régiment, qui, à cet effet, avait été muni des échelles et des engins nécessaires.

La canonnade retentit bientôt; et tout se passa plus facilement qu'on n'eût pu le prévoir; car les catholiques apercevant ce grand déploiement de forces commencèrent à perdre courage et à s'ébranler. Henri de Navarre en profita pour jeter son pont et faire passer ses troupes. Le fort de Clousy se rendit à discrétion. Les réformés, profitant de l'effroi des ennemis, marchèrent immédiatement sur Marans qui tomba en leur pouvoir, et les troupes catholiques, s'étant enfermées dans la citadelle, obtinrent au bout de quelques jours une capitulation honorable.

Cependant le roi de Navarre cherchait à se procurer les ressources qui lui étaient indispensables pour continuer la guerre. Depuis longtemps il était privé de ses pensions, il percevait difficilement les impôts dans ses pays souverains, et les provinces étaient tellement ruinées qu'elles pouvaient à peine nourrir ses troupes. « Henri III, dit Berger de « Xivrey, avait accordé au roi de Navarre le produit « de l'impôt sur les pastels, seul ingrédient employé « à cette époque pour la teinture en bleu ». Une lettre de Henri de Béarn à M. de Scorbiac à Toulouse nous apprend que le Roi confia à Salignac le soin de parcourir le pays où l'on cultivait cette plante, afin d'en affermer de nouveau le produit à des prix plus rémunérateurs ([1]).

Pendant ce temps l'armée protestante ne restait pas inactive, elle avait fait de grands progrès en Saintonge et Poitou. Salignac, après avoir rempli la mission dont il avait été chargé, revint à son poste

---

(1) *Lettres missives de Henri IV*, vol. II, p. 373. — 30 mai 1588.

dé combat. Henri de Navarre était à La Rochelle et venait d'apprendre que le duc de Mercœur, gouverneur de Bretagne, arrivait avec des forces considérables pour s'emparer de Montaigu, place forte du Poitou. Il résolut de lui livrer bataille. Les troupes protestantes se composaient, nous dit de Thou, « de « la cavalerie légère sous les ordres de Claude de « La Trimouille, et des régiments d'infanterie du « s^r de Charbonnières, de Jean de Gontaut de Biron « de Salignac, de Hector de Préaux, et du régiment « des gardes commandé par Guérin ». Cette armée se mit à la poursuite de Mercœur, qui avait jugé prudent de se replier dans son gouvernement, l'atteignit près de Nantes et lui infligea une sanglante défaite, lui enlevant ses drapeaux et 450 prisonniers.

Quelque temps après, le baron de Salignac prit part à l'escalade de Niort, puis il se porta avec son régiment au secours de la Garnache ; mais cette place ne put être sauvée, et tomba au pouvoir du duc de Nevers après une défense désespérée.

Cependant l'assassinat des Guise, qui avait clos les États de Blois d'une façon si tragique, et la mort de Catherine de Médicis survenue quelques jours après, avaient modifié les dispositions de Henri III. L'appui du roi de Navarre lui paraissant indispensable, l'entente se fit facilement entre les deux princes, et la ville de Saumur fut cédée aux protestants en garantie du traité. Il fut convenu que l'on se rencontrerait à Plessis-lez-Tours. Le baron de Salignac, qui avait accompagné Henri de Béarn dans toute sa campagne du Poitou et avait assisté aux prises d'un grand nombre de villes : Loudun, l'Isle Bouchard, Mirebeau, Vivonne, Châtellerault, Argentan, tint à honneur de se trouver près de lui à cette réunion qui ne semblait pas sans péril. Le souvenir de la Saint-Barthélemy hantait encore les esprits et faisait redouter une nouvelle trahison. Beaucoup de gentilshommes n'ayant pu dissuader le roi de Navarre de paraître à cette entrevue vinrent alors se serrer autour de lui, tout prêts à le défendre au premier signal de danger.

Cette fois la loyauté de Henri III avait été suspectée à tort. Les deux princes se réconcilièrent loyalement et n'eurent plus qu'une pensée : rester parfaitement unis et combiner leurs opérations pour reprendre Paris et ruiner la Ligue dont Mayenne était devenu le chef.

Le plan de campagne fut bientôt concerté : le roi de Navarre, à la tête de ses troupes, devait commander l'avant-garde, et Henri III, qui avait reçu un renfort de dix mille Suisses, appuierait les mouvements de son allié.

L'armée marcha de succès en succès et fut bientôt aux portes de Paris. Le 30 juillet, elle s'établit à Saint-Cloud ; mais au moment où l'on se préparait à investir la capitale, Henri III fut assassiné par Jacques Clément.

Cet événement changea singulièrement la situation de Henri de Navarre. Les obstacles s'accumulaient autour de lui : une partie de la France était inféodée à la Ligue et refusait de le reconnaître pour Roi ; l'argent manquait ; un grand nombre de seigneurs catholiques demandaient leur congé et se retiraient avec les troupes qu'ils avaient amenées, tandis que les huguenots eux-mêmes, mécontents du traité conclu avec Henri III, se montraient froids et défiants. Seuls les plus anciens compagnons d'armes du prince, ceux qui avaient subi avec lui, et sans jamais murmurer, ces mille privations, résultat de vingt ans de guerres continuelles, restaient groupés autour de lui, tout disposés à redoubler leurs sacrifices pour la cause qu'ils chérissaient. Le baron de Salignac était fier de compter dans cette phalange de braves qui, en récompense de leur fidélité, n'avaient jamais réclamé que l'honneur de combattre et de se dévouer pour leur prince.

Il fallait le grand esprit politique de Henri de Navarre pour faire tête à tant de difficultés. Fort de son droit légitime, que les déclarations de Henri III à son lit de mort avaient hautement affirmé, il provoqua une réunion des princes et des grands dignitaires de la couronne, et se fit proclamer roi de France.

Henri IV ne disposait plus que de cinq à six mille combattants. Il fut forcé de lever le siège de Paris, et se décida à gagner la Normandie pour y attendre les secours promis par la reine Élisabeth d'Angleterre. Un renfort de 4,000 Anglais lui permit de faire face aux troupes du duc de Mayenne. L'activité du Roi croissait avec les difficultés. Lui-même et ses lieutenants se multipliaient, faisant tête aux troupes ennemies partout où elles se montraient.

La promptitude qui présidait à leurs expéditions déconcertait le duc de Mayenne, dont les opérations étaient toujours exécutées avec une lenteur préjudiciable. Les succès répondirent aux efforts, et les victoires d'Arques et d'Ivry, remportées à quelques mois d'intervalle, donnèrent à cette petite armée un prestige qui contrebalançait son infériorité numérique.

Henri IV put de nouveau mettre le siège devant Paris, et s'empara d'abord des places voisines afin d'intercepter les communications de la capitale avec l'extérieur. Puis on se mit en devoir d'emporter les faubourgs. « Paris fut donc bouclé de près, raconte
« d'Aubigné, et ordonné Fervaques pour commander
« à la courtille et faux bourg Saint-Martin ; au faux
« bourg St Denis, le baron de Biron ([1]) ; à Montmar-
« tre, St Luc ; au faux bourg St Honoré et aux Tuile-
« ries le régiment des Gardes commandé par Grillon ;
« à St Germain et St Michel, le mareschal d'Aumont ;
« à St Jacques, trois régiments de Gascongne com-
« mandés par le baron de Salignac recognoissant
« Chastillon qui estendoit les forces de Languedoc
« à garder St Marceau et St Victor. »

Chacun ayant pris ses dispositions, « l'escopeterie
« commença sur la minuit, rapporte Sully, et dura
« deux grandes heures avec telle continuation qu'il
« sembloit que la ville et les faubourgs fussent tout
« en feu. »

En effet, tous les faubourgs furent enlevés presque en même temps, et la ville investie et bloquée de toutes parts.

Cependant les ressources de Henri IV s'épuisaient.

([1]) Charles de Gontaut, baron puis duc de Biron, amiral et maréchal de France. Il était fils d'Armand, baron de Biron, maréchal de France, et de Jeanne d'Ornezan Saint-Blancard.

Pour les renouveler, il fit appel à ses alliés la reine d'Angleterre et les princes protestants d'Allemagne.

Le vicomte de Turenne, que sa situation considérable et sa grande fortune plaçaient au premier rang de la noblesse de France, fut accrédité dans ces différents pays afin d'obtenir des secours en hommes, argent et munitions. Salignac dut l'accompagner et se charger de toutes les démarches qu'exigeaient de si importantes négociations. Son caractère sage et réfléchi inspirait la plus grande confiance à Henri IV, et la profonde expérience qu'il avait acquise dans plusieurs missions difficiles en faisait pour le vicomte de Turenne un auxiliaire précieux.

Sur le point de quitter la France, Salignac, redoutant pendant son absence les entreprises que pourraient tenter les ligueurs dans son gouvernement du comté de Périgord et de la vicomté de Limoges, résigna en faveur du sieur de Lardimalye ses fonctions de lieutenant pour le Roi dans ces provinces (¹).

Il passa une année presque entière en Allemagne, voyageant de Cour en Cour, prenant les dispositions pour concentrer sur la frontière les troupes qu'il avait enrôlées. Une armée recrutée pour une période de trois mois put enfin être dirigée vers la Champagne (²). Mais les reîtres n'étaient pas payés régulièrement et menaçaient de rentrer dans leur pays.

---

(1) Bibliothèque nationale, fonds Périgord, vol. 24.

(2) Une lettre que le baron de Salignac écrit au duc de Nevers, gouverneur de Champagne, lui annonce l'arrivée des troupes allemandes dans son gouvernement ; mais le texte de la commission à laquelle il fait allusion n'a pu être retrouvé : « Monseigneur, après beaucoup de tans et de peine,
« l'armée que le Roy a levé en ce païs par la négociation de M. de Turenne,
« est sur pié é commence à marcher sous sa conduite. Nous en faisons la
« monstre de là le Rhing le sixiesme de ce mois. Tout ce qui s'est passé

Il fallut entamer avec eux des négociations longues et pénibles au moment où le duc de Parme, envahissant la France, pouvait écraser les troupes si peu nombreuses de Henri IV. (¹).

« depuis a esté employé à la closture des rolles, à leur payement ou à leur faire
« passer la rivière. Toutes ces difficultés, Dieu merci, sont passées; ayant tout
« achevé, nous marcherons aveques son aide demain sans sejourner, ce crois-je,
« de quatre ou cinq jours, é l'eussions faict un jour plus tost sans les pluyes
« extrêmes que nous avons eues. Je pense, Monseigneur, que ladite armée
« passera par votre gouvernemènt, qui fait que je vous suplie très humblement
« faire commander d'aviser à son passage, tant pour le soulagement du païs
« que pour la commodité de la dite armée que vous trouverez, je m'en asseure,
« digne que l'on prène tout soin pour son entretènement. La commission que
« Sa Majesté m'a donnée (de laquelle j'ay mis dans ce paquet un double)
« m'excusera, Monseigneur, si je vous donne la peine de lire ceste lettre, que
« j'alongeray encores pour vous asseurer que je tiendray à beaucoup d'honneur
« lorsque vos commandemens me donneront le moyen de vous faire quelque
« très humble service... — Signé : J. DE BIRON SALAGNAC. — Du camp de
« Oberhilsdessain, le XVIII⁰ aout 1591 » (Biblioth. nationale, fr. 3618, fol. 117).

(1) Il existe à la Bibliothèque nationale une correspondance et des pièces importantes qui jettent une vive lumière sur ces négociations.

Ces documents permettent aussi de constater les difficultés sans nombre qui entravaient continuellement les projets du Roi et d'apprécier l'énergie et la persévérance de ce prince qui, malgré tant d'obstacles accumulés devant lui, ne se découragea jamais et parvint ainsi au but qu'il s'était proposé.

Pour suivre la marche des négociations avec les reîtres, signalons :

1° Une lettre du sieur de Fresne au prince d'Anhalt, datée de Mantes, 12 octobre 1591, lui annonçant que Henri IV ne peut s'acquitter envers lui et réserve toutes ses ressources pour lutter contre les Espagnols (lettre provenant d'une collection vendue par M. Charavay le 10 mai 1886);

2° Une longue lettre du 9 novembre (en chiffres) écrite au Roi par le baron de Salignac, Guitry et Nyvonné, et donnant des détails circonstanciés sur une entrevue de ces négociateurs avec le prince d'Anhalt. Nous en donnons les extraits suivants :

... « Nous sommes allés au logement du prince d'Anhalt trouver les colonels
« et capitaines, et leur avons fait entendre la charge que Vᵉ Majesté nous avoit
« donnés, tendant principalement à la continuation de leurs services après les
« trois mois expirés, à leur faire avoir patience du paiement d'un mois jusques
« à leur arrivée près de Rouen et, moyennant iceluy, leur faire faire monstre
« et régler les autres paiements sur les nouveaux rooles... etc. »

Ils ont répondu « qu'ils continueront volontiers à faire service à Vᵉ Majesté
« puisqu'elle a contentement d'eux, et de faict, nous n'y avons cogneu que toute
« bonne volonté pour le regard des chefs. Mais ayans à contenter leurs troupes,
« ils nous ont représenté la difficulté qu'ils ont de les arrester puisque les trois
« moys qu'ils avoient promis servir sont expirés, et qu'ils ne voient encore
« aucune apparence de les paier; que, à leurs persuasions ils opposent la faim

L'armée royale avait été forcée de lever le siège de Paris pour se porter au-devant des Espagnols. Dès que Henri IV eut reçu les renforts d'Allemagne, il se disposa à achever la conquête de la Normandie.

« et la nécessité qu'ils endurent, et voient entre eulx des mutineries et inso-
« lences desquelles ils craignent fort une mauvaise suite. Hier au soir mesme,
« une compagnye du comte de Vit qui estoit en garde devant le logis du dit
« prince d'Anhalt, se mutina. Ce matin tout le régiment refusoit de marcher,
« et ont dit aux capitaines que s'ils leur font bailler du pain ils marcheront ;
« sinon, non... etc... Toutefois que si pour leur paiement, on leur donne jour
« et lieu préfix, ils le leur proposeront et feront ce qu'ils pourront pour les y faire
« condescendre... etc... Nous avons faict ce que nous avons pu par remonstrance
« de l'interest et désir que Ve Majesté a d'user de diligence, et des accidens
« que peuvent apporter retardement, pour n'engager Ve Majesté à jour limité.
« Mais ils nous ont répété qu'ils voient telle altération parmy leurs gens qu'ils
« estiment très dangereux pour leur service, de leur proposer plus longue attente
« de leur payement... etc... »
« Et avant que nous séparer, nous avons encore voulu sonder quel répit on
« pourroit gaigner avec eulx ; où ils ne sont voulus entrer, attendans de V^e
« Majesté pour parler à leurs gens sur sa parole et non d'eulx mesmes. Toutefois
« selon qu'avons pu recueillir, nous avons opinion qu'ils accorderont quinze
« jours... La demeure ou la retraite de ceste armée dépendent du paiement
« de cette somme qui ne se montera guères moings de cent mille escus à ce que
« dit M. le prince. De Herbonnières, où votre armée est venue loger, le IXe no-
« vembre 1591. — Signé : DE NYVONNET, GUITRY, SALAGNAC » (Biblioth. nat.,
fr. 3645, fol. 92-94 et 99) ;

3° Une lettre de Sancy au duc de Nevers, datée de Dieppe, 14 décembre 1591, lui annonce que le Roi n'a pu recueillir les sommes nécessaires au paiement des reîtres et qu'il « a deputé les s^{rs} de Salignac, de Rozières et moy (Sancy) pour « traiter avec eux » ;

4° Une lettre de ces négociateurs du 16 décembre 1591 confirme la précédente : « Monseigneur, écrivent-ils au duc de Nevers, n'ayant Sa Majesté pas
« receu tant d'argent à la venue de Mr du Plessis qu'elle s'en estoit promis,
« et qu'elle avoit besoing en recevoir pour le payement du mois qu'elle avoit
« promis à son armée estrangère, elle a néantmoins estimé meilleur d'envoyer
« despartir ce qu'il y avoit de comptant aux troupes les plus pressées, que de
« les faire à toutes attendre plus longuement leur payement. Et se trouvant
« principalement pressé pour le payement de ceux qui sont de la levée du prince
« d'Anhalt, elle nous a commandé de leur despartir tout ce que nous avons, qui
« n'est que 41 mille escus et pour 4 mille escus de promesses, qui est environ ce
« qu'il faut pour le payement du mois. Elle attend 25 ou 26 mille escus qui
« doivent parvenir de ce qui est entre les mains de Monsieur... à Tours et de
« quelqu'autre argent de quartier qui doibt estre prest dans la fin de ce mois.
« Cela est affecté pour le payement des s^{rs} de Frentz, Rebours et Tempel comme
« vous verrez plus amplement par les lettres que Sa Majesté nous a baillé pour
« vous faire tenir. Mais luy estant, depuis nostre partement, survenu la nouvelle

La ville de Rouen fut investie par le maréchal de Biron et défendue avec acharnement par Villars Brancas qui y commandait pour la Ligue.

A son retour d'Allemagne, Salignac rejoignit l'armée à Rouen et se distingua pendant le siège, tantôt comme négociateur et tantôt à la tête des troupes qu'il commandait; il accompagna ensuite le Roi qui s'était mis à la poursuite d'Octave Farnèse. Celui-ci, ne pouvant tenir contre l'élan des troupes royales, exécuta une retraite savante qui lui permit d'échapper à Henri IV et de regagner la frontière.

Le duc de Mayenne, découragé par ses insuccès et mécontent des Espagnols, offrit de se soumettre; mais ses conditions étaient telles que le Roi ne put les accepter. Les ligueurs eussent en effet conservé dans l'État une prépondérance qui eût complètement annihilé l'autorité royale.

Jamais Henri IV ne se trouva dans de si cruelles perplexités! Les seigneurs catholiques qui suivaient son parti murmuraient, disant que malgré ses promesses il ne songeait plus à se faire instruire. Ils voulaient se joindre aux ligueurs pour élire comme roi de France le cardinal de Bourbon, auquel on eût

« de l'arrivée du duc de Parme, nous ne doubtons point que son service ne
« requiert de faire présentement distribuer quelque argent aux dits s^{rs} de Frentz,
« Rabours et Tempel pour leur donner moyen de vous faire service au voyage
« de Compiègne, dont le Roy vous sollicite. Toutefois ayant desja les autres
« colonels esté advertis auprès du Roy de ce que nous leur portons et debvons
« deslivrer, nous ne leur en pouvons rien retrancher que par leur consentement.
« Nous ferons tout ce qui nous sera possible pour leur faire consentir que nous
« en donnions quelque chose aux autres... etc... — Signé : SANCY, SALAGNAC,
« PETREMOL. D'Eux, le 16° décembre 1591 » (Biblioth. nat., fr. 3619, fol. 127).

5° Enfin une lettre de Sancy au duc de Nevers, du 19 décembre 1591, lui apprend que les reîtres ont accepté les sommes qui leur ont été proposées et ont promis de rester au service du Roi.

fait épouser l'infante d'Espagne. De leur côté, les huguenots menaçaient de l'abandonner s'il changeait de religion, et déclaraient qu'ils ne poseraient pas les armes avant d'avoir obtenu les garanties qui leur avaient été promises par les édits. Henri convoqua ses conseillers intimes. « Il assembla, nous dit Sully,
« MM^{rs} de Turenne, Rosny, Sancy, du Plessis, Sali-
« gnac et 2 ou 3 autres : « Messieurs, leur dit-il, je
« vous ay ici assemblés comme mes plus anciens et
« affidés serviteurs pour prendre conseil de vous de
« ce que je dois faire sur les advis certains qui m'ont
« esté donnés que... plusieurs font tout ce qu'ils
« peuvent pour persuader mon cousin le cardinal
« de Bourbon de se vouloir rendre chef de ce tiers
« party dont l'on bruit tant, afin d'espouser l'infante
« d'Espagne et se faire desclarer roy de France par
« tous les catholiques; estant bien asseurés que tous
« ceux qui sont auprès de moy ou me servent
« ailleurs, m'abandonneront aussitost, et ne sont
« plus retenus que d'une seule difficulté, qui est de
« sçavoir ce qu'ils feront de ma personne, les uns
« disant : qu'il s'en faut saisir et s'en asseurer et les
« autres plus malins et audacieux, qu'il me faut
« depescher; adjoutans, que tels oyseaux que moy
« ne valent rien en müe, ny à garder en cage. L'on
« m'a donné advis certain que jusques icy le cardinal
« a tousjours désapprouvé telles procédures violentes,
« principalement pour ce qui touche ma vie; mais
« il est à craindre que par importunité, ou ambition,
« ou autres motifs, il ne se laisse emporter à leurs
« persuasions et mauvais desseins : Et partant, je
« vous prye de me dire librement vos sentimens. »

Chacun dut à son tour donner un avis motivé. Les uns voulaient que le Roi se saisît des huit ou dix principaux chefs dont on suspectait le dévouement, et qu'on les gardât à vue; d'autres, plus violents, opinaient pour qu'ils fussent mis à mort. Au contraire, Sully et Salignac soutinrent qu'il fallait d'abord user de modération et chercher par tous les moyens à regagner la confiance des mécontents. Mais ils jugèrent aussi qu'il était du devoir de Henri IV de réunir une assemblée composée de théologiens catholiques et de ministres protestants qui discuteraient devant lui les questions en litige. Il pourrait ensuite choisir, selon sa conscience et en toute connaissance de cause, la religion qui lui semblerait préférable.

Ces conseils l'emportèrent dans l'esprit du prince, qui se décida à assister à des conférences réunies près de Paris. C'est à la suite de ces discussions religieuses qu'il fit son abjuration dans l'abbaye de Saint-Denis, où cette cérémonie attira un immense concours de populations (juillet 1593).

Quelques mois après, Henri IV se fit sacrer à Chartres. Tous les prétextes qu'avaient invoqués les ligueurs pour persévérer dans leur rébellion tombaient les uns après les autres. Les démarches et les négociations entreprises pour amener la soumission des principaux meneurs donnaient des résultats appréciables : la ville de Rouen fut remise entre les mains du Roi, et Paris ouvrit enfin ses portes.

Le baron de Salignac, qui avait été fait maréchal de camp le 1er janvier de cette année 1594, accompagna le Roi à son entrée dans la capitale. Il fut chargé, rapporte de Thou, avec François d'O, gouverneur de l'Ile de France, de se rendre maître de la porte Saint-Honoré. Puis Henri IV lui confia le soin d'accompagner jusqu'au Bourget les troupes espagnoles qui, surprises dans Paris, avaient obtenu une capitulation honorable (¹).

La reddition de Paris détermina un grand nombre de villes à se ranger sous l'obéissance du Roi. Mais le duc de Mayenne, ayant reçu de l'archiduc d'Autriche un secours de huit mille hommes conduits par le comte de Mansfeldt, s'empara de quelques places de Picardie et s'enferma dans Laon. Henri IV vint assiéger cette ville. « Ce prince, dit de Thou, divisa « les attaques entre le maréchal de Biron, Saint-Luc, « Jean de Gontault de Salignac, Grammont et Mont- « martin ». Pendant plus de deux mois, les assiégés se défendirent avec opiniâtreté, faisant continuellement des sorties et essayant d'introduire dans la place les secours amenés par Mansfeldt. Mais l'énergie des troupes royales eut raison des résistances de la ville, qui se rendit enfin au commencement d'août.

L'activité de Henri IV ne lui permettait pas le repos. Rien ne pouvait le détourner de la voie qu'il s'était tracée, et la pacification de la France était le but vers lequel ses yeux étaient constamment dirigés. Pour amener les ligueurs à composition et rendre plus acceptables les conditions qu'ils étaient encore en état d'imposer, il espérait dans ses armes victorieuses ; mais, en même temps, il ne négligeait pas

---

(1) Une plaquette de quinze pages intitulée *Discours de tout ce qui s'est passé à la prise de Paris*, — à Tours, chez Jamet Mestayer, 1594, — nous fournit des détails curieux et intéressants sur les dispositions que Henri IV fit prendre à ses troupes lors de son entrée dans Paris, sur les incidents de la journée et sur la sortie des Espagnols.

les tentatives d'accommodement. Ses négociateurs ordinaires, Ségur, Du Plessis, Rosny et tant d'autres se partageaient cette tâche ardue. Ce n'était que par d'actives démarches et de nombreux pourparlers qu'on pouvait ramener les gentilshommes hésitants et gagner à la cause du Roi ceux qui, mus par l'ambition ou par de faux scrupules religieux, restaient encore éloignés de lui.

Est-ce après l'une de ces négociations à l'intérieur du royaume ou après une mission à l'étranger, peut-être plus difficile encore, que le baron de Salignac reçut du Roi une somme de trois cents écus sol « pour un voiage faict par le commandement de Sa « Majesté et pour affaires important son service, *en « certain lieu et endroict dont Elle n'a voulu estre « faict aucune mention ni desclaration* ([1]) » ?

Nous possédons encore cette curieuse quittance, mais l'objet de la mission est demeuré un secret. Toutefois il y a lieu de penser que Henri IV fut satisfait des services rendus par le baron, qui reçut à quelques mois d'intervalle deux gratifications de mille écus « en considération, nous dit la quittance du « 12 novembre 1594, des bons et agréables services « que nous luy (au Roi) avons faicts et continuons « faire chascun jour et pour nous recompenser des « pertes que nous avons souffertes à son service ([2]) ».

Le duc de Mayenne s'était réfugié en Bourgogne, où les Espagnols devaient lui envoyer des renforts. Henri IV chargea le maréchal de Biron de conquérir cette province. Beaune, Autun, Dijon, Auxonne

---

(1) Bibl. nat. — Pièces origin. Salignac, fol. 101, quittance du 4 octobre 1594.
(2) Biblioth. nat. — Pièces originales Salignac, fol. 102.

tombèrent successivement en son pouvoir. Le baron de Salignac prit part à ces expéditions glorieuses et se trouva à Fontaine-Française où il combattit vaillamment sous les yeux du Roi.

Sur ces entrefaites, le pape avait accordé à Henri IV l'absolution sollicitée depuis quelque temps. La réconciliation avec l'Église était entière, et les ligueurs ne pouvaient plus invoquer le prétexte de la religion pour s'insurger contre le Roi. Le duc de Mayenne se détermina à faire sa soumission. Henri IV n'avait plus désormais en face de lui que les Espagnols. Ceux-ci s'étaient emparés de plusieurs places importantes en Picardie et la ville de Cambrai s'était rendue au comte de Fuentès au moment où le Roi se disposait à la secourir. Henri IV se résolut alors à assiéger La Fère. « La situation de la place, dit le P. Daniel, « la forte garnison qui y estoit et la rigueur de la « saison, rendirent ce blocus et puis le siège très « difficile et très long; et l'armée royale y fut occu-« pée jusqu'au mois de mai de l'année suivante. »

Il était très important pour Henri IV d'occuper cette place qui commandait la vallée de l'Oise et donnait un accès facile sur la capitale. De leur côté, les Espagnols y avaient amassé beaucoup de munitions et semblaient décidés à se défendre jusqu'à la dernière extrémité. Mais ils n'avaient pu introduire des vivres en quantité suffisante, et bientôt ils durent subir les tourments de la faim. La ville était étroitement bloquée; et pour intercepter toute communication des assiégés avec le dehors, Henri IV avait fait construire des redoutes dans lesquelles se retranchaient ses troupes.

L'armée royale dut repousser de fréquentes sorties et livrer combat aux troupes de secours amenées par l'archiduc Albert d'Autriche, le nouveau gouverneur des Pays-Bas. Ce général, qui désirait extrêmement faire lever le siège, tenta une diversion en se portant vers les villes du Nord et en investissant Calais. Mais cette manœuvre ne modifia pas les premières résolutions du Roi qui, pour hâter la reddition de la ville, fit élever une digue destinée à arrêter les eaux de l'Oise et à les précipiter à travers les rues. Le moyen ne réussit pas complétement; cependant des maladies pestilentielles surgirent par suite de l'humidité, et la ville, d'ailleurs à bout de ressources, se décida à capituler. Toute la Picardie tomba ainsi au pouvoir du Roi.

Pendant ce siège, Salignac avait rempli ses fonctions de maréchal de camp. Cette charge était alors une des premières de l'armée, et avait une grande analogie avec celle de chef d'état-major dans les armées modernes. « Le mareschal de camp, dit le maréchal
« de Biron dans ses *Maximes de guerre,* doit estre
« advisé et expérimenté, diligent et vigilent. Il est
« la voix et commandement du général, car il faut
« que tout passe par son sceu et la plus part par
« son ordonnance. Il doit estre adverty de toutes
« choses, non seulement de ce qui se passe en
« l'armée, mais ès environs et au loing pour donner
« raison et advis à chascun de ce qu'il aura à
« faire ([1]) ».

([1]) *Maximes et Instructions de l'Art de la guerre,* de messire Arman Gontault de Biron, mareschal de France — à Paris chez Toussaincts du Bray, 1611. — La lecture de ce livre, écrit depuis près de 300 ans, serait encore actuellement

Il fallait, pour exercer une telle charge, posséder des qualités multiples : activité, bravoure, sang-froid, habileté. Salignac remplissait toutes ces conditions. Son expérience de la guerre et le renom qu'il y avait acquis (¹) lui donnaient en outre une autorité morale bien nécessaire en face des compétitions et des jalousies qui s'élevaient sans cesse entre les différents chefs. Aussi exerça-t-il ses fonctions à l'entière satisfaction du Roi, qui lui donna quelque temps après une compagnie de 50 hommes d'armes de ses ordonnances.

Henri IV, qui voyait l'autorité royale se raffermir chaque jour, se préoccupait de réorganiser les institutions de la France. Nul n'était certes plus disposé que lui à admirer la valeur de ses troupes et à proclamer les services qu'elles lui avaient rendus. Pourtant il n'ignorait pas que de ce côté il avait beaucoup à faire pour maintenir la réputation acquise par trente années de luttes, et tous ses compagnons d'armes étaient unanimes à reconnaître l'absolue nécessité d'inaugurer des réformes importantes dans son armée. Mais le Roi hésitait entre les différents projets qu'il entendait discuter autour de lui. Les idées soutenues sur ce sujet par Salignac l'ayant frappé plus particulièrement, il le décida à les déve-

---

des plus instructives pour nos officiers. Ils verraient que les règles et les principes de la guerre ne sont pas d'invention moderne, comme quelques-uns se l'imaginent peut-être. — Ce petit volume, fort rare et très estimé, fut longtemps l'objet de mes recherches. Qu'il me soit permis de remercier ici M. le baron de Prinsac qui a bien voulu me l'offrir.

(1) J'ai en ma possession une estampe curieuse gravée par un célèbre artiste de cette époque, *Hogenberg* de Malines, qui nous montre le siège de la Fère et les campements des différents corps de l'armée royale. Au sud de la ville, le baron de Salignac se trouve représenté à la tête de ses troupes.

lopper et à les lui soumettre sous forme de règlement (¹).

Ce travail, intitulé *Discours au Roy pour le règlement de l'Infanterie*, n'était nullement destiné à « être mis en lumière », et avait été spécialement écrit « pour le service du Roi ». Il fut pourtant imprimé par les soins d'un ami de l'auteur, qui, dans une courte préface, déclare que « puisqu'il (ce dis-
« cours) a été agréable au plus grand et valeureux
« prince et honoré de son approbation, il le doit être
« à ceux qui ne peuvent avoir le jugement plus
« délicat que Sa Majesté ».

Cet opuscule débute par des protestations de dévouement au Roi. « L'honneur que j'ay, dit Sali-
« gnac, d'avoir toujours été au service de V. M., sans
« avoir jamais ouy commandement d'autre maistre...
« fait que je suis certain que nul ne me peut esgaler
« au désir que j'ay de le voir prospérer à toutes
« sortes de bonnes et heureuses fortunes. » Puis il aborde son sujet, mettant en parallèle les armées espagnole et royale, la première bien vêtue, régulièrement payée, pourvue d'armes excellentes, et la seconde désorganisée, manquant de vivres et de munitions, privée de solde. Les misères et les souffrances endurées par les troupes royales, le relâchement de la discipline et une extrême licence dans les mœurs n'ont pas empêché le Roi de remporter des

---

(1) C'est en faisant des recherches dans le volume de la Bibliothèque nationale (fr. 3250, fol. 44) que je découvris le manuscrit original de ce travail (dont les premiers feuillets ont été égarés) qui a été écrit de la main du baron de Salignac, et dont la signature frappa mes yeux. — La Bibliothèque de Bordeaux possède un exemplaire de cet opuscule, imprimé sous ce titre : *Discours au Roy pour le règlement de l'Infanterie française*, à Paris chez la veuve Guillemot, 1614.

succès éclatants, mais que n'eût-il pas obtenu avec une armée disciplinée, constamment fidèle à la voix de ses chefs et soumise à des règlements inviolables ? « Il y a, ajoute-t-il, de bonnes pièces en vostre « armée, Sire, il ne faut que les ordonner pour en « faire quelque chose de bon et de beau. »

Salignac pense qu'on doit récompenser les chefs selon leur mérite et exclure toute faveur lorsqu'il s'agit d'emplois à donner : « Pour Dieu, Sire, s'écrie- « t-il, veuillez prendre garde de ne préférer pas à « un homme de bien et de mérite, qui aura longue- « ment et toujours bien servy, un qui aura moins « que luy de ces braves qualités. Cela pique infini- « ment, et plus de vous, Sire, tout remply de valeur « et de cognoissance des hommes, que d'un autre, « duquel par conséquent on ne se soucieroit pas « tant d'estre estimé…. Personne ne trouvera « estrange que V. Maj^{té} veuille se servir de ceux « qu'elle cognoist mériter. »

Après avoir formulé tout un programme de réformes, il insiste enfin sur la nécessité d'adjoindre un aumônier à chaque régiment. « Je ne croy pas, « dit-il, qu'il se trouve personne quy me reprenne « de mettre à chaque régiment un homme pour « prier Dieu. Cela est jugé de tous pour trop « nécessaire. Quand les soldats cognoistront celuy « qui les fera prier Dieu lorsqu'ils iront au danger, « qui les consolera lorsqu'ils seront proche de leur « fin, et qui les reprendra de leurs fautes, il n'est « pas possible qu'à la longue cela ne leur imprime « quelque honneur et quelque respect, (ce) qui fera « qu'ils craindront de mal faire devant luy… Ils

« perdront ceste sy malheureuse façon qu'ils ont de
« jurer Dieu, qui ne leur vient que de coustume,
« n'en ayant point esté repris, ou d'opinion qu'ils
« ont d'en estre crus plus vaillants, qui leur sera
« ostée par cest homme d'Eglise. Outre le bien qui
« en reviendra à leurs âmes, desquelles, Sire, estant
« leur Roy, Vostre Maj^{té} est obligée à quelque soin,
« encores en sera-elle bien mieux servie. Sans la
« crainte de Dieu, la fidélité ne se peult guères
« trouver, é j'ay oui mille fois dire à V. Maj^{té}, et
« avec beaucoup de bonnes et fortes raisons, qu'un
« meschant homme, un renieur ordinaire de Dieu
« ne sçauroit jamais estre vaillant. »

Les idées religieuses de Salignac s'affirmaient hautement et ne se démentirent jamais jusqu'à sa mort. Il avait, tout récemment, embrassé la religion catholique ([1]) à l'instigation de Marguerite de L'Hospital, qu'il avait épousée en 1585 ([2]) et qui, depuis plusieurs années, le pressait d'abjurer le protestantisme. Cette femme, pleine de vertus, et d'un cœur généreux, avait été elle-même élevée dans la religion réformée, mais, depuis sa conversion au catholicisme, elle était passionnée pour la gloire de Dieu et recherchait ardemment le bien des âmes. Elle avait étudié les livres saints; et *L'Estoile* nous apprend que, en avril 1609, elle prit la parole dans une conférence où le P. Gonthier, jésuite, et le célèbre ministre réformé Dumoulin avaient été convoqués par la dame de Mazencourt, qui désirait s'éclairer sur certains articles

---

(1) En 1596. Voir à la fin de cette notice.
(2) Marguerite de L'Hospital, petite-fille du célèbre chancelier Michel de L'Hospital. — Le contrat de mariage fut signé le 29 mai 1585. L'original est conservé à la Bibliothèque nationale, fonds Périgord, vol. 143.

de dogme avant d'abjurer le protestantisme. Mme de Salignac combattit victorieusement les erreurs de Dumoulin, et la dame de Mazencourt se convertit quelques jours après (¹).

Henri IV, voulant donner à ses troupes un repos devenu indispensable après les fatigues endurées au siège de La Fère, les avait disséminées dans divers quartiers et n'avait conservé sur pied qu'un petit nombre d'hommes destinés à harceler les Espagnols. Mais bientôt la nouvelle de la surprise d'Amiens vint arracher le Roi au repos qu'il goûtait. Il fallut reprendre les armes, lever de nouvelles troupes et courir au danger. Salignac s'empressa de répondre à l'appel du Roi et de suivre devant Amiens son cousin le maréchal de Biron, auquel Henri IV avait conféré le titre de maréchal général en lui donnant le commandement de l'armée. Les opérations du siège furent poussées avec vigueur, et Salignac trouva maintes fois l'occasion de signaler sa valeur. La ville se rendit au mois de septembre, et cette capitulation fut le prélude de pourparlers qui aboutirent à la paix avec les Espagnols.

Le duc de Mercœur, chef des derniers ligueurs, n'avait pu encore se résigner à déposer les armes. Il tenait une partie de la Bretagne, et les nombreuses négociations engagées pour qu'il rendît cette pro-

---

(1) Cette discussion religieuse eut à cette époque un grand retentissement. On publia une lettre au Roi, écrite par le P. Gonthier, qui en relatait tous les incidents. Une réponse fut imprimée par les soins de Dumoulin, sous ce titre : *Véritable narré de la conférence entre les sieurs Dumoulin et Gonthier, secondé par Madame la Baronne de Salignac.* Enfin la réplique des catholiques intitulée : *La Réfutation de l'Escrit de Dumoulin par le sieur de Corbouzon* termina cette dispute au grand avantage des catholiques. (Voir le *Mercure français*, t. 1, pp. 336-339.)

vince avaient toujours échoué. Au printemps de cette année (1598), Henri IV se détermina à conduire une armée contre lui pour le contraindre à rentrer dans le devoir.

Ces troupes furent dirigées vers Rennes, où elles devaient rejoindre celles du maréchal de Brissac. Mais les places se rendirent les unes après les autres sur le passage du Roi, et le duc de Mercœur, pour ne pas rester dans l'isolement, se pressa de faire sa soumission.

Pendant cette courte campagne le baron de Salignac et M. de Mouy firent leur office de maréchal de camp avec leur habileté ordinaire, et « avec telle « police, dit Sully, que tous les peuples (qui s'estoient « retirés dans les bois retranchés et estoient tous les « jours prêts d'en venir aux mains les uns contre les « autres) donnoient mille louanges. »

La pacification de la Bretagne n'exigeant plus l'entretien d'une armée si considérable, Henri IV dirigea la plupart de ses régiments vers la Picardie. Salignac avait d'abord été chargé de la conduite de ces troupes; mais, prévoyant à bref délai la fin des hostilités, il obtint du Roi la permission de se faire remplacer par le sieur de Mouy, également maréchal de camp, et de retourner en Limousin pour y exercer sa charge de lieutenant-général.

Le traité de Vervins mit bientôt un terme à la guerre qui durait depuis si longtemps avec les Espagnols; et l'Édit de Nantes, en autorisant la libre pratique des religions, accorda aux Protestants l'indépendance qu'ils réclamaient. Salignac ne resta pas inactif dans son gouvernement. Les Protestants, glorieux d'avoir conquis la liberté de conscience, triomphaient avec ostentation. De leur côté, les Catholiques, mortifiés par ces éclats d'une joie intempestive, ne pouvaient prendre leur parti de voir les Réformés traités suivant le droit commun, et, dans leur mécontentement, ils cherchaient à agiter le pays et à créer un courant d'opposition contre la royauté. Salignac passa son temps à calmer les manifestations bruyantes des uns et à apaiser la colère des autres. Il déploya toute son adresse et toute son énergie dans cette tâche qui nécessitait un grand tact, et ramena par la douceur les gentilshommes tentés de s'éloigner de leur devoir.

Quelques mois après (juin 1599), il se démit de la lieutenance générale du Limousin et revint à la Cour. Nous ignorons ce qui le poussa à prendre ce parti. Mais ne peut-on en trouver simplement la raison dans ce désir qu'eut le Roi, au moment où il avait à prendre de graves décisions relatives à son mariage et à la guerre de Savoie, de rappeler près de lui son conseiller fidèle et d'entendre ses avis toujours marqués au coin du bon sens et de l'honnêteté.

Pendant les deux années suivantes, Salignac resta à la Cour, honoré de la confiance et de l'affection du Roi. Henri IV, désormais possesseur incontesté de son royaume, s'occupait de regagner à l'extérieur l'influence dont jouissait la France avant la période des guerres civiles. Le maintien de la paix était devenu l'objet de ses vœux les plus ardents : aussi mettait-il tous ses soins à fortifier les bons rapports qu'il n'avait jamais cessé d'entretenir, particulièrement avec l'Angleterre, l'Allemagne et les Provinces

Unies des Pays-Bas ; persuadé qu'au moyen de ces alliances il pourrait tenir en échec la Maison d'Autriche, dont les aspirations dominatrices entretenaient constamment l'inquiétude en Europe. Ce fut là le but vers lequel tendirent tous ses efforts ; et les instructions données à ses ambassadeurs portent l'empreinte de cette idée politique, dont l'importance lui semblait si grande qu'il était prêt aux plus grands sacrifices pour la faire triompher.

M. de Brèves était alors ambassadeur en Levant [1]. Ancien ligueur, d'un caractère énergique et d'une intelligence peu commune, il possédait au plus haut degré le sentiment de la dignité de son pays et désirait avec passion rendre à la France le rang qu'elle avait occupé à Constantinople sous les premiers Valois. Mais il avait à lutter contre l'Angleterre, cette rivale dont l'ambition excluait toute générosité, et qui, à la faveur de nos troubles intérieurs, avait arraché à la Turquie la concession de privilèges réservés jusqu'ici à la France. Au mépris de nos capitulations, un ambassadeur anglais avait obtenu la permission de résider à Constantinople ; et, tandis qu'autrefois les vaisseaux étrangers (y compris ceux de l'Angleterre) devaient, pour naviguer dans les eaux turques, se mettre sous la protection de la France en arborant sa bannière, les Anglais poussaient maintenant leurs prétentions jusqu'à vouloir eux-mêmes protéger les vaisseaux flamands.

---

[1] François Savary de Brèves, né en 1560, mort en 1628, fut nommé ambassadeur à Constantinople en 1591, en remplacement de son cousin le sieur de Lancosmes. En 1608, il fut envoyé comme ambassadeur à Rome, et en 1610 nommé gouverneur du duc d'Anjou, frère du Roi. Il fut créé chevalier du Saint-Esprit en 1625. On a publié la *Relation de ses Voyages*. Paris, 1628.

Obliger l'Angleterre à renoncer aux avantages qu'elle avait acquis à notre détriment, telle était la tâche que s'était imposée M. de Brèves. Mais les démarches, peut-être un peu intempestives, qu'il avait faites près de la Porte avaient mécontenté les pachas. Ceux-ci se sentaient soutenus par l'ambassadeur anglais et refusaient brutalement de condescendre aux injonctions de la France.

A plusieurs reprises, Henri IV avait dû recommander la plus grande modération à son ambassadeur. Il lui avait enjoint de ménager l'amour-propre de l'Angleterre et d'accepter le fait accompli, plutôt que de risquer une rupture en présentant des réclamations que la France n'était pas encore en état d'appuyer par les armes. M. de Brèves se laissa entraîner par son zèle patriotique, et son ardeur le poussa à méconnaître les ordres du Roi. Par sa conduite imprudente, il avait envenimé la querelle à tel point qu'en 1599 il reçut l'ordre de revenir en France. Cependant, les dissentiments qui s'étaient produits entre lui et les ministres turcs s'étant apaisés, son retour fut ajourné, et ce ne fut que trois ans après que Henri IV pensa de nouveau à le remplacer (¹).

Il était nécessaire de lui donner un successeur dont

---

(1) On peut juger, par les extraits suivants de la correspondance de Henri IV, du degré de mécontentement auquel les agissements de M. de Brèves avaient amené le Roi :

« M. de Brèves, écrit-il le 28 mai 1599, je veux que vous preniés congé de ce
« Seigneur, et que vous me veniés trouver incontinent la présente receue, sans
« toutefois rompre avec luy, ny avec aucuns de ses ministres... Par tant, vous ne
« ferés faute d'y satisfaire et obéir, d'autant que vous désirés me contenter... »
(*Lettres missives*, vol. v.)

Le 24 juillet 1599, Henri IV lui écrit : « M. de Brèves, toutes vos poursuites les qualités diplomatiques fussent à hauteur de la situation délicate amenée par les circonstances. Le Roi jeta les yeux sur le baron de Salignac. Son aptitude à traiter les affaires les plus épineuses s'était révélée depuis longtemps. Il avait l'esprit fin, la parole facile, le caractère tout à la fois énergique et conciliant. Dans l'intimité où il avait vécu avec Henri IV, il avait appris à connaître ses idées politiques les plus secrètes ; et l'ardente amitié qu'il avait pour son Roi était la garantie la plus sûre des services qu'il chercherait à lui rendre. Homme d'initia-

---

« et contestations avec le Sigal (a), que vous m'avés représentées... nuiront plus
« à la fin de mon service et à mes subjects, qu'elles ne luy serviront. Je le vous
« ay escript il y a longtemps, et dès aussitost que je sceus que vous aviez délibéré
« d'y engager mon nom, affin que vous trouvissiez moyen de vous développer.
« Vous ne l'avés pas faict, vous estant promis de faire mieux vos affaires que
« vous n'avés faict. Vous dictes que vous avés obtenu une lettre de ce Grand
« Seigneur, de laquelle vous m'avés envoyé un double ; elle est composée d'un
« style qui tient plus du français que de celui que les prédécesseurs du Grand
« Seigneur souloient user... Je ne sçay que vous dire et ordonner sur tout cela,
« puisque vous ne faites ce que je vous commande... » (*Lettres missives*, vol. v.)

Le 28 août 1599, il lui réitère l'ordre de rentrer en France : « Revenés donc,
« dit-il, comme je vous ay commandé... Je veux estre obéi et servy suivant mes
« intentions ; et tant de dilations dont vous avés usé sur vostre retour, depuis
« avoir receu mes premiers commandemens, me donnent occasion de croire que
« d'autres occasions vous arrestent par delà, que celles qui concernent le bien
« de mon service... » (*Lettres missives*, vol. v.)

A la suite des explications envoyées par M. de Brèves, la colère du Roi s'apaise,
et le rappel de l'ambassadeur est ajourné :

« J'aime mieux, lui écrit Henri IV le 24 novembre 1599, que demeuriés encore
« à me servir par delà, que vous faciez faute, par vostre absence, à mon service... »
(*Lettres missives*, vol. v.)

Et le 30 mars 1600 : « Quand je vous ay escript ma volonté sur les occasions
« qui se sont présentées, si quelquefois elle n'a esté conforme à vos conseils et
« déportemens, n'estimés pas pour cela que j'oublie les autres services que vous
« m'avés faicts... Contentés vous seulement de vous accommoder et obéir à mes
« commandemens, lesquels je change selon les temps et les occasions, et que
« j'estime qu'il est nécessaire que je fasse pour le bien de mes affaires, desquelles
« je juge mieux de la conséquence, pour la cognoissance générale que j'ay d'icelles,
« que vous ne pouvés faire où vous estes... » (*Lettres missives*, vol. v.)

(a) Sigal, général de la mer, avait alors une très grande influence à Constantinople. — Voir au bas de la lettre de Salignac, en date du 6 janvier 1606, une note sur ce personnage.

tive, il saurait au besoin assumer la responsabilité de promptes décisions, sans demander de nouvelles instructions que l'éloignement de la France n'eût pas permis d'attendre; et Henri IV était certain d'avance que ces résolutions seraient toujours conformes à ses propres désirs et au plus grand bien de la France.

Enfin, il était urgent de relever notre prestige à Constantinople en frappant l'imagination de ces Orientaux qui, toujours enclins à mépriser les faibles, et voyant la France se désintéresser des choses du Levant, s'étaient exagéré son impuissance. Le baron de Salignac, animé pour le Roi des sentiments les plus enthousiastes, était plus que tout autre en état de modifier les mauvaises impressions que subissait la cour du Grand Seigneur. En entretenant les pachas des hauts faits de Henri IV et des exploits qui avaient illustré son nom, en leur exposant les difficultés que ce prince avait su vaincre à l'intérieur comme à l'extérieur, en le présentant comme l'arbitre désormais choisi par les peuples pour aplanir leurs différends, il les convaincrait sûrement des avantages réservés à la Turquie si elle s'unissait étroitement à la France redevenue grande et forte.

Salignac n'accepta pas volontiers la charge que lui destinait le Roi. Ce n'était pas sans appréhension qu'il envisageait la perspective de quitter sa famille et ses amis pour s'exiler si loin. Il céda pourtant aux pressantes sollicitations de Henri IV, qui, pour le récompenser de ses services antérieurs et avant de le laisser partir, le créa chevalier de ses Ordres. Nommé ambassadeur en 1603, il ne quitta la France qu'au mois de juillet 1604.

Sans nous appesantir sur les négociations qu'il eut à conduire à Constantinople, et dont on trouvera tous les détails dans la correspondance diplomatique, nous pouvons dire que le baron de Salignac sut habilement relever le prestige de la France dans le Levant. Fidèle aux instructions reçues au moment de son départ, il se montra énergique dans ses revendications, tout en conservant les relations les plus amicales avec les ministres de la Porte. Comme son prédécesseur, il eut l'ambition de rendre à la France la situation prépondérante qu'elle avait eue en Orient sous François Ier, et de retirer aux Anglais les privilèges qu'ils avaient indûment obtenus dans un moment où la guerre civile empêchait la France de veiller à ses intérêts au dehors. Plus heureux que M. de Brèves, il atteignit son but; mais que d'efforts ne dut-il pas faire pour arriver à ce résultat! Les démêlés qu'il eut à ce propos avec l'ambassadeur d'Angleterre furent d'une gravité exceptionnelle. La querelle dura près de trois années et se termina seulement lorsque le résident anglais eut fait les concessions qu'exigeait le baron de Salignac. La persévérante opiniâtreté de ce dernier vint à bout de tous les obstacles qui se présentèrent; et c'est à lui-même qu'il dut ce succès diplomatique, car, dans cette circonstance, il ne fut pas même soutenu par le Roi qui, plus que jamais décidé à maintenir l'alliance anglaise, ne voulut pas que son ambassadeur parût agir autrement que de sa propre initiative [1].

C'est aussi grâce à son énergique intervention que les

---

(1) Voir les lettres de Salignac du 9 janvier 1607 au 28 décembre 1609.

Pères Jésuites qui, dans sa pensée, devaient fortifier l'influence française en Orient, purent s'installer définitivement à Constantinople (¹). Il eut cette fois pour adversaires le représentant de la république de Venise et l'ambassadeur d'Angleterre, tous deux intéressés à ne pas laisser s'introduire en Turquie un nouvel élément catholique et français.

Plus d'une fois, il sut mettre à profit ses relations d'amitié avec les vizirs, et, par ce moyen, il obtint, à titre de service personnel, des avantages qui eussent été inutilement réclamés par la voie diplomatique. C'est ainsi qu'il parvint à faire remettre en liberté plus de neuf cents malheureux prisonniers, dont plusieurs chevaliers de Malte, tombés au pouvoir des corsaires turcs et destinés à rester toute leur vie dans les chaînes s'il n'était venu à leur aide.

Enfin, il eut la satisfaction, avant de mourir, de voir se terminer, au plus grand profit de la France, un différend survenu à propos du pillage du *Bastion de France*, qui, bâti près d'Alger pour protéger la pêche du corail, et surtout pour affirmer la puissance de la France, avait été démoli par les corsaires arabes. Depuis son arrivée à Constantinople, Salignac avait réclamé la réédification de ce fort et la reconnaissance des droits français. Les vizirs avaient toujours promis de contenter l'ambassadeur, mais le Grand Seigneur lui-même ne pouvait se faire obéir dans ces contrées lointaines. Sur les instantes réclamations du baron de Salignac, la Porte se décida

---

(1) Voir principalement les lettres des 19 septembre, 2 novembre, 28 décembre 1609 et 20 février, 6 mars, 15 mai et 4 septembre 1610.

enfin à vider cette question, en prenant les mesures énergiques qui lui étaient demandées (¹).

Jusqu'ici l'attachement de Salignac pour son Roi n'avait jamais subi aucune atteinte, et Henri IV avait toujours donné à son fidèle serviteur les marques de la confiance la plus absolue. Pendant l'année 1609, un nuage vint pourtant assombrir cet horizon si pur. Ce fut, dans l'existence de M. de Salignac, un de ces événements qui font date et dont il n'est pas inutile de rapporter les causes.

Malgré la distance qui le séparait de la Cour, malgré l'estime et la sympathie qu'il inspirait à tous, il n'avait pu se dérober au jugement jaloux des courtisans, éviter la griffe envenimée des calomniateurs. L'influence prépondérante qu'il avait obtenue pour la France à Constantinople, malgré les menées des Anglais, en dépit des intrigues du sérail, la situation exceptionnelle qu'il s'y était acquise personnellement, lui avaient donné un relief bien fait pour exciter l'envie. Beaucoup de gentilshommes s'imaginaient d'ailleurs que l'Orient renfermait des trésors inépuisables, et qu'un ambassadeur dans ces pays devait fatalement y acquérir une fortune rapide. Tous ignoraient les dépenses extraordinaires que ce représentant était tenu de faire pour conserver son rang, remplir sa charge avec fruit et obtenir seulement de ceux qui dirigeaient le gouvernement du Grand Seigneur l'observation stricte des articles capitulaires. Quelques-uns, convoitant cette haute position, cher-

---

(1) Voir la correspondance de Salignac pendant l'année 1606 et particulièrement la lettre du 24 août 1610, et celle du seigneur du Carla à la Reine, du 17 octobre 1610.

chaient à dénaturer les actes les plus honorables de M. de Salignac, critiquant surtout ses dépenses, les trouvant exagérées, négligeant de rechercher si les résultats obtenus ne compensaient pas largement les déboursés faits dans l'intérêt du commerce et en vue d'entretenir le prestige du nom français.

Ce commerce avait été justement l'objet des soins de M. de Salignac. Les droits exorbitants que payaient autrefois les négociants français avaient été considérablement diminués; mais les marchands de Marseille, insatiables dans leur amour du gain, se plaignaient encore, et, ne voyant les choses que superficiellement, jugeaient inutile le droit de deux pour cent sur les marchandises qu'ils étaient forcés par les capitulations de verser entre les mains des consuls et de l'ambassadeur dans le but d'indemniser ceux-ci d'une partie des frais auxquels ils étaient astreints. Leurs doléances ne furent pas écoutées d'abord, mais elles se renouvelèrent avec persistance et furent accompagnées des imputations les plus odieuses pour le caractère de l'ambassadeur. Cette fois, Henri IV ne crut pas devoir rester sourd à ces discours perfides. Il connaissait pourtant M. de Salignac et devait savoir ce que valaient de pareilles accusations.

Certes, nul plus que Henri IV n'a mérité le titre de Grand qui lui fut décerné par ses contemporains. La conquête de son royaume, la paix qu'il rendit à la France épuisée, la grandeur qu'il lui donna à l'extérieur, l'ont mis au premier rang parmi les rois illustres. Sa bravoure, son audace, sa ténacité, le triomphe enfin qu'il sut obtenir après des efforts vraiment héroïques, ont forcé la reconnaissance de son peuple.

Sa popularité fut immense; et ses faiblesses elles-mêmes, idéalisées par la renommée, n'ont pas peu contribué à l'augmenter encore. Doué d'un scepticisme politique qui, durant le cours de sa carrière, aplanit bien des difficultés, il marchait toujours droit vers son but, écartant les obstacles qui eussent semblé insurmontables à d'autres et dédaignant toutes les considérations secondaires. Les liens de l'amitié même n'étaient pas toujours capables de le tenir enchaîné lorsque l'intérêt de sa cause était en jeu. Que de sacrifices ne fit-il pas pour gagner ses ennemis les plus acharnés, que de faveurs de toutes sortes ne leur donna-t-il pas au détriment de ceux qui, sans la moindre hésitation, étaient accourus à sa voix, abandonnant leurs familles, leurs biens, leur tranquillité, lui portant le secours de leur intelligence et de leur fortune.

M. de Salignac, au contraire, n'avait eu qu'à se louer des bontés de son prince; et peut-être même cette bienveillance et cette affection le rendirent-elles plus sensible encore au coup inattendu qui vint le frapper si douloureusement. Ce fut, en effet, par une lettre de Henri IV aux consuls de Marseille, communiquée par ceux-ci à M. de Salignac, que l'ambassadeur apprit la pénible situation qui lui était faite: une enquête était commencée contre lui, ses dépenses devaient être révisées, les droits qu'il avait perçus allaient être soumis à un rigoureux contrôle.

Cette nouvelle fut accablante pour M. de Salignac: être suspecté d'infidélité par son Roi, par celui auquel il avait voué sa vie entière et pour lequel il était prêt à faire les plus grands sacrifices! Il ne pouvait le croire, et souffrir une pareille injustice était au delà de ses forces. Son indignation bien légitime, il faut le dire, éclata alors en plaintes amères, en récriminations à peine affaiblies par le respect qu'il portait à la personne royale : « Je ne « puis, écrit-il à Puisieux (1), que je ne m'en plaigne « un peu : si trop, pour Dieu! excusez mon ressen- « timent sur mon honneur que je veux bien garder « entier et sur le desplaisir que, servant avec l'affec- « tion que je fais sans nulle autre gloire que celle de « servir, sans nulle sorte de profit, mais bien avec « ruine, si Sa M^{té} ne commande résolument que mes « frais soient payés. Je voy que l'on donne commis- « sion de faire enqueste de mes actions, qu'un « premier président d'une cour souveraine a ceste « charge; que cela se fasse sans j'en sois advisé et « par tesmoings qui sont parties, comme leurs « plaintes en font foy. Pour Dieu! faites voir que « ma plainte est juste, je suis si asseuré de la probité « de ma vie, que je ne sçay que dire...... Quand il « plaira à Sa M^{té} me commander de luy dire au vray « ce de quoy, par lesdites lettres patentes, il donne « charge à M. le président du Vair de faire enqueste, « je le feray si véritablement que je défye tout le « monde de m'arguer de menterye..... Si vous diray- « je que ce que je me promets de la bienveillance de « Sa M^{té} me fait croire que ce fut pour contenter les « Marsillois; mais, quoiqu'il en soyt, telle chose ne

---

(1) Voir lettre du 24 juillet 1609 à M. de Puisieux, « conseiller du Roy en ses « Conseils d'Estat et privé, et secretaire de ses commandemens. »

« se pouvoit faire de telle façon sans faire croire
« d'estranges choses de moy...... et ne doubte nulle-
« ment qu'il y ait eu de la surprise. »

Et plus loin : « Je traîne mes jours ici, contant où
« que ce soit, pourvu que ma volonté et mes actions
« soient connues; un autre y ajouteroit : et reco-
« gneues. »

« Sire, écrit-il au Roi, le même jour (¹), les Mar-
« sillois font une plainte, disant qu'on a introduit
« une nouveauté bien extraordinaire au préjudice de
« l'autorité de V° M^té et contre ses capitulations,
« qui ouvre la porte à toute sorte d'oppression à ses
« sujets. Je supplye très humblement V. M. de
« croire que j'aimerois mieux estre mort que s'il
« s'estoit fait une nouveauté de telle importance,
« moy estant icy; et que si je l'eûsse trouvé, j'en
« eûsse adverty Vostre M^té, et aussy travaillé de tout
« mon pouvoir pour y remédier. Mais la chose n'est
« nullement, et les consuls ont la mesme autorité,
« et plus grande qu'elle n'a jamais esté accordée par
« les capitulations....... Ce qui me revient de Syrie,
« qui est tout, n'est que 4 mille thalars; et ne s'est
« passé année que particulièrement pour eux, je
« n'aye plus despensé, et ils le savent très bien......
« Si V. M^té le veut particulièrement et au vray, je
« ne fauldray de lui en envoyer le compte. L'employ
« en est tout pour vostre service, ma bourse n'en
« est point enflée, ma maison n'en est pas mieux
« meublée. Je dis cela, Sire, parce que MM. de
« Marseille m'ont envoyé un extrait de lettres

---

(1) Voir la lettre au Roi, du 24 juillet 1609.

« patentes ordonnant enquête sur mes actions.
« A la vérité, Sire, cela ne se pouvoit faire sans me
« préjudicier infiniment et me toucher beaucoup à
« l'honneur. Je rendray compte de mes services et
« de mes actions, je me condamne à la mort si je le
« fais avec menterye. Et comment si loing de moy
« sans estre adverty, pouvoit-on examiner justement
« ce que je fais, sans tesmoings que ceux qui sont
« partyes et qui n'en sçavent rien. Et voyant un
« premier Président faire ceste enqueste, que pou-
« voit-on juger, sinon que j'estois un criminel bien
« punissable, ou que pour le moings on vouloit ren-
« dre tel. Dieu merci, Sire, je ne suis pas tel, et si,
« m'asseure que V. M^{té} ne le vouldroit pas et n'a ny
« telle opinion de moy ny telle pensée contre moy.
« Ma vie et mes actions me donnent ceste asseurance
« bien certaine, qui me fait supplyer très humblement
« V. M^{té}, Sire, de faire voir que telle procédure, faite
« tellement contre moy, vous est autant désagréable
« qu'elle me fait de tort. Je sçay que telles choses
« ne viennent point de V. M^{té}. Tout ce que tout le
« monde pourroit faire ne diminuera jamais l'affec-
« tion très humble que j'ay à vostre service, que
« j'ose dire asseurément n'avoir point de pareille, et
« qui, Dieu aydant, ne recepvra jamais diminution
« pour occasion que ce soit. »

Cependant le Roi s'émut des reproches de son sujet le plus dévoué. Il comprit la légèreté avec laquelle on l'avait entraîné à commettre un acte si injuste, et la réparation suivit de près l'outrage. Si nous n'avons pu retrouver les lettres que Henri IV écrivit en cette occasion à M. de Salignac, celles de ce dernier indiquent assez que ces regrets furent sincères et donnèrent complète satisfaction à l'ambassadeur. Mais l'amertume ne pouvait demeurer longtemps au cœur de celui-ci. Pénétré de reconnaissance pour les bonnes paroles du Roi, il renouvelle aussitôt ses protestations d'affection et de fidélité, tout en persévérant à revendiquer ses droits parce qu'ils sont justes et légitimes.

« Mon desseing, écrit-il au Roi (¹), est de passer
« ma vie en servant bien et fidèlement, et mon désir
« est seulement que V. M^{té} en demeure contente......
« Ces dépenses causent ma ruine, mais je la cache,
« ne voulant qu'il paraisse rien en ceste Maison qui
« diminue l'honneur qu'elle a d'estre vostre. »

« Il y a ici des dépenses extraordinaires, écrit-il
« quelque temps après (²), que pour la réputation
« de V. M^{té} il me fault faire, que j'aimerois mieux
« mourir que laisser, tant elles sont de son service.
« Je supplye très humblement V. M^{té} me pardonner
« sy j'en ay tant dit. Je ne puis supporter la calom-
« nye sy faulce; et combien que je deusse estre
« content de l'honneur qu'elle me fait de me dire
« estre satisfaict de mon service, si n'ais-je pu m'em-
« pescher de luy dire ceste verité. »

Enfin, le 28 décembre 1609, il mande au Roi : « Je
« reçois tout le plus de contentement que je désire
« voyant V. M^{té} agréer et se contenter de mon
« service. De vray je serois très malheureux aultre-
« ment, n'ayant pour soing principal que de faire en

---

(1) Voir la lettre du 7 août 1609.
(2) Lettre du 19 septembre 1609.

« sorte que par celuy que je rends, V. M^{té} soit bien
« servie; ce qu'elle sera, Dieu aydant, ou je mourray
« à la peine. »

Mais la mort du Roi vint brusquement mettre fin à la carrière de M. de Salignac. Son chagrin fut extrême lorsqu'il apprit la fatale nouvelle, et rien ne put le distraire d'un désespoir qui bientôt causa l'ébranlement de sa santé. Les médecins furent impuissants à conjurer un mal qui défiait tout remède; et après deux mois de souffrances, le 11 octobre 1610, le baron de Salignac, défaillant sous le poids de sa douleur, rendit le dernier soupir.

C'est au compagnon de l'ambassadeur, à Bordier lui-même, que nous laisserons le soin de raconter en détail la maladie du baron de Salignac, ses derniers moments, sa mort édifiante et ses funérailles (¹). Mais c'est par sa correspondance, et principalement par ses dernières lettres, que nous jugerons mieux le caractère de cet homme de cœur. Comment ne pas être ému par l'expression de ses regrets à la mort de son Roi, par ses conseils au jeune roi Louis XIII, par ses adieux si touchants au moment où lui-même va quitter la vie? Cette noblesse de caractère, cet attachement sans bornes à Henri IV, ne font-ils pas assez l'éloge de l'homme qui eut de tels sentiments, et celui du Roi qui sut les inspirer (²).

Le baron de Salignac fut enterré dans l'église des Jésuites de Constantinople. Son oraison funèbre, prononcée par le P. de Canillac, n'a pu arriver jusqu'à

---

(1) Voir plus loin.
(2) Voir principalement les lettres de Salignac, du 24 juillet au 17 septembre 1610.

nous; mais, en 1624, un père jésuite faisant l'éloge de son fils, François de Gontaut, jeune homme plein des plus grandes espérances, mort prématurément, rappela en ces termes les qualités de Jean de Gontaut, baron de Salignac :

Après avoir consacré la première partie de son discours à l'éloge de François de Gontaut: « Est ce
« vous, s'écrie-t-il, qui estes le fils unique du très
« sage, très valeureux et très vertueux héros, Jean
« de Biron de Salaignac, très grand et signalé capi-
« taine, conducteur des armées de nos Roys, et
« nommément du roy Henry le Grand, le vray Mars
« des armes, pour le service duquel et de sa patrie,
« il receut dix-sept playes sur son corps en un grand
« nombre de sièges, prinses de villes et des sanglantes
« batailles, tant en France qu'en Flandres, Allemagne
« et Angleterre, où jamais ne mourra le nom, la vail-
« lance et la renommée de cest invincible guerrier
« Jean de Biron de Salaignac, gouverneur du Lymou-
« zin, ambassadeur pour Sa Majesté très Chrestienne
« en Turquie, le seul appuy de la religion catholique
« parmy ces peuples barbares, à qui non seulement
« tous les chrestiens de ces infortunées contrées sont
« et seront à jamais obligés, mais encore les Religieux
« de la Compagnie de Jésus, laquelle il a si tendre-
« ment aymée et protégée soit en France près du roy
« Henry le Grand, son maistre (duquel il obtint
« permission pour l'establissement d'un collège en la
« ville de Lymoges, dans laquelle il establit aussi un
« couvent des RR. PP. Recollets), soit en Constanti-
« nople, à la Cour du G^d S^{gr}, où il se tesmoigna très
« entier et fidelle amy, ou pour mieux dire, père très

« amoureux et soigneux de ceux de la Compagnie ; de
« façon que, dissipant, comme un clair et rayonnant
« soleil, tous les nuages des calomnies qu'on mettoit
« sus à cest Ordre religieux, pour le rendre odieux au
« Grand Turc et le bannir de ce grand empire, il se
« rendit par un excès d'amitié, non seulement pleige
« et caution corps pour corps, pour les enfants de la
« Compagnie (courtoisie qui vivra à jamais en leur
« mémoire), mais aussi assisté de la grâce de Dieu et
« de l'auctorité du grand Henry son maistre, entre-
« print courageusement la fondation d'une maison
« pour les Pères d'icelle à la Porte du G^d S^{gr}, l'ache-
« mina heureusement, la conclut glorieusement et
« durant toute sa vie, l'entretint de ses moyens, avec
« une libéralité non pareille, laquelle fleurit encore
« par la faveur du Ciel, au grand profit des chrestiens
« de ce puissant empire. Il ne fut pas moins libéral à
« l'endroit des esclaves chrestiens ; car il en arracha
« plus de neuf cens de la cadenne, outre plusieurs
« renégats qu'il redursit à la vraye foy. Ce fut aussy
« par la prudence de ce sage ambassadeur, que les
« Chevaliers de Malte condamnés aux prisons perpé-
« tuelles dans les Tours de la mer Noire furent mis à
« une honneste rançon ; et luy commença le premier
« d'en retirer quelques-uns de ces obscurs cachots.
« Ce fut luy qui obtint du G^d S^{gr} à l'honneur de
« nostre Roy et de toute la France (contre toutes les
« brigues et menées de l'ambassadeur d'Angleterre,
« qui s'estoit voulu usurper cest honneur), que toutes
« les nations estrangères à l'advenir n'auroient autre
« adveu, dans l'estendue des terres du G^d Turc, que
« le nom et l'estendart François, soubs lequel il leur

« seroit permis de traffiquer. Ce fut luy qui obtint,
« du mesme prince, commandement aux Bassas de
« Damas, du Caire et de Gaze et aux Cadis et autres
« officiers de Hierusalem, de ne prétendre à l'advenir
« aucun droit de représaille sur les Religieux du
« St Sépulchre, pour raison des pertes et pilleries
« qu'ils auroient souffertes en mer, soit par les
« Chevaliers de Malte ou par les Corsaires, comme
« ils faisoient auparavant. Que s'il estoit si ardent
« pour le bien et proffit des hommes et principale-
« ment des serviteurs de Dieu, il le fut encore plus,
« sans comparaison, pour le service de Dieu, auquel
« il avoit fiché toutes ses espérances, et disoit sou-
« vent, avec de grands ressentiments de dévotion, à
« ses amys, qu'il désiroit rien tant avant de mourir,
« que de faire quelque glorieux service à Dieu,
« mourant pour son saint Nom, l'espée à la main,
« contre les Infidèles. Et de ce désir provenoit qu'il
« espioit toutes les occasions de luy pouvoir rendre
« quelque service, joignant à cela le culte et dévotion
« singulière envers la glorieuse Vierge Marie, à
« l'honneur de laquelle il fit dresser une honorable
« Congrégation, et s'enrolle le premier en icelle,
« avec telle ferveur d'esprit et dévotion à l'endroit
« de ceste incomparable Mère de Dieu, que non
« seulement par l'exemple de sa vertueuse vie, il
« rendit son frère, le sieur du Carlat, d'hérétique
« qu'il estoit, très bon catholique et très dévôt
« serviteur de la Sainte Vierge, mais aussi beaucoup
« d'autres signalés personnages de Péra et des envi-
« rons donnèrent le nom à la foi de J.-C., au service
« de sa glorieuse Mère et à la vraye vertu, tant de

« force et de pouvoir à l'exemple d'un vray et ver-
« tueux chrestien. Or, Messieurs, voyla le brave fils
« de ce brave père. . . . .

« C'est ainsy que tu as fait, ô brave et généreux
« François de Salaignac, vrayment françoys en cœur,
« en courage et en fidelité envers ton Prince, pour le
« service duquel tu t'es courageusement porté à
« toutes sortes de dangers durant tous les sièges et
« combats des guerres passées, imitant en cela la
« fidelité, le courage et la vaillance de ton invincible
« père, Jean de Biron de Salaignac, qui n'abandonna
« jamais son Prince, parmy tous les hazards des
« armes : Celuylà, à l'âge de vingt et un ans, fut faict
« capitaine d'une compagnye de chevau légers; et
« toi, à dix neuf, guidon de celle de cest incompa-
« parable et très magnanime prince Mgr le duc de
« Mayenne. Celuylà s'est trouvé, pour le service du
« Roy et de la France, à plus de trois cens sièges ou
« batailles, où il se fist admirer, tant pour son
« héroïque vaillance et invincible courage, que pour
« sa prudence singulière, dignes vertus d'un grand
« mareschal de camp et d'un valeureux conducteur
« des armées de son maistre. Et toy, si le temps ne
« t'a donné l'occasion et le moyen de faire voir ton
« beau jugement et ta rare prudence en la conduicte
« des gens de guerre, n'as pas toutefois manqué de
« faire paroistre ton genereux courage et ceste
« vaillance hereditaire à ta Maison, en plusieurs
« exploits héroïques et memorables que tu as entre-
« prins sans témerité, et parachevé sans peur. Tes-
« moing en seront les Sables d'Olonne et l'isle de
« Rhé, où après avoir passé toute la nuit au pied

« d'un arbre, près de son invincible prince Louis le
« Juste (de la main duquel il receut entr'autres
« faveurs, partie de son pain), il fut le lendemain
« un des sept jeunes seigneurs que le marquis de
« Nesle, très excellent capitaine, choisit parmy un
« grand nombre d'autres qui se présentoient pour
« aller recognoistre l'ennemy, et ayant fait rencontre
« de deux cens hommes armés, coureurs de l'armée
« du sieur de Soubise, les attaqua avec les sept
« jeunes chevaliers, d'un tel courage, que les ayant
« mis en déroute, nostre Baron y fit trois prisonniers,
« et donna de telles preuves de vaillance, qu'il
« mesrita d'en estre grandement loué devant Sa
« Majesté par le sieur marquis de Nesle (1). »

Mais je m'écarterais de mon sujet en suivant l'orateur dans le long panégyrique qu'il prononce, en relatant tous les faits qui illuminent d'une auréole de gloire la vie de ce jeune héros; citons seulement ces deux traits qui furent les derniers de sa trop courte carrière : au siège de Royan, où il occupe un des postes les plus avancés, il est projeté à une grande hauteur par l'effet foudroyant d'une mine et se trouve ensuite enseveli sous un amas de terres, dont on le retire à grand peine. Aussitôt debout, il court de nouveau au danger et monte un des premiers à l'assaut des bastions de Soubise, qui sont enlevés malgré une énergique défense. Ce jour là, en présence du Roi et des seigneurs, il reçoit les éloges du maréchal de Vitry, « mais il en devint tout rouge

---

(1) Voir à la Bibliothèque nationale, fr. 1120, l'oraison funèbre de François de Gontaut-Biron Salagnac, mort à 24 ans, qui fut prononcée, le 6 février 1624, dans l'église de Salagnac, par un père jésuite.

« et honteux, dit le panégyriste, estant du naturel « de ceux qui parlent peu et se vantent moins. » A Négrepelisse, il renouvelle ses hauts faits, et la pique à la main entre le premier dans la brèche, à la tête du régiment des Gardes.

Cependant ses jours étaient comptés : une cruelle maladie vint abattre ce corps que les fatigues de la guerre n'avaient pu ébranler. Mais l'âme de François de Gontaut demeura noble et grande jusqu'à la fin. Le cœur haut et ferme, il mourut dans les sentiments de la plus vive piété, de la plus courageuse résignation, fidèle aux principes que dès sa plus tendre enfance il avait puisés dans les enseignements et dans les exemples de son père. Avec lui disparut ce rameau de la branche des Gontaut-Salignac.

CHATEAU DE SAINT-BLANCARD (Gers), Novembre 1887.

Cte THÉODORE DE GONTAUT-BIRON.

Les intéressantes *Chroniques de Jean Tarde, Chanoine de Sarlat*, publiées tout récemment par le vicomte de Gérard, membre de la Société historique du Périgord, nous donnent sur le baron de Salignac quelques renseignements précieux et inédits qu'il eût été fâcheux de passer sous silence.

Le 12 octobre 1610, dit le savant chanoine, Jean de Gontaut de Biron, baron de Salignac, ambassadeur pour le roy en Levant, mourut à Constantinople aagé de 57 ans. Il estoit sçavant ès lettres greques et latines, et bien versé en la poésie, histoire et matématique. Il avoit le corps grand et gros, et l'âme noble et généreuse, pleine de piété et singulière intégrité. Il fut nourri en ses jeunes ans au service du prince de Navarre, et après en la maison du roy Charles IX, après la mort duquel il revint à son premier seigneur qu'il a tousjours suivi et servi, tant roy de Navarre que roy de France. L'an 1590, le roy l'envoya en Angleterre, Flandres et Allemaigne, pour faire levée d'une armée estrangère. L'an 1596, il se convertit à la religion catholique et en fit profession publiquement à l'esglize cathédrale de Paris, abjurant le calvinisme auquel il avoit esté nourri dès le berceau. La mesme année, le roy le fit mareschal de camp et luy donna le gouvernement du Limozin, lors plain de factions et de querelles, lesquelles il pacifia dans peu de jours par sa prudence. L'an 1603, le roy l'envoya ambassadeur à la Porte du Grand Seigneur, où il fit de grandz services à toute la chrestienté, car il procura que les chevaliers de Malte, faictz prisonniers de guerre par les Turcz, seroint mis à ranson, laquelle il fit modérer à une médiocre somme, au lieu que on les faisoit pourir en prison perpétuelle. Il fit remetre et réédifier le bastion de Barbarie qui avoit esté razé par les Turcs, lequel sert aujourd'huy de retraite à tous les François qui naviguent par ceste coste. Il fit abolir les représailles dont usoint les Turcz sur les religieux du Saint-Sépulcre, qui, à raison d'icelles, estoint contraintz de quitter et abandonner ce saint lieu. Pendant son séjour à Constantinople, il délivra des galères ou prisons des Turcs quatre ou cinq cens esclaves françois, italiens ou espaignols, entre lesquelz y avoit un bon nombre de chevaliers de Malte. Il establit un collège des Jésuites à Constantinople, à l'esglize desquelz il fut enseveli, regreté et pleuré de tous les chrestiens, tant latins que grecz et levantins, ausquelz il servoit de protecteur pour la conservation de leurs persones et privilèges; et toute la France fut attristée de la perte d'un chevalier si utile en cet Estat. Il portoit ses armes inquartées, qui sont celles de Biron du costé de son père, et celles de Salignac du costé maternel.

AMBASSADE EN TURQUIE
DE
JEAN DE GONTAUT BIRON
BARON DE SALIGNAC (1).

LIVRE Ier.

VOYAGE A CONSTANTINOPLE.

I.

PARTEMENT DE PARIS DE MONSEIGNEUR LE BARON DE SALIGNAC, AMBASSADEUR POUR SA MAJESTÉ TRÈS CHRÉTIENNE A CONSTANTINOPLE.

Monseigneur de Salignac, baron dudit lieu, ayant esté nourry de tout temps près la personne du Grand Roy Henri 4me, avec lequel il fut tousjours participant aux louables peines et travaux de la guerre dont ce Grand Roy avoit presque tousjours esté ocupé toute sa vie, en l'an 1604 fut expédié de Sa Majesté très chrétienne pour estre son ambassadeur à Constantinople à la Porte ou Court

---

(1) Par sa lettre du 26 juillet 1604, Henri IV apprend à M. de Brèves, ambassadeur à Constantinople, le départ du baron de Salagnac qui vient le remplacer en cette charge : « Monsieur de Brèves, le baron de Salignac sera porteur de « cette lettre. Il part et prend congé de moy pour vous aller succéder en la « charge d'ambassadeur du Levant. Je luy ay commandé de vous dire que je « suis bien content et satisfaict de vos services... »

du Sultan Acmeth (1), lors régnant en l'Empire Othomant. Pour cest effet donc, mon dit seigneur de Salignac, ayant donné ordre à son despart de Paris et réglé son train, lequel il sépara en deux, envoyant l'une partie par l'Italie, l'autre par l'Allemagne avec luy, partant de Paris le samedy 4ᵉ de septembre, l'an susdit, passant par la Lorraine, ariva à Nancy le vendredy 10ᵉ du mesme, où il fut le bien receu et mieux festoyé de Son Altesse de Lorreine (2), laquelle le gratiffia de sa compagnie pour luy faire voir les singularités de sa ville, savoir l'arsenal et plusieurs autres choses exquises dont elle est enrichye et descorée. Ce qu'estant, n'y voulant séjourner davantage, bien que Son Altesse l'en requist affectionnement, prit congé d'elle avec tous les complimens requis à tel prince, s'acheminant par l'Allemagne où ils virent plusieurs villes, comme Salzebourg (3), Falsebourg et autres de Son Altesse de Bavière, où il fut le bien veneu et receu. Passant puis à Saverne, le capitaine duquel fut recevoir le sʳ ambassadeur à la porte de la ville, l'accompagnant après toutes sortes de complîments et conduisant au chasteau où il fut logé et traicté à l'Alemande avec les siens. Le jour suivant, logea à Strasbourg, où passe le fameux fleuve Rein, lequel est traversé d'un grand pont de bois, d'environ mille ou 12 cent pas de long, et fut pareillement honorablement receu du gouverneur de la ville, et visita toutes les singularités d'icelle.

Le mercredi 15ᵐᵉ, Son Excellence se partit de Strasbourg, passa à Lichtau (4), Elmedingen (5), Sforsen (6), et les jours suivants à Hevister (?), Stoucar (7), Ulme, aux pieds des murailles de laquelle passe l'impétueux et fameux fleuve du Danube, estant le bien venu par tous ces lieux. Le mercredi 21, il arriva à Ausbourg,

---

(1) Acmeth I, fils de Mahomet III, monta sur le trône en 1603, à l'âge de quinze ans, et mourut en 1617.
(2) Charles II dit le Grand, duc de Lorraine, fils du duc François Iᵉʳ et de Christine de Danemark, nièce de Charles-Quint, né à Nancy en 1543. Il avait épousé Claude, fille du roi de France Henri II.
(3) Probablement Sarrebourg, entre Nancy et Phalsbourg. Ces villes dépendaient de la Lorraine et non de la Bavière.
(4) Lichtenau, sur la rive droite du Rhin, au nord-est de Strasbourg.
(5) Peut-être Etlingen, à 7 kilomètres sud de Carlsruhe.
(6) Pforzheim, à 26 kilomètres sud-est de Carlsruhe.
(7) Stuttgard.

très fameuse et renommée cité, pour les signalées et remarquables rairtés qui sont en icelle, comme l'horloge d'esbaisne très artificieuse et superlatifve (1); l'une des portes de la ville, en laquelle y en a trois qui s'ouvrent et ferment à resorts, par grande et admirable artifice d'ouvrages authomates, qui de soy ont leurs mouvements. Outre, y a deux arcenaux merveilleusement bien garnys de toutes sortes d'armes, tant pour la guerre que pour le plesir. De plus, se voit des fontaines, les plus belles et artificieuses de chrestienté, avec canaux artificieux qui dispersent copieusement l'eau par tous les cartiers de la ville, en laquelle est cet excellent et admirable collège des Jésuites, la bibliothèque, laquelle est incomparable à tous autres, avec plusieurs singularités que je tairay pour briefveté.

Estant grandement satisfaict le s^r ambassadeur du gouverneur et autres de la ville, d'où il party le jeudy 23, et passa à Min-

---

(1) Le duc de Rohan, qui fit en l'année 1600 un voyage dont il nous a laissé la relation, décrit ainsi l'horloge d'Augsbourg : « Je ne veux aussi que « ma mémoire oublie une chose qui, à mon jugement, est fort digne d'estre « remarquée; c'est un horologe qui est en ceste ville en la maison d'un parti- « culier, surpassant de beaucoup celuy de Strasbourg, estant chose incroiable « à qui ne l'a veu, que par mouvemens faicts de main d'homme, se puissent si « bien représenter tous les mouvemens célestes. Sa hauteur est environ de « quinze ou seize pieds, et est quarré, large de dix pieds de chasque costé, tout « revestu d'ébène. Les personnes mouvantes sont de bois, et les immobiles de « bronze. Sa description consiste principalement en quatre choses : la 1 est « celle qui monstre les heures; la 2, les choses astronomiques; la 3, les « personnes mouvantes (que les mathématiciens appellent *automata*); et la 4, « la musique (que lesdits appellent *pneumata*). Et commençant par le dernier, « l'on y entend sonner des orgues fort juste et fort bien, et après, une musique « de clochettes, et pour la dernière une de trompettes. Quant aux *automata*, « il y a deux personnes qui représentent l'empereur et les électeurs qui « passent devant luy, et après, des cavaliers; puis d'un autre costé les trois « Roys qui viennent offrir à Nostre Seigneur, et Joseph qui s'en va en Égypte, « et plusieurs autres choses jolies et ingénieuses, toutefois inutiles. Mais « quant aux mouvements astronomiques, tant plus on les considère tant plus « on les admire. Car on voit le lever et coucher des planètes, leur eslevation, « aspect, distance et parfaicte théorique; aussi on y voit advenir les éclipses « tant du soleil que de la lune au mesme temps et de mesme grandeur qu'elles « se font au ciel (chose, de vray, admirable). Afin qu'il soit parfaict, les heures « tant esgales qu'inesgales y sont monstrées et sonnées, et les minutes aussi, « avec tant d'artifice qu'à mon advis, il ne se peut voir d'horloge plus accompli, « ny en Allemaigne plus belle ville. » (*Voyage du duc de Rohan fait en l'an* 1600, *en Italie, Allemaigne, etc...* Amsterdam 1646, in-12).

guen (1), où pour lors estoit le duc de Bavière, lequel sachant l'arrivée du s'r ambassadeur, l'envoya recevoir par deux de ses principaux barons, lesquels après la réception le conduisirent avec son train au chasteau, qui se peut dire l'un des plus somptueux de toute l'Allemagne, où Son Excellence fut magnifiquement reçu, traicté et honoré de Son Altesse. Laquelle le promena ès lieux les plus signallés comme le jardin, la grotte des fontaines, la salle des antiques, le cabinet des merveilles, lui faisant ouyr en iceluy son excellente musique, avec infinies autres variétés, desquelles l'artificieuse et superlatifve magnificense seroit de trop longue haleine à réciter. Oultre ce que Son Altesse, de plus, le gratifia de luy faire voir la façon de sa chasse aux bestes fauves, qui fut le samedy suivant, avec tout le plesir et contentement que l'on eust pu désirer en tel exersise. Ayant donc esté le s'r ambassadeur traicté à la grande, le dimanche 26, il prit congé de Son Altesse, du prince Albert son frère (2), de monseigneur le cardinal d'Est (3) et plusieurs seigneurs et gentilhommes dont ceste court est grandement honorée. La plus part desquels, par comendement de Son Altesse, montèrent à cheval pour conduire Son Excellence quelque espace de chemin où chascun se congédia avec tous les complimants requis à telles gens de qualité. Tirant puis pays, arriva le mercredi 29 à Inspruc, ville impériale, en laquelle se voit les

---

(1) *Munich* ou *München* en allemand, dont l'auteur, peu familiarisé avec cette langue, avait fait *Minguen*. C'était la capitale du duché de Bavière dont Maximilien était duc depuis 1598.

Nous trouvons dans un *Guide* moderne, les détails suivants sur le palais de Munich : « Le palais du roi de Bavière est une agglomération d'édifices de « tous styles. Il se divise en 3 parties : l'Alte Residenz ou palais vieux, le « Kœnigsban qui est le palais moderne et le Festban ou palais des fêtes. « L'Alte Residenz a été construite sur les plans de Vasari à la fin du XVIe siècle « par Maximilien Ier. Sa façade offre un développement de plus de 200 mètres. « 2 portiques d'ordre dorique ornés de statues de bronze en sont les entrées « principales. A l'intérieur se trouvent 4 cours ornées de fontaines monumen- « tales. La partie la plus remarquable du palais vieux est sa chapelle, qui est « pavée de jaspe, de porphyre et d'améthyste, les murs sont revêtus de « mosaïques italiennes, et l'autel passe pour être d'argent massif. »

(2) Né en 1584, a fondé la branche électorale de Bavière, dite branche Albertine.

(3) Alexandre, fils de Alfonse d'Est, duc de Modène. Il fut créé cardinal, le 3 mars 1598, puis nommé évêque de Reggio. Il mourut en 1624.

sépultures de Clovis, premier roi chrestien de France, et plusieurs autres (1). Continuant son chemain, passa à Bolsan (2), et le dimanche 3ᵉ octobre, ariva à Trante, fameuse cité pour ce grand concille qui y fut tenu l'an du Seigneur 1561. Le mardy 5ᵉ, Son Excellence s'embarqua sur la rivière d'Athèse (3) pour aller à Vérone, où elle arriva sur les 3 heures après midy. Ayant cheminé plusieurs journées par les montagnes des Alpes, elle arriva le 7ᵉ à Padoue où elle séjourna le vendredy suivant. Le samedi 9ᵉ, le sʳ ambassadeur arriva à *Le Saphosine*, auquel lieu (4) il trouva mosieur du Fresne Canaye (5), pour lors ambassadeur du Roy à Venise, qui le vint recevoir en ce lieu, avec tous les compliments de part et d'autre qui fut requis. Après lesquels les sʳˢ ambassa-

---

(1) Clovis fut enterré à Paris « au milieu du chœur de l'église édifiée à la « requeste de sainte Geneviefve à l'honneur des apôtres saint Pierre et saint « Paul, en l'an 499, laquelle église est aujourd'hui nommée Sainte-Geneviève, « au mont de Paris, pour ce que la dicte sainte y fut enterrée l'an 514. » (Voir Corrozet, *Les Antiquités de Paris*, année 1586.) Aujourd'hui la rue Clovis passe sur l'emplacement de cette ancienne église. — Le chroniqueur s'était imaginé que la sépulture de Clovis devait se trouver à Inspruck puisqu'il y voyait sa statue. Le guide en Allemagne de *Bœdeker* nous donne les renseignements suivants : « L'église des Franciscains fut construite au commencement « du 16ᵐᵉ siècle, d'après les dernières volontés de l'empereur Maximilien Iᵉʳ, « dont le monument est au milieu de la nef. Sur un sarcophage de marbre, « l'empereur à genoux, coulé en bronze, en 1542, par L. del Duca, entouré de « 28 statues en bronze, faites entre 1513 et 1583, par *Grégoire Loffler* et les « frères *Godl*, statues commençant par Clovis roi de France, et finissant par « l'empereur Albert II. »
(2) Bolzano ou Botzen, sur l'Adige.
(3) Athesis, aujourd'hui Adige.
(4) Entre Padoue et Venise.
(5) Philippe Canaye, sʳ de Fresne, ambassadeur en Angleterre, en Allemagne, puis à Venise sous Henri IV. Il a laissé une relation de ses ambassades.
Le 26 juillet 1604, Henri IV écrit à M. de Fresne : « Monsieur de Fresnes « Canaye, vous recevrés ceste cy par les mains du baron de Salignac que « j'envoye résider mon ambassadeur en Levant en la place du sʳ de Brèves qui « s'en revient me trouver. J'ay commandé audit baron de voir en passant les « Seigneurs de la République de Venise, auxquels j'escris une lettre de ma main « pour leur tesmoigner la continuation de mon amitié et leur offrir les offices « qu'il leur pourra rendre par delà, en bénéfice de leurs affaires. Assistés le « de ce qui despendra de vous pour luy donner assés de moyen de présenter « les dites lettres, et tenés la main, suivant ce que j'escris aux Seigneurs de « la dicte République, à ce que le dict baron de Salignac soit assisté de « vaisseaux ou galères propres pour la seureté et facilité de son passage à « Ragouse ». . . . .

deurs s'embarquèrent ensemble en la gondolle dudit s^r du Fresne, passant joyeusement 5 mil de mer qu'il y a de là à Venise, où ils arivèrent sur les 3 heures après midy. Et fut logé Son Excellence chez Alexandre Milannesse, grand et spacieux logis sur le Grand Canal, auquel lieu nous estions ja arrivés, yl y avoit 25 jours ; parce que notre petite troupe, qui n'estoit que de 10 ou 12, prit le chemain d'Italie, suivant l'ordre de Son Excellence ; et partismes de Paris le mercredy 10 d'aoust jour Saint-Laurens, passant par la Bourgogne, arrivasmes à Lion le 17 du mois susdit, où nous séjournasmes 6 jours, attendant monsieur du Carlat (1), frère de M^r l'ambassadeur, lequel estoit party de Périgour pour nous venir joindre à Lion, d'où nous partismes puis ensemble le 26 du mesme, passasmes par Chambéry et lieux montagneux de Savoie. Ayant passé le mont Senis, entrasmes dans le Piémont, et logeasmes à Rivolle (2) où lors estoit Charles Emmanuel duc de Savoie (3). Toute nostre troupe se party l'après dinée pour aller à Thurins d'où n'y a que neuf mil ; et moy, je demeuray à Rivolle pour obtenir un passe port de Son Altesse. Sy bien que j'arrivay à Thurins de grand jour, où je fus reconneu de deux gentilshommes de mes amis, qu'ils me caressèrent fort, pour avoir esté ensemble longuement à la guerre, sous la charge de feu monseigneur le duc de Nemours (4). Nous séjournasmes quelque 6 ou 7 jours à Thurins pour donner ordre à nostre embarquement sur le fleuve du Pô, qui fut le 7 de septembre. Estant nostre barque couverte et acomodée de ce qu'il falloit à tel voyage, passames à Chivas, Casal, Plaisance, Ferrare et autres villes le long de ce fleuve. Nous arrivasmes donc à Venise le 16 de septembre de l'an 1604, 25 jours avant l'arivée de monseigneur l'ambassadeur (5), comme

---

(1) Jacques de Gontaut-Biron, seigneur de Carlat, mort à Constantinople en 1611. Il fut chargé des affaires de l'ambassade de France, après la mort du baron de Salignac, son frère.

(2) Rivoli, près de la Doire Ripaire, à 13 kilomètres ouest de Turin. — Le duc de Savoie y possédait un château de plaisance.

(3) Il gouverna de 1580 à 1630.

(4) Jacques de Savoie, duc de Nemours, né en 1531, mort à Annecy en 1585. Il était neveu du duc Charles-Emmanuel.

(5) Monsieur de Fresne, ambassadeur à Venise, dans ses lettres à Henri IV ou à M. de Villeroy, exprime le désir de voir arriver promptement à Venise le

a esté dit, où nous reprismes haleine depuis nostre despart de Paris, qui fut de 38 jours.

II.

DE CE QUI SE PASSA DURANT NOSTRE SÉJOUR A VENISE.

Tout le temps de nostre séjour à Venise, les deux ambassadeurs se firent très bonne compagnie, se préparant pour avoir audiance du Sénat, qui leur fut concédé le 13 d'octobre. Où Son Excellance s'achemina, accompagné du s^r ambassadeur du Fresne, et deux Clarissimes (1), au palais St Marc, où tout le Sénat estoit assemblé en robes rouges, dans la salle du Conseil où se délibère entièremant de toutes les affaires d'Estat de leur République; où, estant en grand nombre, attendant messeigneurs les ambassadeurs de France avec leur suitte. Ayant donc passé la place St Marc et la basse court du Palais, laquelle est plus longue que large, y ayant gallerie tout autour haut et bas, soutenue de petits pilliers de marbres, avec les parois enrichys de plusieurs pintures, entras-

---

baron de Salignac qui, dit-il, ne pourra plus s'embarquer à cause des mauvais temps, s'il tarde d'arriver. Mais le baron de Salignac avait reçu mission de passer par l'Allemagne, et ne put être à Venise avant le 8 octobre.

Le 23 septembre 1604, M. de Fresnes écrit à M. de Villeroy : « Monsieur, je
« croy que difficilement ces Seigneurs voudront accomoder monsieur de Salagnac
« d'une galère en si fascheuse saison. Il y a environ huit jours que son maistre
« d'hostel est icy avec une partie de son train. Il ne m'avoit point parlé de
« galère, et j'estois d'avis qu'il s'acommodat d'un bon petit navire marseillois
« qui est icy, et qui n'oseroit refuser de rendre ce service à Sa Majesté ; mais
« sy tost que j'ai receu vostre depesche par laquelle je voy que le dict sieur de
« Salagnac s'attend que je luy prépareray une galère, combien qu'il ne m'en
« aist rien escrit, ny faict dire, je l'ay demandée à ces Seigneurs avec toute
« l'instance qui m'a esté possible, disant que, pourvu qu'elle le porte jusques
« en Scio, il trouvera là les galères turquesques qui le serviront jusques à
« Constantinople. »....

Dans une seconde lettre, datée du même jour, M. de Fresnes écrit à M. de Villeroy : « La Seigneurie a résolu de gratifier monsieur de Salagnac non d'une
« galère mais de deux, afin que l'une puisse secourir l'autre en un besoin. Mais
« il n'est pas encore arresté jusques où elles iront. Je croy que voulant faire la
« courtoisie, ils la feront toute entière. »... (Lettres de Ph. Canaye, s^r de Fresne.)

(1) Gentilshommes vénitiens.

mes dans la salle du Pregady (1), longue environ de soysante pas, large de 20 ou environ, magnifiquement enrichie de pintures, par tous les parois d'autour représentant les combats navals et terriens qu'ils ont obtenus contre leurs ennemis, tant sur les Chrestiens que des Turcs. Estant le plat fond de menuiserie très artificieusement élabouré, en bosse relevée, représentant maintes figures de personnages et animaux, lors d'abondance et mille gentilles ouvrages dorées, argentées et azurées très admirables à la veue; de ceste salle, nous entrasmes en une autre moyenne de forme carrée, non moins enrichie de pintures et tableaux que la précédante. En celle sy, nous fismes tous halte; et passèrent les ambassadeurs avec leurs Clarissimes dans la salle du Grand Conseil, où ils estoient attendus de tout le Sénat, qui tous se levèrent en pied, pour les saluer. Après que les s^{rs} ambassadeurs eurent salué le Doge (ou duc) proche duquel fut assis le s^r ambassadeur, estant le s^r du Fresne au dessous de luy, les compliments estant finis de part et d'autre, leur fut donné audiance avec merveilleux respect et très grandes congratulations sur le traicté de quelque matière plausible, à nous tous inceu.

L'audiance estant levée au contentemant de tous les ambassadeurs, ils se retirèrent pour deux jours, à la fin desquels ils furent visiter, avec chascun leurs gens, l'esglise St Marc laquelle paroist par dehors de forme carrée, ayant du costé de la place St Marc trois grands portails en mesme façade, d'incomparable aspec, dont le frontespice est souteneu à doubles rancs de moyennes colonnes de fin marbre, estant le maistre portail du meilleu, le plus esminant ou relevé, y ayant une terrasse ou plate forme, sur laquelle sont posés quatre chevaux de bronze, qui furent jadis le butin de la prise de Constantinople, d'où ils furent amenés; nous entrasmes donc par ce frontespice ou porche, duquel se voit en entrant dix portes de bronze d'un et d'autre costé, au meilleu desquelles sont des colonnes de fin marbre de 15 pieds de haut et de moyenne grosseur, estant tous ces portails tellemant garnis hault et bas de grosses et petites colonnes de marbre qu'il y auroit bien à faire à

---

(1) Le conseil des Pregadi se composait des trois cents principaux citoyens notables. Ils étaient priés ou invités par le Doge de délibérer avec lui dans les affaires importantes (Dictionnaire de Bouillet).

les compter; bref entrant dans ladiete esglise qui est de moyenne grandeur, se voit la structure d'icelle en forme de croix, à chasque bout desquels y a un dôme qui environne celui du meilleu qui est le plus esminent où ne se voit que marbre, et dedans belles et riches figures de mosayques représentant le viel et nouveau testament, par tous les parois, pilliers et murailles d'autour, le pavé ou plain pié de l'esglise n'estant moins riche ou artificieux pour estre faict à petites pierres de fin marbre, jaspe, porphyre et autres pièces raportées de diverses belles et gentilles façons, estans tous ses dômes et voultes d'esglise, souteneus de 36 colonnes qui passent la moyenne grosseur, haulte de 15 pieds, avec quantité de petites.

Se voit aussy 14 images de bronze, compris celle de la Vierge, avec une grande croix d'argent au meilleu des images, ayant d'un costé le croixsifi et un St Marc de l'autre, le tout entre les deux pulpitres qui sont soutenus de part et d'autre de belles colonnes de porfire; au meilleu est la porte pour entrer dans la cour, montant 4 ou 5 escaliers de marbre où se voit l'autel, sur lequel est le corps de St Marc, grandement orné et enrichy de lames d'or et d'argent, autour duquel autel sont 4 belles colonnes de fin marbre élabouré et cizellé en petites figures représentant la passion et résurrection du Seigneur, le tout couvert d'un riche poille, qui se change à vollonté. Ayant donc amiré la superbe fabrique de ce temple où ne se voit bois ny fert en icelle, estant couvert de plomb par bel artifice, n'ayant aucune défectuosité, sinon en mon avis qu'il est un peu obscur et de petit circuit, nous ouymes la messe en ce lieu, après laquelle nous fut monstré le thrésor, non moins admirable que l'esglise; passasmes sous un portail où se voit d'un et d'autre costé les images de St François et Dominique, entrasmes sous une petite chapelle voultée où y a des bancs sur lesquels furent posés une pièce après l'autre, douze couronnes de fin or, enrichies de toutes sortes de pierreries, deux cornes de licorne de quatre pieds de long, deux des plus beaux rubis que l'on sauroit voir, avec plusieurs autres moindres, la berette du Prince ou Doge, faicte en façon de mistre, sinon qu'elle n'a qu'une pointe, tellemant couvertes de pierreries qu'il n'y a neul intervalle, une scarboucle de grosseur et beauté incomparable, un diamant des plus beaux qui se voye, qui leur fut donné du roy Henri III à son retour de Pologne, quantité de vases, calices, chandelliers et autres choses servant à l'église, ayant esté l'espace d'une heure à voir ce que dessus et autres choses de trop longue narration. Après laquelle veue et remercismant faict aux gens d'esglise qui montrent ce trésor, monseigneur l'ambassadeur se retira, et passames dans la place St Marc, laquelle a bien quelque deux cent cinquante pas de long, savoir depuis le portail de l'esglise St Marc jusques à celui de St Germain qui lui y est opposite, large de 70 pas ou environ, pavé de brique à mode de larges sillons, ayant du costé de mydi un très beau corps de logis, auquel est joygnant le clochet ou campanille de St Marc, un autre corps de logis qui est au bout de la place, de pareille structure, savoir les maisons basties sur portiques de marbre, soubs lesquels y a des boutiques de marchants; au hault de la place assé près du portail St Marc, y a trois hautes antaines, à la cime desquelles sont atachées à chascune une très grande enseigne de tafftas qui voutille au gré du vent, y en ayant aussi deux ou trois sur le portic de l'esglise St Marc. L'autre place (car elle est faicte en esquiare) vat abouty sur la marine, laquelle peut avoir cent pas de longueur, large de soysante, au bout de laquelle est la decente des barques, où se voit sur le rivage d'icelle deux très belles colonnes de pierre thébaïde, haute chascune de 10 thoises ou environ, à la cime desquelles y a un lion de bronze avec la figure de St Marc; à l'autre est la figure de St Théodore. Entre ces deux colonnes se faict la justice des malfaicteurs, comme nous vismes faire durant nostre séjour, d'un faux monnoyeur, à qui l'on coupa la teste sur un plot, avec une hache ou doloire. Je ne parleray de l'artificieuse orloge ny de plusieurs autres choses pour ne faché le lecteur, d'aultant que plusieurs de nostre nation ont veu toutes ces choses. Néanmoins ne veux je obmettre le lieu de la Seque où se fait toutes sortes de monnoies d'or, d'argent ou autre métal. Pour voir ce lieu, nous nous separasmes 4 ou 5 de la compagnie de M^r l'ambassadeur, pour voir travailler 50 ou 60 personnes qui y travaillent d'ordinaire en tout temps, estans noirs ainsy que charbonniers, qui bat d'un costé, qui fricasse de l'autre, des pièces d'argent dans de grandes poisles percées ainsy que celles à cuire chastagnes; et nous fut monstré 4 grans coffres de la hauteur de cinq pieds, long de six et trois de large, entièrement tout de fer, remplis de sequins et ducatons. . . . . Ce qu'ayant bien visité nous prismes puis le chemin du logis, où tout le jour ne fismes que parler de ce que nous avions veu, attendant le temps que monseigneur l'ambassadeur desirast de voir le superbe arsenal de la ville.

III.

DE L'ARSENAL DE VENISE.

. . . . M^r l'ambassadeur, peu de temps après avoir veu ce qui est de plus remarquable par la cité, désira surtout de voir l'arsenal, tant fameux et renomé sur tous autres. Pour cest effect donc, luy ayant esté donné jour et baillé par la Seigneurie deux Clarissimes (ou gentilshommes vénitiens) pour l'accompagner avec son train nous entrasmes en l'arsenal, lequel a bien demi lieue françoise de circuit, où se voit une grande place herbue où y a merveilleuse quantité d'ancres grosses et moyennes pour toute sorte de vaisseaux, de rames et de voilles. Peu plus outre se voit le port où y a sur l'eau 40 ou 50 gallaires et d'autres à l'ancre devant l'arsenal avec 4, 5 ou 6 galeasses lestes de partance. Outre se voit quelques cent gallaires à sec couverts et quelques galleasses de réserve avec plusieurs barques, squifs, cayes et autres petits vaisseaux de tracat. Après l'on nous fit voir le *Bucentore* qui est un vaisseau assé gros, peu moins long d'une galliote, lequel a tous ses membres de poupe à proue artificieusement élabouré de menuiserie par figures de diverses sortes en bosse relevée le tout d'or et d'argent avec mille diverses pintures, estant ce vaisseau autant vénéré et honoré des Vénitiens comme souloit estre celuy d'Argos des Argiens, à raison de la cérémonie annuelle qui se faict le jour de l'Acension que les Vénitiens font sur mer leur cérémonie et nouvelle alliance avec cest élément : dans lequel ils jectent une bague de prix. Quelques uns disent que c'est celle que le pape Alexandre 3e leur dona, s'estant refugié inconneu en leur ville pour éviter la furie de l'empereur

Frédéric Barbe Rousse, qui lors luy faisoit la guerre à outrance;
mais il se sçait que ce n'est point celle là qu'ils conservent jusques
à maintenant. Après nous fusmes menés par des grandes salles
basses dont les unes estoient pleines de cables, cordages, chenvres,
filaces, estoupes et plusieurs autres choses qui consernent le faict
de la marine. Plus outre se voit une autre salle où sont les voilles,
toilles et navesades tant pour vaisseaux ronds que pour gallaires.
Passant oultre se voit le lieu où sont force grands et gros arbres
à couvert pour faire vaisseaux, mast, antaines, rames et thymounts,
dont y a merveilleuse quantité. Après nous montasmes dans des
chambres hautes où y a quantité de pauvres femmes, filles stro-
piées des jambes, ne pouvant rien faire sinon coudre les voilles
des vaisseaux et autre chose facile, que la Seigneurie entretient
et nory (nourrit). De là nous fusmes ramenés à bas, voir les
magazins du canon : entrasmes dans une salle longue environ de
soysante pas, large de 15, où y a quantité de doubles canons
montés sur leurs affuts. En une autre salle attenante non
moins grande sont les pièces de batterie, dont y a grand
nombre avec quantité de couleuvrines. La 3me salle attenant
aussy est garny de grand nombre de fauconneaux, arquebuses à
croc et autres, le tout monté et en très bel ordre, y en ayant aussy
grand nombre par terre sans estre monté. En costé de ces pièces
sont aussy grand quantité de piramides ou monceaux de balles de
canon pour toutes sortes de calibres. Tournant à droite de ce lieu
sont les chambres ou magasins plins de piques hault et bas, fort
bien rangées et en bel ordre. Joygnant ce lieu est celuy ou sont
les hallebardes, espieux, lances, javellines et autres pareilles
armes. Proche ce lieu est celuy où sont quantité de spadons,
espées, boucliers, rondelles, le tout en sy bel ordre que merveille.
Passasmes puis dans une autre salle où sont merveilleuse quantité
d'arquebuses, mousquetz, doubles mousquetz et autres bastons à
feu, le tout sy bien rangé, clair et luisant, qui ne se peut de plus.
De l'autre costé nous fusmes conduits dans une autre salle,
laquelle est entièrement, hault et bas, garnis de cuirasses, corse-
lets, morions, brassards, sy nets et polis que merveille. Brief je
ne puis dire de combien d'autre sorte et manière d'armes tout ce
lieu est remply et conservé avec merveilleux ordre et artifice :

aussy y a il 1500 hommes commis et gagés pour le soing et entretènement de tout l'arsenal, qui se peut véritablement dire le premier de chrestienté, et ose dire du monde.

. . . .

Après donc avoir visité ce que dessus, finalement nous fusmes conduits par nos Clarissimes dans une salle basse très belle et bien pinte de riches tableaux, où sans estre avertis de chose aucune, de plein abord, nous trouvasmes une table longue de 10 ou 12 pas, tellement remplie de confitures sèches comme gasteaux, maspins, macarons, biscuit et autres telles choses semblables, où chacun fit son devoir furieusement. Pensant avoir finy, ce fut à recommencer. Car l'on leva la table de dessus, où s'en trouva une autre dessous à quoy nul ne pensoit, tant elle estoit artificieusement acomodée. Laquelle estoit tellement couverte de toutes sortes de confitures sèches et liquides, pastes, fruits et dragées en abondance, de sorte qu'il n'y avoit nul de nous qui ne fut estonné de sy douce tromperie. Joint que après que chascun en eust mangé à son plesir, les Clarissimes et autres à ce commis en firent largesse de présant à tous, de manière qu'il n'y avoit nul de nous qui n'en eust très bonne provision. Et fust faict ceste galantise sans aucun désordre et non à la françoise, où l'on n'atant pas seulement que le prince, seigneur ou autre, pour qui se fait la feste, y mettent la main, que tout ne soit à l'instant furieusement ravy ; ce qui ne se voyt faire qu'à notre nation. Tant y a qu'ayant eu tous ces contantements, M[r] l'ambassadeur se retira avec nos Clarissimes et ses gens, n'ayant lors autres discours que de ce que nous avions vu (1).

IV.

DE L'ORIGINE OU COMMENCEMENT DE LA CITÉ DE VENISE.

. . . .

(I) L'auteur continue la description des monuments de Venise, et, dans le chapitre suivant, il nous raconte l'histoire de Venise depuis son origine.

V.

PRÉPARATION SUR NOSTRE PARTEMENT ET EMBARQUEMENT DE VENISE.

. . . . Or est il que durant nostre sesjour, naissoit toujours quelque nouveau suject de passetemps. Mais, pour n'estre surpris de la rigueur de l'hivert duquel nous aprochions, monseign^r l'ambassadeur délibéra de donner ordre à son partement (1). Pour cest effect donc, fut proposé de s'embarquer sur deux gallaires que la Seigneurie lui offrit jusques en Candie. Car les Vénitiens n'hazardent point leurs gallaires en terre de Turc où nous allions, si non en temps de guerre contre eux. Mais ceste proposition ne fut trouvée bonne, d'autant qu'elle nous eust porté beaucoup

---

(1) M. de Fresnes écrit à M. de Villeroy, le 21 octobre 1604 : « Monsieur, vous « sçaurez de monsieur de Salagnac mesmes, comme il a esté bien receu de cette « Seigneurie; et n'a tenu qu'à luy qu'il ne se soit accommodé des deux galères « que ces Seigneurs avoient faict apprester exprès pour le porter jusques à « Corfu et de là en un lieu de Dalmace apelé *La Bastia*, où il eust trouvé « chevaux et tout ce quy luy eust esté nécessaire pour s'en aller par terre à « Salonique et de là à Constantinople; mais son maistre d'hostel le capitaine « Garoutte, qu'il dist estre fort pratique de ce voyage, tant par mer que par « terre, luy a mis en teste que s'il alloit en galère, il ne seroit de deux mois à « Corfu; que les présents qu'il luy faudroit faire luy cousteroient gros, outre « la dépence de la table à tous les officiers (quoyque ces Seigneurs m'eûssent dit « qu'ils le défrairoient), et que le voyage de terre seroit encore long et cher : « de sorte que par toutes ces raisons, il l'a fait résoudre à prendre un vaisseau « marseillois d'un patron Pierre qui est à la vérité galant homme, et promet « d'estre plus tost à Constantinople que les galères n'eussent esté à my chemin « de Corfu. Dieu le veuille conduire heureusement; mais je voy que ceste « résolution ne plaist guères à ces Seigneurs, ny à tous ceux qui ont plus « d'expérience de ceste mer. — J'ay esté d'advis qu'il ne fist difficulté de visiter « monsieur le Nonce, sans attendre sa visite; parce qu'il n'est pas icy ambas- « sadeur; mais les autres l'ont visité le premier, ou le visiteront. De sorte qu'il a « occasion de vous tesmoigner d'avoir icy receu tout le contentement qu'il eust « sceu désirer. — Je le voy accompagné d'un grand nombre de bouches inutiles « dont je luy conseille de se descharger devant que les mener plus loin, autre- « ment les dents luy pouroient faire mal, sy d'avanture le mauvois temps le fait « longuement séjourner par chemin, comme il est en danger... »

Le 26 octobre, M. de Fresnes écrit à M. de Brèves pour lui annoncer le départ pour Constantinople du baron de Salagnac : « Monsieur de Salagnac fait estât « de s'embarquer après demain. C'est un gentilhomme d'autant de mérite et « valeur, et d'une si singulière bonté qu'il y en ait en France ; il s'asseure fort « de vostre amytié...... »

d'incommodité au changement qui nous eust falu faire ailleurs en un autre embarquement. Par quoy fut avisé pour le mieux de prendre un petit vaisseau ou seitie marseillaise, qui lors estoit à Venise pour charger quelque marchandise, sur lequel se résolut mons^r l'ambassadeur de s'embarquer, faisant venir à soy le patron qui s'appelloit Pierre Ynard pour savoir si son vaisseau, qui s'appelloit St Roc, estoit leste et de partance. Lequel patron l'ayant asseuré que tout seroit à point à son premier commandement, moyennent la somme de cinq cens escus qui luy furent livrés, soudain fut faicte la provision de tout le voyage; qui fut de très beau et bon biscuit mis en belles quaisses de sapin, plusieurs baraux de vin (1), bœuf sallé et moutons vifs, forces volailles et pigeons vifs, jenbons, saucissons, fromages, resins et figues sèches, avec quelques baraux de musquat et malvoisie et autres choses propres aux voyages maritismes, qui furent mis dans le vaisseau, atendant l'embarquemant; le patron ayant fait acomoder la chambre de poupe pour la personne de mons^r l'ambassadeur, et entièrement tout le soute couvert pour le train, avec quelques petites chambrettes à poupe, de façon que chascun estoit acomodé selon le lieu (où il estoit besoin de s'abstenir de quelque chose, et quité un peu de sa comodité en tels voyages). Le vaisseau donc estant équipé de ce que dessus, ne restoit que de s'embarquer et faire voille; joint que la saison nous pressoit. Ce que voyant, mons^r l'ambassadeur se résolut de prendre congé de la Seigneurie, estant assisté de Mr du Fresne et quelques Clarissimes, lesquels demandèrent audience, qui leur fut concédée le 28 d'octobre dans la chambre du Grand Conseil dont a esté parlé. Où estoit assemblé le Sénat, qui bien venia et receut le seign^r ambassadeur avec protestations inviolables de paix et d'autres de continuelle amitié et bienveillances de l'une et l'autre nation. Ce qu'estant finy avec toutes les cérémonies et compliments requis à telles gens de qualité, mons^r l'ambassadeur se retira en son logis, où il ne fut sy tost arrivé qu'il ne fût talonné de deux Clarissimes de la part de la Seigneurie avec forces gens qui portoient un notable présant : savoir forces grands flambeaux

---

(1) *Baroil*, mesure de capacité pour les vins, en usage en Gascogne.

de cire blanche, chandelle, bougie de mesme, pains de sucre, confitures sèches et liquides, codignac, resins, fromages, jambons, saucissons, 4 baraux de muscat et malvoisie et maintes autres choses propres à tels voyages; toutes lesquelles, après le remerciment, furent embarquées à ce que le vaisseau fut leste au premier bon temps; qui fut le premier de novembre jour de Toussainct 1604, que le patron vint avertir mons^r l'ambassadeur affin de s'embarquer (1). Ce que sachant, monsieur l'ambassadeur du Fresne ne manqua de s'y trouver avec sa gondolle, dans laquelle se mirent les deux ambassadeurs pour aller au vaisseau. Lequel estoit à l'ancre à trois mil hors la ville, où à l'abord d'iceluy, furent salués de six canonades; prenant congé l'un de l'autre avec toute l'amitié et bienvueillances que peuvent faire deux bons amis en telle séparation. Ce pendant, y avoit trois grandes barques chargées de tout le train, meubles et attirail qui arivèrent au vaisseau, où nous entrasmes environ trois heures après midy; ayant séjourné à Venise le seigneur ambassadeur depuis le 9e d'octobre jusqu'au 1er de novembre. Et, parce qu'il y avoit beaucoup de noblesse et honestes gens desquels mons^r l'ambassadeur estoit accompagné, tant de ceux qu'il mena de Paris avec luy que d'autres qui se trouvèrent à Venise, j'ay bien voulu en ceste liste, faire naration de leurs noms et patrie, comme bons amis qui m'estoient tous :

Premier donc :

Messire Jean de Gontaux de Biron, baron de Salignac, ambassadeur pour Sa Majesté très chrestienne à Constantinople, chef de tous.

Jacques de Gontaux, sieur du Carlat, frère du seign^r ambassadeur.

---

(1) M. de Fresnes écrit à M. de Villeroy, à la date du 3 novembre 1604 : « Monsieur, monsieur de Salignac vous escrit son embarquement. Dieu le favorise « de la plus belle saison qui se puisse souhaiter. Son vaisseau est de taille pour « faire diligence; j'espère qu'il fera heureux voyage. Ces Seigneurs luy ont fait « présent de saleures, formages de Milan, confitures, cires et verres pour environ « six vingt escus, et luy ont tesmoigné avoir regret qu'il ne se soit servi de leurs « galères. Mais ils advouent bien qu'à peine eust il esté de deux mois à Corfu, « au lieu que, si ce temps dure, il y sera dans huitaine. » (Lettres de Ph. Canaye, s^r de Fresne.)

Jan de Gontaux (1), sieur du.....

Nicolas Lesdos, aumosnier (2); depuis evesques de Milo; normand.

Antoine Garoutte, maistre d'hostel; provençeal.

Louis Gedouin (3), premier secretaire; parisien.

Jean de Campagna (4); périgourdin.

Henri de Birac (5), premier valet de garde robe du Roy; de Montargis.

(1) Le chroniqueur ne nous a donné aucune indication sur ce personnage dont il a laissé en blanc le nom de fief qu'il portait. Nous pensons que ce devait être Jean de Gontaut Saint-Geniès, baron de Cuzorn, fils d'Étienne de Gontaut et de Philippe d'Aydie. Le baron de Salagnac et Étienne de Gontaut étaient cousins issus de germains. (Voir plus loin un extrait de la généalogie.)

(2) Il resta à Constantinople jusqu'à la mort du baron de Salagnac, qui obtint du Pape sa nomination à l'évêché de Milo et lui laissa par testament sa chapelle et ses ornements ainsi que la somme nécessaire à son voyage à Milo. (Voir le testament.)

Voici les détails que donne le chroniqueur (chap. x, p. 32) sur Lesdos et sur l'île de Milo :

« Combien que ceste isle soit au Turc, y a là deux évechés, l'un des catho-
« liques, l'autre des Grecs, mais sy mal traictés des Turcs et corsaires qui y
« abordent sy souvent qu'ils sont contraincts leur (se) apsenter la plus part du
« temps. Celuy qui présidoit lors que nous y passasmes estoit tracien, auquel
« fut faict une misérable avanie par *Aly Pacha*, lors capoudan pacha de la
« mer, lequel ayant faict bastir une petite chambrette pour sa comodité, fut
« acusé par l'evesque grec (car ces ygnorants n'ayment point les nostres) de se
« vouloir fortifier dans sa maison, et fut pris et mené à Constantinople, où feu
« monseigneur de Salignac peu après nostre arivée à Constantinople le demanda
« au Pacha qui le luy promit. Mais sur le dilayment il mourut non sans soupçon
« d'avoir esté empoysonné. Quelque temps après fut proveu de cest evesché
« monsieur Lesdos, aumosnier de mondit seigneur de Salignac, lors ambassadeur
« de Sa M^{té}. Après la mort duquel le s^r Lesdos alla prendre possession dudit eves-
« ché environ l'an 1611. Mais il n'y demeura pas longuement pour l'imbécilité
« et malice de ceste canaille de Grecs dont il estoit souvant hercelé, et fut con-
« trainct se retirer, estant maintenant à Rome avec honeste pansion du Pape. »

(3) Louis Gedoyn, chevalier, s^r de Belland, fut conseiller et maître d'hôtel du Roi, et son agent en Levant, gentilhomme de la chambre du duc d'Orléans, frère de Louis XIII. Il est intitulé : « Consul pour le Roy en Sirie avec pouvoir « d'establir des vice consuls ès échelles d'Alexandrete, Tripoly, Chypre, » dans un acte daté de Saint-Germain, le 14me de septembre de l'an 1623. (Bibliothèque nationale, pièces originales.) — Il fut père de Philippe Gedoyn, maréchal des camps et armées, lieutenant des gendarmes du duc d'Orléans.

(4) Le chroniqueur a dû se tromper de prénom : ce doit être Henri de Gontaut, sieur de Campagnac, neveu de l'ambassadeur qui le nomme à diverses reprises dans ses lettres au Roi. (Voir plus loin un extrait de la généalogie.)

(5) D'Angusse nous en parle dans les termes suivants : « Birac estoit fils

Jacques de Trillier, sieur de la Ferondire; parisien.

Jan de Carbonnière (1); périgourdin.

Jan Marichal, chanoine de la Ste Chappelle de Paris; parisien.

Regnault; colonois.

Pierre de Bonvalet; parisien.

Jacques Angusse (2), premier secrétaire, et depuis agent; parisien.

Jean Baptiste Vinot; parisien.

Nicolas Barreau; parisien.

Pierre le Vasel, sieur de Belle fontaine; normand.

Louis Denys (3), secrétaire; parisien.

Charles Jouanet; parisien.

Les Officiers.

Jean Gaillard, argentier; périgourdin.

Christofle Munier, valet de chambre; laurin.

Jean Ridet, chirurgien; champenois.

Pierre Destivan (4), valet de garde robe; bourguignon.

« d'un Birac qui avoit commencé sa fortune dans la maison de M. de Nemours, « avoit esté donné au Roy pour servir et porter Monsieur le Dauphin pendant « son enfance en bas âge, avec une retenue d'une place de valet de chambre. « Et estoit, le père, en crédit auprès du Roy, lequel (le père) avoit obtenu de « M. de Nemours de prendre ce sien fils et le mener avec soy en Levant en « qualité de gentilhomme. » (Biblioth. nationale, journal de M. d'Angusse. Fr. 16171, f° 268.) En 1606, Birac fut victime d'une agression qui faillit brouiller M. de Salagnac avec le Grand Visir *Dervis Bassa*. Dans une lettre à M. de Villeroy, du 29 septembre 1606, l'ambassadeur lui raconte cette aventure qui heureusement n'eut pas de conséquences. Quelques semaines plus tard, Dervis Bassa fut exécuté par ordre du Grand Seigneur, et l'on fit courir le bruit que c'était la satisfaction réclamée par Birac. (Voir correspondance de Salagnac, 29 septembre 1606, etc.)

(1) Jean de Carbonnières, seigneur de la Capelle Biron, capitaine de 50 hommes d'armes, colonel d'un régiment de 1,200 hommes d'infanterie et maréchal de camps et armées du Roi, épousa en 1590 Suzanne de Pompadour.

(2) Jacques Angusse (qui s'intitule aussi d'Angusse) ne quitta pas le baron de Salignac, qui lui laissa par testament la somme de cent sequins. Il a écrit un journal auquel nous avons fait de larges emprunts, et dont malheureusement nous n'avons retrouvé que deux copies datant de la fin du XVIIe siècle.

(3) Le baron de Salagnac lui laissa 50 écus par testament.

(4) Le baron de Salagnac recommande à son frère, par testament, de donner à Pierre Estivain, son valet de chambre, à Guillaume Sambay, son sommelier,

Alexandre Alormand, écuyer de cuisine; normand.
Guillaume Sembot (1), sommelier; périgourdin.
Jean Le Sort, paticier; parisien.
Christofle Hodo (1), fauconier; lorin.
Jan du Croc, prévoyeur; périgourdin.
Jhevon, palefrenier; périgourdin.
Jean Regnaux, serviteur; périgourdin.
Jean Robert, serviteur.
Ozeas Hala (2), serviteur; allemand.
Ybrahim Perbanac, truchemant; turc.
François Baise, valet de cuisine; parisien.

Gentilshommes qui se trouvèrent a Venise.

Henry de Beauvau (3); lorin.
Bernardin Daubois; lorin.
Pierre de Boon; breton.
Jan Düern; allemand.

Avec 4 passagers, lesquels s'embarquèrent tous dans le petit vaisseau Saint-Roc, où y avoit 24 ou 25 mariniers qui levèrent les ancres et firent voille de partence comme se voit en ce chapitre suivant.

VI.

PARTEMENT DE VENISE POUR ALLER A CONSTANTINOPLE.

Tout ce que dessus etant embarqué le lundy premier de novembre, et les ancres levées, l'on fit remorquer ou tirer le vaisseau par

---

et à Christophle Odo, « dont la longueur des services mérite récompense », outre leurs gages ordinaires, une récompense particulière.

(1) Voir la note 4 de la page précédente.

(2) Le 24 mars 1606, M. de Salagnac fut forcé de faire exécuter cet homme, coupable de meurtre sur la personne d'un Turc. (Voir, pour les détails, la lettre de l'ambassadeur au Roi, en date du 29 mars 1606, dans laquelle Salagnac raconte tous les incidents qui précédèrent et suivirent cette exécution.)

(3) Henry de Beauvau fut conseiller d'État de Henri duc de Lorraine, premier gentilhomme de sa Chambre et grand écuyer de Lorraine. Il fit ses premières campagnes en Hongrie, sous l'empereur Rodolphe II, et passa ensuite au service de l'Électeur de Bavière. Il parcourut l'Europe, l'Asie et l'Afrique, et donna à son retour la *Relation de ses Voyages*.

trois barques, affin de sortir hors les canaux qui sont par tous ces lieux, pour le mettre en mer; où ayant salué la ville de trois canonades de partance et faict les prières accoutumées des navigants pour l'heureuse conduicte de tous, naviguasmes joyeusement jusques environ le minuit que le vant se changea après avoir passé le goulphe de Trieste......

(1) *Le lendemain prismes fonds en une petite ville d'Istrie ruinée appelée Parento* (2), *où demeurasmes jusques au soir; et après souper, levasmes les ancres, et arrivasmes le mercredy au matin troysiesme du mois au golfe de Quarnus* (3), *lequel ne peusmes doubler pour le mauvais temps, et retournasmes arrière et ancrasmes près du campo de Faula* (4), *où se voient les ruines d'un amphiteâtre, sur le bord de la mer et d'un vieil chasteau appellé de Rolland. Là demeurasmes jusques au soir et tournasmes de rechef à tenter le passage dudit golfe lequel nous ne peusmes doubler, et tournasmes en arrière pour la seconde fois, et ancrasmes au susdict lieu......*

Le jeudy et vendredy 4 et 5ᵉ novembre, nous restasmes là pour la bonace qui faisoit; durant lequel temps monsieur du Carlat se fit mettre en terre avec sept ou huyt de nous, nous promenant sur les lieux prochins. Et avint que peu après se leva un petit vent ponentin (5), lequel je recogneus estre favorable pour nostre navigation; ce qui me fit soudain retourner au vaisseau seul, sans pouvoir avertir les autres desquels je m'estois esseulé; et ne fus plus tost embarqué que monsʳ l'ambassadeur ne commanda de lever l'ancre et faire voille. N'y ayant doute que sy le sʳ du Carlat son frère n'eust esté de ceste compagnie qui estoit en terre, ils eussent esté gens pour demeurer là. Mais ils arrivèrent justement à point que l'on fit voille, non sans estre grandement réprimandés.

---

(1) Le récit de cette journée par Bordier est très long et renferme des détails peu intéressants. Nous l'avons remplacé par un extrait du *Journal de M. d'Angusse* (Biblioth. nat., Fr. 16171, fol. 284). — Ce journal est intitulé: *Voyage de M. de Salagnac, ambassadeur pour le roy de France en Levant. — Escript par M. Damguse, gentilhomme françois estant à sa compagnie.*
(2) Parentium, aujourd'hui Parenzo.
(3) Golfe de Quarnero ou de Fiume.
(4) Sur la côte d'Istrie.
(5) Vent d'ouest.

Car en voyage de mer, ne faut estre musard (1) en chose que ce soit. Il estoit environ 5 heures du soir, lorsque l'on se mit à la voille, tout résolu pour la troisième fois de passer ce facheux goulphe à quelque prix que ce fust; et navigasmes jusques au cap del Compare, avec terrible peine et fatigue pour la contrariété des vents et merveilleuses émotions des ondes. Sy, qu'aucuns mariniers balançoient sur l'incertitude de pouvoir passer outre ou relascher. Mais mons' l'ambassadeur, suivant l'avis de quelques esperts mariniers, fit hasarder le passage, qui réussit plus heureusement que l'on ne pensoit non sans extreime peine de la chorme ou mariniers, et mesme de la plus part de nos gens qui furent malades de l'émotion de mer....

(2) *Et naviguasmes tout le samedy 6ᵉ, du long de la Sclavonie et Dalmatie, et le dimanche aussi 7ᵉ et passasmes sur le midy entre Lisse et Lesna, deux villes situées à l'opposite l'une de l'autre, savoir l'une en terre ferme et l'autre en une isle nommée Lissa* (3). *Le lundy 8 et le mardy 9 suivismes nostre chemin jusques environ midy que nous demontasmes à Raguse, où nous demeurasmes jusques au mercredy 10*. . . .

Nous donasmes fond un peu loing du port, après avoir salué la ville de trois canonades, suivant la coutume des vaisseaux françois. Lors ne tardasmes de voir arriver force gens sur le molle, comme se faict ordinairement à l'abord des vaisseaux pour aprendre nouvelles. Entre autres, vint à nous monsieur Bourdin (4), agent pour Sa Majesté très chrestienne en ce lieu. Lequel sachant

---

(1) Cette vieille expression peut être traduite par le nom de flâner.
(2) Extrait du Journal de M. d'Angusse.
(3) L'auteur s'est trompé : Lissa et Lesina se trouvent dans deux îles différentes.
(4) *Nicolas Bourdin*, dans une quittance du 19 juillet 1587, est intitulé : « Conseiller du Roy, secrétaire de ses finances et greffier de son Conseil privé. » Il était fils de « Jacques Bourdin, chevalier, seigneur de Vilaines, conseiller « du Roy en son Conseil privé, secrétaire d'Estat et de ses finances. » (Biblioth. nationale, pièces originales, pièce 104). Une autre quittance de 1611 l'intitule : « Résidant pour le service du Roy à Raguze » et indique qu'il recevait 3,600 livres par an. Il avait été nommé résident à Raguse en mars 1602 (voir lettre de Henri IV à M. de Brèves). — Il mourut à Raguse, après avoir dissipé une partie de ses biens. Son fils, *Nicolas Bourdin*, fut créé marquis de Vilaines et fut gouverneur de Vitry-le-François.

l'arrivée de mons^r l'ambassadeur, soudain en avisa la Seigneurie. Ce que sachant, envoyèrent gens de qualité pour le recevoir et bien venier, comme aussy fit le dit sieur Bourdin, lequel après les salutations, fit venir trois ou quatre grandes barques pour nous mettre en terre. Où estant, le s^r ambassadeur fut le très bien et courtoysement receu avec tout l'honneur que l'on sauroit exprimer; estant conduit par les Seigneurs ragusiens et Bourdin en un très beau et bon logis que la Seigneurie avoit fait préparer. Où s'estant reposé quelque heure et demye, se disposa d'aller saluer la Seigneurie de Raguse, où il fut conduit par 4 ou 5 de la ville avec ledit s^r Bourdin, au palais en la chambre du Grand Conseil, où il fut de tous les magistrats très honorablement receu par le Recteur ou Gouverneur, quy tous le bien vénièrent et saluèrent avec tout l'honneur et respect qui se pouvoit; où, après ces complimens, fut assis proche le Recteur; et se tint quelques propos de part et d'autre sur les bienvueillances et ancienne amitié de l'une et l'autre nation; reconfirmant de nouveau avec protestation, d'en suivre les traces de leurs prédécesseurs, comme bons serviteurs qu'ils estoient tous à la coronne de France, dont ils ne se vouloient despartir pour chose aucune. A quoy ayant respondu le s^r ambassadeur, que le Roy leur seroit toujours très bon et grand amy, ayant tousjours reconneu en eux l'affection et très bonne volonté qu'ils ont eu de tout temps à la Coronne de France; partant, qu'ils ne seroient esloignés de grâces et faveurs du Roy; lequel tenoit près d'eux d'ordinaire son agent (qui parust lors et se leva en pied). Plusieurs petits propos communs furent tenus de part et d'autre, après lesquels étant finis, le s^r ambassadeur prit congé du Sénat dont la plus grande part des magistrats le conduirent au logis, où il ne fut plus tost entré qu'il luy fut apporté de la part du Sénat un très honorable présant, savoir: moutons, aygnaux, chevreaux, avec forces volailles, perdrix, et autre gibier, quantité de confitures sèches et liquides et fruictages en abondance et certain grand vase d'estin plein d'exellants vins qui ne doivent en bonté rien au grec ny au latin. Sy bien qu'il n'y eust nul de nous qui ne se ressenty de la teste ou du soupé, où rien ne fut espargné ceste soirée, qui se passa au son de plusieurs sortes d'instrumant comme luts, violons, thimballes, fifres et autres à l'usage du pays, et se passa cette nuitte mieux que sy nous eussions esté au vaisseau en mer. Le mercredy dixiesme, Mr l'ambassadeur fut visiter les églises de la ville, accompagné de plusieurs gentilshommes de la ville et le sr Bourdin et de tout son train; et outre, il y avoit 50 soldats esclavons de de la garde ordinaire de la ville et des magistrats, portant l'arquebuse à la Turque en bandollière sur le dos, la plus part vestus de rouge couleur, la plus commune et requise des nations Levantines, avec bonets fourés de pelice autour, de 4 doits, à la Valaque ou Tartare dont ces gens sont voysins. Lesquels soldats faisoient halte aux portes des lieux ou Mr l'ambassadeur entroit.

La première église où nous fusmes fut à St Blaise, église cathédralle et patron de Raguse qu'ils révèrent et honorent, ainsy que les Vénitiens font St Marc. Nous ouymes la messe dans cette église; après laquelle le clergé à ce commis se mit en ordre avec trois procureurs d'église, les prestres vestus de surplis, chacun ayant un cierge allumé, et nous tous aussy pour voir les reliques et corps saints dont y a telle quantité à Raguse, qu'elle excède tous autres lieux de chrestienté. Et fusmes conduits en une haute gallerie qui entoure le cœur de l'église en laquelle y a comme une forme de chappelle, où y a 2 grands coffres de 6 à 7 pieds de long et 4 de haut dans lesquels y a merveilleuse quantité de reliques, qui furent monstrées à M. l'ambassadeur et ses gens, avec cérémonie convenable à telle dévotion, chantant les hymnes et cantiques à chasque reliquère qui se monstrait : Qui fust le premier, un tableau longt de quelques deux pieds et demy, dans lequel est la figure du visage au naturel de la Ste Vierge Marie, qu'ils disent avoir esté représanté par St Luc; qui à la vérité est fort remarquable pour sa dignité et ancienneté (1). Nous

(1) Ce portrait n'était probablement qu'une copie de celui qui, sous le nom de « *Madone de C. P.* », est encore actuellement conservé à Constantinople dans l'église Saint-Pierre de Galata. « Diverses opinions relatives à cette image, dit
« M. Belin dans son *Histoire de l'église latine de Constantinople*, sont consi-
« gnées dans le *Mémoire* de l'abbé Giustiniani, imprimé à Rome en 1656.
« Selon une relation du couvent de Saint-Pierre, cette image aurait appar-
« tenu au monastère de Caffa, d'où elle aurait été rapportée, lors de l'in-
« vasion tartare, par les religieux fugitifs; lesquels la déposèrent dans l'église
« qui, pour ce motif, reçut le titre de *Madona di C. Pli*. Mais l'église fut trans-

vismes pareillement le linge ou drapeaux dans lesquels le Sauveur fut mis à sa naissance; luy ayant esté donné par les bergers qui l'adorèrent en Bethelem, lequel est presque tout entier. Nous fut montré aussy une teste d'argent doré au sumet de laquelle y a trois trous par lesquels se voyent et touchent les os des testes d'Abraham, Isaac et Jacob, qui est un des beaux reliquières qui se voyent en chrestienté. Après fut monstrée la teste de St Siméon profète, enchassée en argent doré. Nous fust pareillement monstré quantité d'os des ynocents qu'Hérode fit mourir à Bethelem, avec le bras de St Jan Baptiste; estant ces deux grands coffres remplis de s^{ts} reliquières qui furent aportés de tous les lieux du Levant à mesure que le Turc occupoit le pays des chrestiens de Levant (1).

Après avoir visité tous les lieux de dévotion et autres signallés de la ville, l'après dinée fut encore nôtre; atendant le temps propre pour nous embarquer, plusieurs de nous s'allèrent promener hors la ville de la quelle je feray un brief discours.

« formée en mosquée, et l'image, recouvrée après bien des démarches, fut enfin
« déposée dans Saint-Pierre de Galata. Selon une autre version, rapportée par
« dom Calmet, cette image serait celle peinte par saint Luc et rapportée de
« Jérusalem par Eudoxie, femme de Théodose le jeune, en 450, qui en fit don
« à sainte Pulchérie, sa belle-sœur. A la conquête franque, cette image, dans
« laquelle les Empereurs avaient mis leur confiance, tomba au pouvoir des
« Latins. Les Vénitiens la déposèrent dans l'église du très saint Rosaire et la
« confièrent aux Frères Prêcheurs... »

(1) Le chroniqueur ne semble pas avoir mis en doute l'authenticité de ces reliques, quelque invraisemblable que cela nous paraisse aujourd'hui. D'ailleurs, il n'en est fait mention dans aucun des voyages écrits à cette époque. Il est certain qu'à la suite des pèlerinages dont la Terre-Sainte fut l'objet, les chrétiens rapportèrent des reliques souvent peu authentiques. Le concile de Saragosse de 592 fut forcé d'instituer « *les Jugements de Dieu* » pour établir la distinction entre les vraies reliques et les fausses, celles-ci devant être brûlées. En 1215, le concile de Latran, pour arrêter les abus qui continuaient à se produire, interdit la vénération des reliques qui n'auraient pas eu l'approbation du Pape, et enjoignit aux évêques de veiller à ce que les fidèles ne fussent pas trompés. Ce culte des reliques fut très en honneur au xvie siècle, surtout en Allemagne, où l'on montrait des objets extraordinaires, tels qu'un morceau de l'arche de Noé exposé dans l'église de tous les saints à Wittemberg. Le concile de Trente se préoccupa de ces abus, d'où pouvait résulter un affaiblissement de la foi. Il maintint la vénération des reliques comme une partie intégrante de la piété catholique, et prononça l'anathème contre ceux qui la rejetaient, mais il exigea que l'approbation des évêques servît de garantie contre toute supercherie.

VII (1).

DE L'ANCIENNE CITÉ DE RAGUSE.

Je me fusse estendu davantage sur la description des loix et coutusmes de cette République, n'eust esté que le temps nous pressoit de nous embarquer. Ce qu'estant résolu, monseigneur l'ambassadeur fut de rechef au Palais, accompagné de quelques nobles ragusiens, le sieur Bourdin et les siens, pour prendre congé de la Seigneurie; où s'estant chascun aquité de part et d'autre des compliments et bienveillances requises en ces lieux, nous nous acheminasmes au vaisseau; ayant donné charge monseigneur l'ambassadeur, de faire contanter tous ceux du logis et autres gens de service. Mais nuls d'eux ne voulurent rien prendre, leur ayant esté défendu des magistrats. Et de plus, pour la seconde fois, la Seigneurie fit présent de rechef au s^r ambassadeur de quelques moutons vifs, baraux de vin excellant, sucre, confitures, flambeaux, cierges, chandelles, bougie de cire blanche et plusieurs autres choses nécessaires pour les voyages de mer, que l'on fit embarquer, avec mille remercimants. Estant conduits de plusieurs nobles et magistrats de la ville et sieur Bourdin jusques sur le molle du port, où chascun fut honestement congédié de mon dit seigneur l'ambassadeur.

VIII.

DE NOSTRE EMBARQUEMENT DE RAGUSE POUR ALLER A CONSTANTINOPLE.

Le mercredy 10e de novembre, environ les 4 heures du soir, chascun estant ambarqué dans nostre petit vaisseau, l'on fit voille, naviguant tantôt par calme ou peu de vents, descouvrant néanmoins plusieurs petites isolettes dont ceste coste est garnie.........

(Le mercredi 10) sur le Vespres (2) *retournasmes au vaisseau*

---

(1) Nous passons sous silence la description de Raguse et l'histoire de cette cité depuis les temps anciens.

(2) Nous empruntons le passage qui suit au journal de d'Angusse.

et suivismes nostre route le jeudy, vendredy et samedy et jusqu'au dimanche 14 qu'arrivasmes à la Vallonde (1). *Le lundy 15, eusmes sy grand calme et sy grand chaud que deux de nos gens se baignèrent. Le mardy 16 passasmes devant Corfou. Le mercredy 17 deux heures devant le jour, passa un grand vaisseau tout contre nous; lequel nous fit tous mettre en armes. Toutes fois, il passa sans nous rien dire, ny nous à luy. Le jeudy 18, ne fismes pas grand chemin, faute de vent. Le vendredy 19, au point du jour, arrivasmes devant la Zante, et la passasmes en peu de temps avec bon vent, et vers le soir, arrivasmes devant Stamphany* (2), *petite isle distante de 14 mille de Zante, laquelle laissasmes sur la main droite. Et en cette isle n'y habitent autres que moynes grecs, lesquels vivent des rentes qu'ils tirent au Zante et là autour. Elle n'a pas plus de deux mille environ de tour, et y a dedans une belle source d'eau douce, encore que l'isle soit fort plate.*

IX (3).

DU PÉLOPONÈSE OU MORÉE.

...Le vent continuant son cours, nous descouvrismes entre l'île de Sapience (4) que nous avions à dextre et Navarin que nous aprochions à senestre, environ sur les 7 heures du matin, deux grands vaisseaux corsaires anglois qui nous avois suivy toute la nuict, pensant nous surprendre et investir; ce qui fit résoudre nos patrons et mariniers, qui soudain jugèrent qu'ils estoient corsaires et en vouloient à nous, de faire retraicte dans ledict port de Navarin dont nous estions assez proches. Joint aussy que le vent s'estoit tourné presque contraire; et fust nostre opinion confiermée d'un coup de canon qui fut tiré du fort de Modon, distant de 10 ou 12 mil de Navarin. Estant la coutume ordinaire des places et foreressses maritimes de tirer une vollée de canon pour avertir

---

(1) La Valone, sur la côte d'Albanie.
(2) Probablement une des quatre îles de la mer Ionienne, appelées îles Strivali, situées à 40 kilomètres sud de Zante.
(3) Le commencement de ce chapitre est consacré à une longue description du Péloponèse et à son histoire.
(4) Sapienza, au sud de la Morée.

les vaisseaux qui sont en mer de se tenir sur leurs gardes, lorsqu'il y a des corsaires en mer; sy c'est de nuict, d'allumer des feux sur des hautes tours de pierre basties exprès sur les rivages marins, distantes les uns des autres de 5 ou 6 mil. Tant y a que, voyant ces deux vaisseaux nous accompagner de plus près que nous n'eussions désiré, fut résolu à faict de prendre port à Navarin plutost que de nous laisser prendre; de sorte qu'environ deux heures après midy, nous prismes sans parler, congé de nos corsaires que nous laissasmes maistres de la mer, pour aller chercher terre; donnant fond en ce port, des plus beaux de toute ceste mer sans exception d'aucun, sy n'est celui de Constantinople, bien qu'il soit peu fréquant pour n'estre ce lieu traficable.

X.

DE LA VILLE ET PORT DE NAVARIN.

Navarin fut le premier port où nous donasmes fond en terre du Turc, et faut entendre qu'il y a deux chasteaux ou forteresses; le premier et plus ancien est à senestre, entrant au port, situé sur un haut rocher ou promontoire du costé de ponent, où je monté pour voir ces lieux; mais maintenaut ceste forteresse est habandonnée et presque ruisnée de fond en comble. L'autre est plus tost ville que chasteau, situé sur le rivage du port à dextre, y entrant, qui est du costé de levant, que les Turcs ont fait bastir nouvellemant pour la garde et commodité du lieu où réside l'Aga ou capitaine d'iceluy, où y a garnison de quelque misérable bande turquesque mal en ordre comme nous vismes. Mais voyons naturellemant ce qui est du port, l'embouchure du quel est assez estroite, bastionnée d'un et d'autre costé de haults rochers inaccessibles. Son sin est extremement vaste ou spacieux, de forme presque ronde, estant capable de tenir en soy non seullemant 80 ou 100 gallaires, comme aucuns ont escrit sans l'avoir veu, mais bien entièremant toutes les gallaires de chrestienté et de plus celles du Turc, encore lesquelles se peuvent tellemant approcher de terre que l'on y peut mettre un pied ayant l'autre sur le vaisseau, y ayant eu autrefois ceste commodité d'un canal, lequel entouroit autrefois le vieil Navarin en forme d'isle, sur lequel pouvoient passer les plus grands vaisseaux à voille et sortir puis par l'embouchure. Et fut ce canal comblé par *Uluchaly*, lors capoudan pacha, n'y laissant de traget que pour passer une barque à raison des corsaires qui y pouvoient librement entrer par un costé et sortir par l'autre (1)..................

.... Peu de temps après avoir assuré le vaisseau de deux bonnes ancres, voici tout à coup venir une orageuse borasque de vent impétueux, suivis d'une sy terrible et viollante pluye, accompagnée d'un éclatant tonnerre et fulmineux esclers qui bruyoient et esclaroient en sorte que la repercussion ou rebat d'iceux parmy ces effroyables rochers, sembloit que tout deust abismer et mettre le dessus dessous. Et dura ceste impétueux orage avec toutes les rigueurs élémentaires, l'espace de trois grosses heures; durant lequel temps, la mer fut tellement agitée qu'heureux se pouvoit dire celuy le plus eslogné de ses furieuses secousses; et mesme en ce contraste et furieux tintamare parust sur le mast de notre vaisseau le feu (ou signe St Elme que les fabuleux pouettes disent estre ces deux astres jumeaux, savoir Castor et Polux que tous mariniers tiennent pour bons auspices de paroir en ce lieu.) Ce signe est justement comme la flamme d'une chandelle, mais la clarté plus argentine, comme j'ay veu en mon premier voyage d'Italie allant ou navigant de Cicile à Malte. Quelques uns des nostres le virent avec plusieurs mariniers, qui soudain s'escrièrent ensemble par trois fois selon leurs coutumes à telles aparitions bons servages : « O bon Jésus », invoquant pareillement le nom et assistance de la Ste Vierge, de St Elme que les mariniers tiennent pour patron, comme aussy font ils St Nicolas. Pour moy, je fus privé de le voir lors, quoy que je fisse effort, d'autant que j'estois sous le tilac, et me voulant avancer et lever la teste sus, il me fut impossible pour la merveilleuse affluence d'eau qui tomboit, sans pouvoir lever les yeux en hault. Tant y a, que ceux de la garde de poupe et de proue du vaisseau furent bien arosés. Car en ce lieu n'estoit besoing de dormir à cause des corsaires dont ceste coste n'est jamais

---

(1) Suit l'histoire de Navarin.

desgarnie. Ceste nuict se passa fort freschement et sans bruit, pour le travail que l'on avoit eu; qui fit que l'on trouva le repos de tant plus agréable.

Le lendemain dimance 21, nous demeurasmes à l'ancre tout le jour, qui fut employé à se promener en terre, qui d'un costé qui de l'autre; et moy, à visiter la forteresse, ruisne sur le promontoire de l'embouchure du port du costé de ponent, et pareillement la ville nesve où demeure l'Aga. Lequel envoya sept ou huyt de ses gens visiter monseigneur l'ambassadeur avec présant de quelques chevreaux, pain frais et quelques fruittages, affin de mieux avoir; car le naturel des Turcs n'est de donner, sinon que pour mieux prendre. Sy bien que l'on les fit boire et manger au vaisseau; et leur donna le sieur ambassadeur quelque argent en récompance de leur présant. Ce qui les contenta fort. Et se partirent de nous avec plusieurs discours de bienvueillance, ne manquant, à leur retour, de faire savoir à leur Aga le bon acueil qu'ils avoient eu du s^r ambassadeur. Ce que sachant soudain, se mit en ordre d'y venir aussy, plus pour avoir liberté de boire du vin que d'autre chose; et aporta pour présant quelques poulles, œufs, fruits et autres rafreschissements de peu de frais; car les Turcs n'ayment point à despendre (1). Lequel après avoir salué le s^r ambassadeur, luy présenta ce qu'il avoit aporté; il luy fut fait bonne chère, avec présant de confitures qu'il eust fort agréable, s'enquirrant M. l'ambassadeur de beaucoup de choses de luy, touchant sa charge et condition mesme de l'estat de police du Turc; et surtout nous averty de prendre garde à nous; d'autant que sur notre routte y avoit ordinèrement quantité de corsaires aux aguets. A quoy leur fut respondu par le truchemant du s^r ambassadeur qu'il ne les craignoit point; que sy nous attaquoient, ils auroient plus d'affaires à leur (2) défendre qu'à nous assaillir; et ainsy se retirèrent en leur forteresse, très contants du présent qui leur fut faict. La nuit se passa mieux que la précédente, non sans avoir l'œil alerte, car ce lieu le requiert assé. Le lundy 22e jour, Ste Cecile, la bonace continua; ce qui nous fit retourner

---

(1) Dépenser.
(2) *Leur* est employé pour *se*.

en terre sur les rochers du viel Navarin, atendant le soir que le vent nous fit retirer; faisant voille du vent de ponant, naviguant et avençant chemain à souhet; qui toutefois ne dura guère, se tournant presque contrère, et en tourmente si grande que l'on fut contraint le mardy 23 de relascher presque d'où nous estions partis. De manière que nous eusmes loisir de contempler les susdites forteresses de Modon et Coron, estant proche l'isle anciennement appelée Spagia, et maintenant Sapience, où nous naviguions sur les voltes (1), aprochant de Modon qui n'est qu'à 10 ou 12 mil de Navarin (2). . . . .

Le mercredi 24ᵉ doublâmes le cap Matapan. Nous entrasmes au goulphe Laconic (maintenant appellé Colochina) (3), environ les 4 heures, ayant eu vent favorable jusques à lors; qui se chengea sur ce goulphe, et, en un instant, se renforça de telle sorte qu'une grande tempeste s'en ensuivy, avec extresme denger de nous perdre, tant nostre vaisseau estoit furieusement agité et batu des continuels flots de la mer, qui renforçoient tousjours de tant plus et rendoit beaucoup de nos gens malades. Ce qui fit que M. l'ambassadeur se mit à l'air sur le haut de la poupe, contemplant ceste orage. Et avint qu'estant assis en ce lieu, une tourterelle se vint justement poser sur son giron; laquelle facilement il prit, soit qu'elle fut lasse de voller pour avoir esté batue et travaillée du terrible vent qui faisoit, ou qu'elle ne voyoit terre en aucun lieu à se poser. Chascun prit ce sinal à bon augure; et, commanda Mʳ l'ambassadeur de la faire nourir, et fut portée à Constantinople où elle se domestiqua. Vray que sept ou huy mois après, un semblable vent l'emporta, et onc puis ne fut veue. Cette soirée nous fut du tout terrible et facheuse, n'estant si tost entrés en danger qu'avant d'en sortir, en survenoit un autre . . . .

Sur la nuit eusmes l'allarme d'un vaisseau corsaire, l'un des deux dont il a été parlé... Il nous acosta de sy près que nous n'atendions que l'heure de recevoir des canonades de luy. Ce que voyant fut résolu de naviguer à l'orse (4) pour gangner l'isle du

---

(1) En terme de marine : tirer des bordées ou louvoyer.
(2) Suit la description des forts et de la côte.
(3) Golfe de Kolokythia ou Marathonisi.
(4) En arrière.

Cherigue (1), affin de faire perdre à nos corsaires la suitte de nostre routte, comme il avint. Mais peu manqua qu'il ne nous avint pis. Car nostre petit vaisseau cheminant de grand vitesse, fut que les mariniers fussent mal experts ou troublés d'apréhention, ne savoient à quoy leurs résoudre, ny quelle route tenir; joint que la nuit estoit tellement obscure et ténébreuse, qu'ils se trouvèrent fortuitement engoulphrés dans une manche (ou estroit canal) où n'y avoit yssue. En ce lieu Dieu nous préserva de deux grands périls esminents; car nous allions eschouer en terre ou contre quelque rocher, où indubitablement nous nous fussions perdus, n'eust esté l'inopinée rencontre de l'isolette de Cabrères (2), les rochers de laquelle nous aprochasmes de sy près que j'y peuvois facilement jetter une pierre contre. Ce que voyant et reconnaissant les patrons et mariniers parmy l'oscurité de la nuict, nous donèrent plus grande et chaude alarme que la précédente, s'écriant effroyablement au thimonnier : « pouge orse » (3), avec telle confusion et bruit espouvantable des furieux flots qui batoient contre les afreux rochers, parmi lesquels nous estions sy esperdus, qu'il n'y avoit moyen de s'entendre. Ce qui causa tel effroy au patron et mariniers, qu'ils furent les premiers à crier hautemant avec pleurs et cris douloureux que nous estions perdus, invoquant à haute voix qui : Nostre Dame de Lorette, St Nicolas, St Elme et autres selon sa dévotion. Je laisse à juger à ceux qui se sont trouvé ailleurs en telles affaires, en quel estat nous pouvions estre, nous voyant réduicts parmy tant d'ennemys : savoir l'impétueux vent dont nous estions agité; la mer en orage parmy tant d'escueils inconnus, en une sy obscure nuict, que nous n'atendions autre succès qu'un fracats et desbris assuré de nostre vaisseau parmy ces espouvantables rochers, et de plus, poursuivis et violemmant aguestés d'un corsaire affamé. Néanmoins, Dieu, plus fort que tous ces haineux obstacles, fit que, sans prévoyance aucune de nos mariniers, qui presque avoient tout abandonné, le thimonnier fut si adextre et aventureux que, contre l'espérance

---

(1) Ile de Cerigo.
(2) Cabrera (?).
(3) Expression employée dans la mer du Levant pour dire : faites vent arrière.

de tous, il nous tira et desgagea de ce térrible et périlleux labirente d'escueils, nous eslargissant et esloignant d'iceux en mer contre le vent, par force forcée, tirant à la voie ou routte du Cherigo. Pour le vaisseau qui nous chassoit, nous voyant prendre cette routte, ne furent sy affectés de nous suivre, croyant que nous nous alassions perdre, comme y avoit grande aparance. Ains demeura en mer sur notre dextre, suivant la route de Scio (1), et nous celle de Cherigo que nous cotoyasmes terre à terre toute la nuit, ayant le Péloponèse ou Morée à senestre (2).

(3) *Toute la matinée de ce jour qui fut le jeudi 25ᵉ, jour de sainte Catherine, eusmes tourmente; laquelle s'appaisa en un calme qui dura tout le reste du jour, et bonne portie de la nuit. Le vendredy vingt sixiesme arrivasmes près de Milo, le laissant à main droicte, laissant l'ille de Falconnera (4) à main gauche; et le samedy 27ᵉ sur le midy passasmes devant le dict Millo, le laissant à main droicte, et nous y estans voulu arrester encores qu'en eussions faict le dessein, le vendredy au soir pour cause de bon vent qui survint sur le vespres, passasmes Argentières (5), tenant presque à Millo* . . . .

Combien que ceste isle de Milo soit au Turc, il y a là deux évêchés l'un des catholiques, l'autre des Grecs; mais sy mal traictés des Turcs et corsaires qui y abordent sy souvent, qu'ils sont contraincts leur apsanter la plus part du temps. Celuy qui présidoit lors que nous y passasmes estoit tracien; auquel fut fait une misérable avanie par Aly Pacha, lors capoudan-pacha (6) de la mer. Lequel (7) ayant faict bastir une petite chambrette pour sa comodité, fut acusé par l'evesque grec (car ces ygnorants n'ayment point les nostres) de se vouloir fortifier dans sa maison; et fut pris et mené à Constantinople, où feu monseigneur de Salignac (8), peu après nostre arivée à Constantinople, le demanda au Pacha

---

(1) Chio, île de l'Archipel.
(2) Suit la description des îles de l'Archipel.
(3) Extrait du journal de M. d'Angusse.
(4) Au nord-ouest de Milo.
(5) Ile d'Argentière, au nord-est de Milo.
(6) Général de la mer ou amiral.
(7) L'évêque Thracien.
(8) Le baron de Salagnac est mort en 1610. Cette relation a donc été écrite après cette date.

qui le luy promit; mais sur le dilayment, il mourut non sans soupçon d'avoir esté empoysonné. Quelque temps après, fut proveu de cest evesché monsieur Lesdos, aumosnier de mon dit seigneur de Salignac, lors ambassadeur de Sa Majesté; après la mort duquel le s^r Lesdos alla prendre possetion du dit evesché environ l'an 1611. Mais il n'y demeura pas longuement pour l'imbécilité et malice de ceste canaille de Grecs dont il estoit souvent hercelé, et fut contrainct de se retirer; estant maintenant à Rome avec honeste pansion du Pape. Mais il nous faut passer outre, craignant d'y trouver les corsaires dont cest iles est fort fréquantée. Sur les deux heures après midy le vent se rafreschit, et presque en poupe, de manière qu'en peu de temps nous passasmes entre le grand et renomé cap de Sunie que nous avions à senestre et l'isle Thère (1) à dextre.

. . . . Le dimanche 28, nous abordasmes à Scio environ les huit heures, courant fortune de nous perdre à l'entrée du port, pour estre son embouchure très estroitte et difficile à investir, à cause d'une vielle muraille qui fut faicte pour la clôture d'icelle. Laquelle estant ruynée et couverte de cinq ou six pieds d'eau, ceux qui ne savent l'adresse de bien investir le canal du port, peuvent choquer en ce lieu, comme il avint à nostre vaisseau. La carenne duquel fraya la susdite muraille, non sans estre allarmé de quelqu'accident; qui fut soudin visité par la sentine où ne fut trouvé aucun dam; et sy le vaisseau eust esté plus grand, sans doute nous estions en danger. L'on donna fond en ce port, avec contentement de chascun, pour avoir esté fatigué de la mer. Et ne fust plutost jecttée l'ancre, qu'il se trouva sur le molle le s^r. vice consul *Case*, marseillais, le lieutenant de la justice, le seigneur *Nicolo Misaguy*, l'un des principaux habitants de la ville, et quantité d'honestes gens. Lesquels après le désembarquement de monseigneur de Salignac, l'accompagnèrent tous au logis du dit s^r Nicolo Misaguy, lequel luy avoit offert son logis, où il fut acomodé de ce qui estoit besoing pour le repos et contentemant d'un tel seigneur. Le train duquel fut aussy acomodé, partie en

---

(1) Aujourd'hui cap *Colonne*, à l'extrémité sud-est de l'Attique, et l'île *Thermia*.

ce mesme logis, et autres chez ses amis. Car il faut entendre que partout le pays de Levant, ne se trouve aucune hostelerie pour loger ny manger, comme sera dit en temps et lieu.

Le lendemain 29, Mr l'ambassadeur fut visité de la plus part des principaux de la ville. Lesquels, après plusieurs complimants de part et d'autres, luy ofrirent toute assistance, le persuadèrent de séjourner quelque temps en Scio pour se rafreschir, à quoy Son Excellence ne fut trop discordant, tant pour nous remetre un peu du travail de la mer, dont plusieurs des nostres estoient opressés, que pour se voir en lieu sy doux, plaisant et agréable, qu'au plus fort de l'hyvert, il semble estre un printemps pour la bonne température de l'air et la continuelle verdure des plaisants jardinages et autres lieux délectables, qui se voyent proche et autour la ville; de sorte qu'il n'y avoit nul de nous qui ne pensast estre parvenu au plus grand soulas et contentemant que l'on se pourroit figurer recevoir dans ses imaginares jardins fabuleusement racontés dans les *Amadis de Gaulle* (1), tant le séjour et repos nous estoit agréable, après sy long et fâcheux travail. Qui me fera donc en ce lieu faire un peu de pose pour reprendre haleine et reconoistre ce qui est de plus fameux en cette isle tant renommée.

XI.

DE L'ISLE DE SCIO ET CONTOURS D'ICELLE.

De tous ceux qui ont escrit tant des terres fermes que des isles en général de la mer Méditerannée, je croy, ne se trouverra personne discourant de la très plaisante et délectable isle de Scio, qui ne luy donne à bon droit selon sa grandeur le premier lieu et

---

(1) Ce roman obtint au XVIe siècle un succès prodigieux. On croit généralement qu'il fut composé par un Portugais nommé *Vasco de Lobeira* natif de Porto, qui mourut en 1403. Ce fut après la bataille de Pavie que François Ier captif lut ce livre. Dès qu'il eut recouvré sa liberté, il en fit faire la traduction par le sieur *des Essarts*. Le roman fut alors connu non seulement en Espagne et en France, mais encore en Italie, en Allemagne, en Angleterre et même en Hollande, après avoir été traduit dans l'idiome propre à chacun de ces pays. *Des Essarts* croit qu'il fut composé par un Français, mais cette opinion n'est pas admise par les critiques les plus sérieux.

rang, non seulement de la mer Egée ou Archipelle où elle est posée, mais, sy j'ose dire, de toute la Méditerannée. Sy bien y en a quantité de beaucoup plus grandes; celle cy donc ayant toutes les qualités requises ensemble à un pays parfaictement bon et tempéré pour les comodités et plesirs des humains mériteroit bien une plume bien menée pour nayfment représenter tant l'ancienne générosité des habitans d'icelle dont sera parlé cy après que des singularités de l'isle qui fut premièrement Ethalia et depuis Chios, savoir d'une nymphe appellée Chione pour son extreme blancheur (1). . . . .

. . . .

Près du cap Mastic sont plusieurs villages et hameaux fort peuplés à cause des arbres du *mastic* qu'il y a en ce lieu et non ailleurs tel que celuy cy, bien qu'il y ait une autre sorte de mastic qui provient de la racine d'une espèce de chardon que j'ay pris plaisir de voir fouiller et tirer de terre par les Arméniens dans les grandes plaines de Mésopotamie venant d'Erzerum en Alep. Pour revenir donc à celuy de Scio dont j'ay veu les arbres, lesquels ne se peuvent mieux acomparer qu'à celuy du lantisque, sy bien que plusieurs croyent que c'est le mesme arbre, mais il difaire en ce que l'arbre du mastic est un peu plus hault et la feuille plus grande et verte, les branches ou rameaux plus tortueux, portant gomme ou mastic, et l'autre rien. Et faut ycy entendre qu'il y a grand nombre d'habitans commis des supérieurs de la ville à la garde et entretènemant desdits arbres; lesquels y aportent toute la diligence, soing et cure que l'on sçauroit désirer, pour deux raisons : la première pour maintenir leurs privilèges à eux octroyés du sultan Mehemet 2me, qui est que de ceste isle ne se lèvent ou tirent des enfants du tribut, comme se faict ailleurs en Grèce; l'autre, pour ne payer le double du défaut qui pouroit arriver par la négligence et peu de soing qu'ils feroient à l'entretènement des dits arbres, sy n'estoient cultivés esmondés ainsy qu'il est requis; d'autant que chascun en tient à ferme certin nombre, qui plus, qui moins. Et ce peut dire que c'est une autre moisson, comme en Beauce des bleds durant les mois de juillet et aoust, où se voit

(1) Suit une longue description de l'île de Scio.

toute la contre plaine, des gens à tailler ou inciser l'escorse du pied des arbres du mastic, les piquant et poinçonnant de fers en plusieurs lieux ; par les trous desquels ils jectent les larmes du mastic qui est proprement *goume*, qu'ils ne lèvent et ostent de l'arbre qu'au mois de septembre, rendant puis chascun à la Seigneurie de l'isle la quantité qu'ils sont tenus de distribuer pour l'envoyer par tous pays où bon leur semble, principalement à Constantinople au G^d S^{gr}, auquel ils en font présent de quelque nombre de quesses tous les ans, sans l'argent qui en provient qu'ils sont teneus payer aussy tous les ans ; et pèsera la quesse trois cens livres ou environ, laquelle se vent cent ou six vingt escus, selon l'abondance ou stérilité, ne s'en recueillant peu souvant moins de cent cinquante ou soysante quesses, ce qui aporte un grand guain et comodité à toute l'isle. . . . .

XII (1).

DE LA CITÉ ET FAUBOURG DE SCIO.

. . . .

XIII.

DE L'ANCIENNE GÉNÉROSITÉ DES SCIOTES.

. . . .

XIV.

DE NOSTRE SÉJOUR EN L'ISLE DE SCIO.

Durant nostre séjour de Scio qui fut huy jours de suitte, monseigneur l'ambassadeur ne manqua d'honeste et bonne compagnie avec nouveaux passe temps, tant aux champs qu'en la

---

(1) Ce chapitre et le suivant ne renfermant rien de particulièrement intéressant, nous avons cru pouvoir les supprimer.

ville, fut pour les promenoirs des beaux et plaisants jardinages et délectables lieux d'autour, que de la civille conversation des hommes et femmes de Scio. Lesquelles ont entière et pleine liberté que de s'esjouir où bon leur semble, ne faisant aucun scrupullé de parler et discourir librement avec toutes sortes de personnes chrestiens. Et ce qui les rend plus admirables est, qu'outre leur naturelle douceur et courtoisie, elles sont douées presque toutes en général d'une incomparable et naïfve beauté. Ce qui rand un infalible argumant et thémoignage de leur gentillesse et générosité, comme j'ay jà dit de la généreuse et belliqueuse valleur des hommes.

La troisyème journée de nostre séjour, les sieurs Nicolo Mysagui, vice consul, et autres, accompagnés de janissaires, menèrent le s^r ambassadeur et la plus part de son train voir les arbres du mastic (1) dont j'ay ci devant parlé, dont la plus part sont sur le rivage de la mer, bien qu'il y en ait assez ailleurs; où nous eusmes tel plaisir et contentemant que l'on sauroit désirer, pour la diversité de tant de jardinages et gentilles maisonnetes qu'il y a par tous ces chemains; et vismes devant et l'après dînée, que le s^r Nicolau voulut faire voir la manière des dances des Isolants de tout ce contour. Qui avoit convoqué et faict assembler au logis du seigneur ambassadeur, lequel estoit grand et spacieux avec les jardins du tout admirables, où jà estoient plusieurs gens tant de la ville que de ces lieux, avec musettes, hauxbois, fluttes, timballes, tembours de basques et autres instrumants, dont ils savent euser à leur mode. Où ne manqua aussy de s'y trouver quantité d'hommes, femmes et filles qui commencèrent leurs dances, dont sera parlé cy après. Tant y a que cette journée se passa sous les beaux et grands orengers et autres arbres ombreux en sorte qu'il n'y avoit neul de nous, qui ne desirast un vent contraire pour 15 jours, affin de jouir de tant plus de la gracieuse acointance de tous ses gens, qui ne s'espargnoient à récréer la compagnie; de manière qu'il me sembloit voir les dences et carolles des festes de village de Beauce, hors la façon des habits dont sera parlé cy après. Sur le soir, chascun fit retraite chez soy, où ne fut parlé

---

(1) Voir la description de ces arbres au chapitre xi.

que de ce qui s'estoit passé tout le jour. Le lendemain nous arriva ce que beaucoup avoient souhaité, qui fut un vent directemant contraire, au grand regret de nostre patron et mariniers qui ne désiroient que de faire voile; craignant d'estre surpris et retardé du vent de tramontane (1), comme arriva depuis dans le canal de l'Helespont, dont sera parlé cy après. Voyant donc que nous estions atachés à l'ancre pour le vent qui nous estoit favorable pour le séjour de Scio; ce que voyant, le s^r Nicolau ne voulant perdre temps, se disposa à faire baptiser un sien fils qui lui estoit nouvellement né. Pour cet effect donc, il pria monseigneur l'ambassadeur luy faire cest honneur que d'estre le parin. Ce qu'il accepta volontiers, et fit que le s^r Nicolau se prépara et n'oublia chose requise à telle cérémonie; et d'autant qu'il estoit personnage d'honneur et authorité, il s'employa à faire voir à M^r l'ambassadeur et aux siens de combien les Sciots surpassent leurs voysins de près et de loing en tout ce que l'on sauroit imaginer. A cesté occasion, tous les catholiques romains furent conviés tant au baptesme qu'à la colation et au bal. Car il faut entendre que, sur toutes les nations du Levant, celle cy est la superlatifve pour se plaire à la musique, dances, bals et festins. Le jour assiné, l'enfant fut porté à l'eglise où sont maintenant les religieux de saint Domenique, où là se trouva monseigneur l'evesque accompagné de celuy d'Andros (2), qui lors estoit à Scio; n'y ayant faute de bonne compagnie tant hommes que femmes et filles. Le nom de l'enfant que monseigneur l'ambassadeur luy donna fut François (3). Après la cérémonie requise à tel effect, M. l'ambassadeur festoya les plus aparants de la troupe; comme aussy le s^r Nicolau fit-il les dames, qui ne manquèrent à leur trouver à l'heure assignée pour le bal, qui fut hors la ville, suivant la coutume, sur la pante d'une coline, en trois ou quatre places herbuées et autres tirant sur la marine; lieux fort délectables et plaisants. En ces lieux donc arivèrent de tous costés de la ville et faux bourgs toutes manières de gens, Grecs, Juifs, Turcs et

---

(1) Vent qui souffle du côté qui est au-delà des monts par rapport à l'Italie.
(2) Ile d'Andro, dans l'Archipel.
(3) Ce nom était celui du fils de M. de Salignac.

autres, pour voir le bal. Qui fut commencé par le s^r Nicolau accompagné de ses familliers amis, ayant chascun l'espée au costé alors (combien que nul ne la porte en la domination du Turc, mais à tels jours il y a permition); ayant aussi la cape ou manteau en escharpe à l'antour du corps, à l'ancienne genoise, dont ils sont yssus. Chaque homme menant une femme ou fille en forme d'un branle clos et rond, ainsy que l'on faict en chrestienté; vray qu'ils observent plus d'artifice, bien que les joueurs de luth et autres instrumants, dont y avoit quantité, ne changent de notte jusques à ce que la forme qu'ils prennent de dancer ne soit finie par le dernier de la bande; qui durera plus d'une heure et le plus souvent, deux, suivant le grand ou petit nombre qui y est. Parce que la danse estant close en rond, l'homme se sépare avec sa compagne pour dencer ensemble au milieu du cercle, de quelque gentille manière ou façon de gavotte ou serabante. Ce qu'ayant finy, puis retournent en leur place; et ainsy, chascun en faict autant à son tour, changeant tousjour non de note, mais bien de passages, avec tant d'agilité et galantise qu'en France, où la dance est au période de sa perfection, malaysément pourroient ils faire mieux. Car c'est la vérité que chasque nation a naturellemant ne sçay quoy de propre et facille à soy qui manque et défault aux autres; n'y pouvant naturellemant atindre, bien que facille. Tout ce jour donc fut employé en festes, jeux, dances, musiques et chansons qui çà, qui là en plusieurs lieux, d'autant qu'il y avoit grande compagnie, et ce avec tant d'honeur et respec parmy tant de nations, qu'il n'y avoit neul de nous qui ne fut esmerveillé d'un tel silence. Ce qui ne se voit en chrestienté; où la feste ne se faict souvent sans folie. Certes en ceste assemblée, se pouvoit dire estre la fleur des femmes et filles de toute la Grèce. Car il est indubitable que, de toutes les parties du Levant, les Scioyses, d'un commun jugemant, sont estimées les plus accomplies, gracieuses, belles et acostables femmes et filles de tout le Levant en général, et qui le moins s'adonent au vice. La forme ou façon de leurs vestemants de corps est estrangemant disconvenable à leur maintien et gravité, bien qu'ils soient très riches et somptueux, comme nous vismes en ce bal et ailleurs de toutes qualités de femmes qui fussent en l'isle.

Celles de qualité portent robes de velours plain ou figuré, satin, damas à grands feuillages, broquats ou autres estophes de prix, dont la plus part se faict sur le lieu; qui rend toutes ces étophes communes. Le corps de leurs robes est tellemant court que la couture de la hanche qui doit monstrer la taille du corps, monte jusques au meilleu du dos, passant justemant sous les tetins et aiscelles, ayant les plis du bas de leur robe qui est fort ample, plicés à gros plis ou tuyaux, qui leur rend le dos presque tout plicé et relevé; de manière qu'il n'y a femme, de sy belle taille qu'elle ne soit toute diforme et ne paraisse bossue et contre faicte. Le bas de leur robe qui est fort ample, est bendé et chamaré à l'antour de plusieurs bandes différantes de l'estophe et de coulleurs diverses. En quoy elles se plaisent, et changent presque tous les jours de manches soit de brocats, velours figuré, satin, damas ou autres estophes diférantes à celle de la robe et de couleur; lesquelles ils atachent au corps, avec forces beaux et larges rubans de fine soie, dont ils font quantité de nœuds. Les manches sont aucunnemant estroictes, ayant au poing un revers de la manche mesme; justemant comme les dames de France portent leurs manchettes de point coupé ou fine toille, où y a dessus le revers, miles gentilles façons de point d'esguilles en forme de broderies de soie à fleurettes, qui accompagnent et ornent extresmemant la main, n'ayant pris ceste forme de revers que depuis peu. Et comme la teste est le chef de tous les membres, aussy la coiffure en est elle l'ornemant le plus artiste, agréable et gentil, ayant leurs cheveux tressés et enlacés de milles artificieuses sortes, couverts de la coiffe ou escoffion de soie merveilleusemant bien élabourée de réseu à petits houpins et floquets de soie, desquels ils eusent et mettent sur leurs cheveux, que l'on voit par dessous. Ceux des filles sont aussy de soie de couleurs diverses, enrichis de broderie d'or, semences de perles, paillotes d'or ou d'argent. Les ataches ou serrents, duquel ils serrent l'escofion par derrière la teste, sont de moyenne longueur; au bout des quels y a des houppes de soie, fil d'or ou d'argent qu'elles ramainent par devant sur le sein; lequel avec la teste, sont garnis et ornés de fleurs exquises, n'en ayant faute en toute saison que ce soit, principallemant de celles d'oranges, citrons, grenades, myrtes, lauriers et autres, qui se trouvent continuellemant à Scio. Ayant les femmes, le front couvert d'un petit bandeau de crespe de soie jaulne crue, fort subtillemant et mignonnemant rayé de long, garny de paillottes d'or ou d'argent. Lequel bandeau se sert derrière la teste, faisant revenir les deux bouts des serrants dans l'estomac jusques à la cinture, où ils sont atachés avec nœuds ou roses de ruban. Et portent aussy certains tavoillioles de soie blanche crue ou fin linonpe blanc, dont elles se couvrent les espaulles et la moytié des bras, ainsy que les paingnois des dames de France, sinon qu'ils ne sont point plicés par le collet; laquelle est enrichie autour, de subtil ouvrage d'or faict à point d'esguilles à fleurons et feuillages ou autres gentilles façons admirables; ce qui aporte une gentille grâce à leur maintien. Ayant derrière un certin linge fort subtil, large de trois ou quatre doits, mignonnemant plicé ou crespé, dans le quel la tresse de leurs cheveux est enveloppée et pendante par derrière sur l'eschine; au bout duquel est une frange ou crespine de soie retorse; et par devant, portent un foudar ou tablier de finne taille de coton d'Inde, chamaré à bende de long ou travers du passemant à point coupé comme celuy de Flandre, bien que ce soit ouvrage de leurs mains; au bout duquel tablié, est une frange ou crespine en bas d'iceluy. Lorsqu'elles vont le soir en ville, si c'est l'hyvert, elles portent un petit manteau de fin drap venitien fourré de zibellines ou autre pelice exquise; sy en esté, de taftas, serge de soie ou autres estophes légères, ainsy que souloient faire les dames et damoyselles de France, il y a quelque temps. Les filles d'estat portent quantité d'ornemants d'or et pierrerie mis en œuvre, bien que l'orfèvrerie ne soit excelante en Levant; mais à ce défaut, ils suppléent par mille sortes de bendages enrichys d'or, argent, perles et autres afiquets en forme de fleurons ou entrelacs mignonnemant élabourés. Les bas de chausses tant des femmes que des filles sont la plus part de fin coton façonné et ouvragé à carraux ou autres figures, ainsi qu'il leur plaist, car c'est ouvrage de leurs mains. Lesquels bas elles portent bien tirés, contre la coustume des autres femmes du Levant qui les portent fort avallés et plicés; n'ayant que le bout des pieds dans leurs patins qui sont de velours ou brocats mignonnemant bien faicts à leur mode.

Les femmes ou filles de moindre estat portent leurs robes de serge drapée d'une seulle couleur (comme vert, orange ou bleu), qui sont les couleurs les plus usitées entre elles. Mais pour simples ou pauvres qu'elles soient, elles ne laissent de porter les manches, de taftas de telles couleurs qui leur plaist ataché au corps de leur robe avec rubants de soie ainsy que dessus, avec le tablier ou foudar très blanc et ouvragé selon leur qualité. Je laisse plusieurs choses à dire de la naturelle propreté de ces femmes, desquelles sera parlé ailleurs. Pour les hommes, ils vont assez bien couverts, n'ayant presque rien changé ou diminué de la forme d'habits de leurs ancestres les Genevois ou Florentins; qui me fera taire sur ce point pour retourner à nostre bal, duquel je m'estois esloigné. Et diray de rechef qu'il n'y avoit nul de nous qui ne creust d'estre en ces plaisantes isles Fortunées, les avantures desquelles est faict mention en ces fabuleux romans. Ayant donc passé la journée en ceste plaisante récréation, le bal estant finy avec le jour, M^r l'ambassadeur fut conduit en son logis, et les dames qui ça, qui là, se retirèrent avec grande louange, tant pour leur gracieux et doux maintien que de leur beauté et douce conversation. Et sy le jour nous fut agréable, le soir ne fut moins admirable pour la diversité des momeries et mascarades qui abordèrent au logis du s^r ambassadeur, avec quantité de joueurs de luth et autres instrumants. A quoy les Sciots se délectent naturellement. La moytié de la nuict fut employée diversemant, qui une chose, et l'autre à l'autre, faisant puis retraicte chascun chez soi. Le jour suivant, nos patrons et mariniers, à qui ne plaisoit ceste contrariété de vent et retardement, ne laissoient de solliciter nostre embarquemant, affin que le tout fut leste au premier bon temps. Ce que voyant, M^r l'ambassadeur se disposa et fit mettre en ordre ce qui estoit nécessaire pour le despart. Et vinrent les principaux de la ville, tant de la justice que les consuls et autres desquels il avoit esté receu. Les quels ensemble luy firent honeste présant, tant de provisions, de victuailles que de plusieurs gentillesses du pays. Et me souvient entr'autres de deux paires de perdrix rouges domestiques, chaque paire dans sa cage. Lesquelles perdrix, certins isolants, ainsy qu'il nous fut fidellement raconté du s^r Nicolau et autres, nourissent par les villages en troupes ainsy que poulles d'Indes, oyes, poulles, canards et autres volatiles, les baillant à garder à certins gens commis à la garde de ces troupes diverses qui les mainent paistre aux champs. Et sur le jour, les garçons ou femmes ou filles qui les gardent au logis, les sifflent et appellent avec leurs appeaux dont ils les réclament et font libremant venir à eux ainsy que poulles et canards, tant elles sont naturellemant privées. Aussy les gens sont ils extresmemant soigneux de les prendre trois ou quatre jours après qu'ils sont esclos, et leur font manger du grain qu'ils mêlent dans leur bouche affin de les rendre plus domestiques, et leur faire reconnaistre l'appeau dont ils les réclament. De manière que ceste ile est tellemant remplie de perdrix, qu'il se peut dire qu'elle en fournit toutes les autres. M^r l'ambassadeur ayant receu tant d'honneur et faveurs des principaux de la ville, et les remercia tous honestemant, rendant à chascun les compliments convenables à leur qualité. Lesquels se retirèrent très contants et satisfaicts les uns des autres. Or estoit il que, durant nostre séjour, il y avoit dans le port de Scio 20 ou 25 gallaires de l'arme du Grand Seigneur, qui tous les ans font revue autour de la mer Blanche (1), partant de Constantinople le mois de juin, y retourner au mois de novembre, faisant tousjours séjour en Scio 15 ou 20 jours pour leurs remettre et rafreschir, combien qu'ils ne se travaillent grandemant. Lesquelles gallaires sortirent du port le dimanche 5 de décembre pour retourner à Constantinople; ce qui nous fit résoudre de faire voille le lendemain, bien que le vent ne nous fust tant favorable qu'il nous estoit besoin. Mais les mariniers ont ordinèrement ceste coutume de juger de l'ocurrence des choses à leur avantage; en quoy ils se trompent le plus souvent, comme arriva lors, car bien que le vent se tournast en ponent, propre à nostre navigation, néanmoins, il estoit sy frais et le temps sy fâché et obscur qu'il démonstroit apertemant nous menasser d'orage et grand tempeste. Lors estoit à Scio près le seigneur ambassadeur, un patron de gallaires appelé patron Jean, marseillès, autant expert en l'art de la marine qu'autre qui se peut trouver. Lequel avec d'autres mariniers, ne le conseilloit point

---

(1) Mer Blanche ou mer Egée ou Archipel.

de faire voille ce jour là, prévigent fort bien ce qui en fut. Mais nos patrons et mariniers, plus désireux de gain que d'honneur, entrèrent en grandes contestations ensemble; les uns voulant faire voille, et autres, non, à cause de la feste St Nicolas qui est patron des mariniers; et estoit come jour, les uns aléguant que le temps se remettroit soudin après nostre embarquemant, comme s'il n'eust attendu que cela pour s'acoiser; autres disant que nous perdions le bon temps et saison de la navigation. Et avint que tous ces braillaires furent ceux qui s'en repentirent les premiers, pour le continuel et violant travail qu'ils eurent. Puis brief, toutes ces raisons estant ballotées, balancées, le patron Jean et autres ne furent crus, et fut résolu tout à faict de faire voille au plus tost. A quoy M^r l'ambassadeur ne fut discordant, se remettant à l'expérience de ses patrons pour ce. Donc ayant pris congé de sa belle comère à qui il fit très honeste et agréable présant, et à son ficeux, ordonna de luy faire délivrer tous les ans la somme de trante sequins, pris des deniers qui proviennent du droit de son ambassade que les consuls retirent. Dont il fut tousjours payé jusques à la mort du s^r ambassadeur; lequel ayant satisfaict à tous, s'achemina à cheval au port avec grand compagnie, comme se peut voir en ce chapitre suivant.

XV.

DE NOSTRE FASCHEUX EMBARQUEMENT DE L'ISLE DE SCIO POUR ALLER A CONSTANTINOPLE.

Le lundy sixyesme de décembre, jour et feste Saint-Nicolas, patron des mariniers, monseigneur l'ambassadeur estant persuadé des patrons et mariniers, de s'embarquer, fut honorablemant acompagné et conduit au port par messieurs les consuls de France et d'Angleterre, avec son bon hoste le s^r Nicolau Misagui et quantité de gens de qualité. Lesquels en ce lieu ayant finy mille complimants, furent honestemant congediés tant de Son Excellance que de ceux de sa suitte; nous embarquant avec toute l'incommodité qui se pouvoit. La barque estant jà si fort esbranlée par les continuelles secousses des ondes, qu'il n'y avoit presque plus moyen de se pouvoir embarquer ny désembarquer pour monter au vaisseau, sans une extresme peine et grand danger, pour l'impétuosité du vent et l'esmotion des grands flots qui s'alloient de tant plus accroissant, sy que malaysément pouvoit on avoir prise de quelque chaisne ou corde pour pouvoir grimper et entrer dans le navire. Et, y en eut assez qui se firent mal aux bras et jambes et autres parties du corps (n'ayant loysir de se plaindre). Néanmoins chascun estant embarqué en ceste esmotion, fut question de mettre l'esquif ou barque dans le vaisseau comme se faict ordinèrement, affin de mieux naviguer et avancer chemain. Mais voyant la difficulté de le pouvoir guinder et metre en iceluy à cause de l'impétueux vent et agitation des furieuses ondes, qui jà commençoient à nous tourmenter et menaçoient de pis, l'on fut contraint de la laisser en mer, atachée d'un gros câble à la poupe, ainsy que se fait estant en un port; qui fut une faute et nous causa puis beaucoup de mal et de fatigue. Les ancres estant levées et les voilles baissées, fut lasché trois canonades de poupe pour nous congédier de la ville. Laquelle nous commensasmes d'esloingner et perdre de veue en peu de temps. Et ne fusmes plus tost en plaine mer que le vent se tournast siroc, tellemant furieux et presque contraire, de manière qu'il nous fallut naviguer à la boline, qui veut dire de costé, avec travail du vaisseau et de tous ceux qui estoient dedans. Néanmoins l'on ne laissoit de faire bon chemain. Sur le soir, nous fusmes plus mal menés pour le vent et les flots qui travaillèrent tellemant le navire qu'il n'y avoit nul de nous qui n'eust bien voullu estre encore sous les orengers de Scio, ne sachant à quoy se résoudre, car la plus part estoient sy travaillés du mal de mer, qu'ils n'avoient courage de s'ayder l'un l'autre; d'autant que ce mal rand les personnes tellemant faybles, desbilles et sans apesty, qu'il semble estre une espesse de mort. Et pour peu que l'on boyve ou mange, soudin l'on se sent l'estomac sy chargé qu'il est impossible se pouvoir garantyr de vomyr, tant que la moindre chose sera dans le corps. Chascun donc estoit en une extresme peine, pour la tourmente qui s'augmentoit à mesure que le soir approchoit; et pareillemant les cris et fatigues des mariniers, pour ce qui estoit du service du vaisseau, en quoy il n'est besoing en telle affaire espargner ou oublier chose qui soit en l'art ou industrie de la marine. Et jà murmuroient et se blasmoient les uns et autres, (car c'est la nature et commun ordre des mariniers provenceaux que le désordre et la cririe parmy eux), atribuant cet obstacle et périlleux danger, d'avoir consenty au partemant de ce jour Saint-Nicolas leur patron, qu'ils devoient, disoient ils, « plus tost fester et solemniser « que naviguer ou travailler ». Toute la nuict nous fusmes en ces chaudes alarmes, pour estre nostre petit vaisseau tellemant agité et battu des grands flots et coups de mer, qu'un coup n'atendoit l'autre. Ce qui contrigny monseigneur l'ambassadeur de se retirer sous le tillac ou couvert avec plusieurs autres, après avoir recomandé aux patrons et mariniers, de bien faire chascun leur devoir et combattre le plus qu'ils pouvoient la malice des flots et du vent (qui ne se soucioient guère de ces exortations, tant ils estoient mutinés contre nous). Tellement que sur le minuit, suivant le conseil et avis des patrons et mariniers, après en avoir averty mons^r l'ambassadeur, il fut résolu de relâcher au gré du vent, qui nous estoit presque directemant contrère. Par quoy l'on despouilla le vaisseau de toutes ses voilles, (sinon un peu de la maistre, de laquelle l'on avoit osté la bonette comme ordinairement se faict en telles affaires) pour faire cheminer le vaisseau doucemant et n'estre sy agité qu'il seroit, s'il estoit du tout à sec. Mais voicy une autre affaire qui nous fâchoit et importunoit grandement, qui estoit la barque. Qui, comme j'ay jà dit, n'avoit pu estre montée dans le vaisseau. Laquelle, estant remplie d'eau, donnoit de terribles secousses au vaisseau, à mesure que les coups de mer batoient contre; ce qui nous causoit un extresme crainte, laquelle prévoyant, le patron fit entrer dans ycelle barque trois des plus forts et hardis mariniers qui fussent, pour la vider. Ce qu'ils firent avec fatigues incroyables, pour estre continuellement batus des flots, et tellemant las et mouillés, qu'onque puis, neul n'y voulut retourner. Sur les deux heures après minuit, la tempeste s'acrut de telle sorte que les coups de mer couroient de poupe à proue sur le couvert; et par conséquant les mariniers, tous percés et mouillés et tellemant fatygués et affoiblis, qu'ils commençoient à perdre courage, ce qui estonoit les patrons, pilote, nochers et autres ensemble et nous tous par conséquant. Et avint que la barque estant de rechef remplie d'eau qui, à chaque secousse des impétueux flots et excessifves borasques qu'il faisoit, travailloit estrangement la poupe du vaisseau auquel elle estoit attachée; et voullut le patron pour la seconde fois la faire vider; mais nul des mariniers n'y voulurent entendre pour l'extresme danger qu'il y avoit en cest office. Et leur disoit le patron d'une plintifve et lamentable voix : « *O, vaillants hommes qui seront, ceux de nous qui maintenant se veullent aquérir une louable réputation parmy nous; y a-t-il personne qui se veuille signaler pour sy bonne ocasion et nécessaire office que de vider la barque, laquelle nous peut, ainsy plaine d'eau, causer une éminente perte.* » Mais à ces lamentables propos, neul ne se présanta pour les exécuter; car en péril si éminent où la crainte et violance domine, les persuasions et remonstrances ne trouvent lieu dans les âmes effroyées (comme il se vit alors); ce que voyant, le patron s'acosta froidement du pilote et nocher, lesquels résolurent secretement ensemble, pour dernier remède, de couper le câble qui tenoit la susdicte barque atachée au vaisseau, et la laisser aller à la mercy des flots, plus tost qu'elle nous causast quelque plus grand malheur. Ce qui fut faist au déceu de tous. Et firent entendre à mons^r l'ambassadeur qu'elle s'estoit perdue par la violance de la tempeste, laquelle avoit rompu le câble, et estoit allée à fond. Ce qu'ils disoient, affin de tirer de l'ambassadeur quelque pièce d'argent, pour en avoir une autre. Ceste perte nous incommoda fort depuis, bien que le vaisseau en fut un peu plus allégé; et fut puis cette barque eschouée en l'isle de Tenede, ainsi que nous aprismes peu de temps après à Constantinople. Sur ce point, le vent, l'orage et la tempeste ne nous laissoient à repos, de manière qu'il se détacha un canon sur le tillac, lequet alloit, roulant et balançant selon la cadence du vaisseau, tantost d'un costé et ore de l'autre, sans ce que les mariniers eussent le courage de le remettre en sa place; combien qu'il travaillât grandement le vaisseau, et nous aussy qui estions sous le couvert. Ce que voyant, je montay sur le tillac, disant aux mariniers qu'ils le ratachassent. Mais nul d'eux ne me respondit, ayant jà tout abandonné et remis en la miséricorde de Dieu, s'estant retirés qui à poupe, qui à proue et autres petits lieux du vaisseau pour leur garantie des coups de mer, qui sans cesse traversoient de poupe à proue et de rembade à l'autre. Et comme je m'efforçay d'appeller l'un et l'autre de rechef pour ce sujet, l'un des nostres qui estoit proche l'arbre de la maistre, me dit qu'il falloit laisser cela, et prier Dieu qu'il eust pitié de nous, qu'aussy bien estions nous perdus. Ce disant, vint un coup de mer avec un merveilleux bruit qui courut entièremant tout le couvert. Sy que le vaisseau se pencha ou tourna le flanc jusque à moytié du couvert en mer; de manière que les coffres, valises et autres bagages qui estoient d'un costé dessus et sous couvert, roulèrent de l'autre, avec tel bruict et espouvante qu'il n'y eust mariniers ny autres qui ne crust lors que le vaisseau ne trébuchast et n'alast à fond; de faict qu'il entra plus de deux tonnes d'eau par le trapon de la chambre sous couvert, que j'avois ouvert pour parler aux mariniers de remettre le susdit canon en sa place. Néanmoins je me garanty de ce coup sans estre mouillé. Que sy à l'instant le coup eût redoublé du même costé, comme arive souvant, malaysément pouvions nous esviter le péril. Lors un gentilhomme lorin (1) avec un des siens, qui estoit sur le couvert pour prendre l'air et n'estre tant travaillé du mal de mer qu'il avoit, atachèrent le canon qui de soy mesme s'estoit remis en sa place par le continuel mouvement du vaisseau. Pendant, les patrons avoient jà résolu, voyant la malice du temps s'acroistre, de faire couper le mast et calfuter la chambre de dessous le couvert où nous estions presque tous. Mais, suivant l'avis de quelcun, fut retardé, disant que le vent pouroit cesser sur le matin, duquel nous estions proche, comme arriva sur la pointe du jour. Chascun peut juger de combien il nous tardoit à venir pour reconoistre où nous estions. Le jour donc commençant à poindre, nous nous trouvasmes proche une isle. Mais nul de nos patrons et mariniers ne peurent assurément juger quelle elle estoit, encor que nous eussions pris un pilote et un marinier de Scio, les uns disant que c'estoit Lemnos, les autres Metelin (comme aussy estoit elle); n'en pouvant approcher pour le vent

---

(1) Probablement Henry de Beauvau, le seul gentilhomme lorrain ayant accompagné le baron de Salignac.

qui nous estoit contraire et la mer tousjours en colère, navigant sur les voltes çà et là sans savoir assurément où nous estions. Lors finalement sur les onze heures, le vent et la mer estant un peu acoisés, nous aprochasmes terre ferme de Natolie (pays d'Asie sur la coste Eolide où jadis souloit estre la cité d'Antiochette, qui est assez beau pays bien que montagneux), sur ceste coste maritime où mons[r] l'ambassadeur fit donner fond pour prendre langue, parce que nous estions sans barque et ne pouvions aller en terre plus près que d'une mousquetade, y ayant gens sur le rivage que l'on faisoit appeller par un turc que nous avions dans le vaisseau, qui servoit de truchemant. Mais jamais ces canailles ne voulurent respondre; ains fuyoient, gagnant les montagnes voysines et autres lieux, croyans que nous fussions corsaires. Le sieur ambassadeur luy commanda d'aller en terre, croyant qu'il sceut nager, pour faire venir une barque. Ce truchemant se despouilla et se jecta en mer, où il n'avançoit ny reculoit, batant l'eau seullement de bras et jambes en mesme lieu. Ce que voyant je luy jectay une corde qu'il prit, et remonta au vaisseau, et demeurasmes ainsy anchrés toute la nuict, à nous sécher et reposer, ayant esté grandemant travaillés depuis nostre despart de Scio. Et n'estoit besoing de s'endomir plus que de raison en ce lieu, pour l'ordinaire fréquentation des corsaires qui courent sur ceste coste. Mesme que toute la nuict, les habitants d'autour firent des feux de tous costés sur les tours, qui sont basties sur les rivages maritimes, exprès distantes les unes des autres de lieue ou deux, selon les lieux; au moyen de quoy les habitants du pays sont avertis lorsqu'il y a des corsaires en mer, et s'en prennent garde. Le mercredy septiesme, deux heures devant jour, l'on fit voille; et peu de temps après, recogneusmes que nous estions proche l'isle de Metelin, que nous cotoyasmes tout le jour terre à terre. . . . .

. . . . Continuant le vent en poupe, et naviguant à souhait à huyt ou dix mil pour heure, nous abordasmes à la pointe du cap Janissaire (anciennement appelé promontoire Sigée), qui est de la coste et territoire de jadis la tant fameuse et superlatifve cité de Troyes. . . . . les vestiges et ruines de laquelle mons[r] l'ambassadeur avoit extresme envie de voir et de faire donner fond et metre pié en terre en ces lieux tant mémorables (qu'autrefois je croyois estre manifestes fables). Mais les patrons et mariniers remonstrent qu'il n'estoit loysible de perdre le bon vent que nous avions lors en faveur; qu'en matière de voyages de mer, deux heures de bon temps perdu causoient souvent un grand retardement; mais que pour satisfaire à sa curiosité, ils navigueroient le plus proche de terre qu'ils pouroient; ce qu'ils firent, affin de mieux contempler les vestiges et ruynes qui se voyent encor à présant.

Donc ayant passé le susdit cap ou promontoire Sigée ou Janissaire, soudin nous découvrismes une estendue de mer du costé d'Asie, sur le rivage de laquelle estoit anciennement ceste fameuse cité de Dardanice avec les autres qui sont sur le canal d'Helespont.

XVI.

DE PLUSIEURS ANCIENNES CITÉS QUI SOULOIENT ESTRE SUR LE CANAL DE L'HELESPONT.

La première que nous rencontrasmes suivant nostre routte de la coste Asiatique, (où souloient estre les tant délectables et plaisants jardins de Troyes) furent les vestiges et desbris de ceste tant renomée cité de Dardanie (1). . . . .
. . . .
Mais retournons à nostre vaisseau qui sillonoit en poupe le bordage Troyen, estant monsieur l'ambassadeur et les siens sur le tillac à contempler ce fameux terrin, où jadis souloit estre la plus grande et superlatifve cité d'Asie, située sur le pendant d'une colline, au pied de laquelle est ce renommé canal de l'Elespont du costé septentrion, et du costé du midy la belle et grand plaine à perte de vue. L'ancinte de laquelle ville ne je puis limiter, ayant montagnes et forêts dans ycelle. Des anciennes murailles, se voyent encor les fondemants des tours, et autres lieux signalés de la ville, abaissés ou affaissés et autres eslevés, apuyés de pilliers et arcs boutants par le dedans de l'enclos; presque au meilleu de ceste coste, se voit encore l'une des portes de la ville qui est une

---

(1) J'ai passé de nombreux détails peu intéressants.

très grosse tour carrée fort haute, eslevée et de très belle structure que l'on dit estre la porte Schée. Aussy est elle la plus proche du port de Sigée (lequel semble avoir esté extresmemant beau), mais maintenant sy remply de fange et de limon que rien n'y puis aborder, sy n'est petites barques de pescheurs. Près ledict port de Sigée, peu au dessus du costé de levant, s'écoulle en mer le petit fleuve Xanthus (1), lequel desrive du mont Ida. En ce mesme lieu, se voit aussy quatre tours dans l'ancinte de la muraille, de forme carrée et hautes de terre de 7 ou 8 toises, distantes les unes des autres d'environ cent pas ; et s'en voit encore plusieurs autres dans la même ancinte, plus esloignée, qui font assez conoistre par les ruisnes ce que ce pouvoit estre en leur entier. Brief, nous ne pusmes descouvrir autre chose sur ceste coste, pour le grand chemin que faisoit nostre vaisseau, qui avoit vent en poupe alors, de manière que nous approchions fort les chasteaux Dardaniens, au dessous desquels environ une lieue du lieu où le canal vient à se retrécir, nous survient inopinément une terrible et chaude alarme, par la négligence et peu de prévoyance des patrons. Lesquels ne se prennent garde d'un bas fond (qui est un lieu où y a fort peu d'eau) auquel le vaisseau qui naviguoit à neuf ou dix mil par heure, ne peut esviter l'improviste rencontre d'iceluy bas fond sans frayer terre. Dont les patrons et mariniers tout esperdus et trensis d'un sy soudain accident, lâchèrent promptement en ceste innopinée surprise, les cottes des voiles, qui ventillèrent puis en manière d'un estendart, à ce que le vaisseau se retint et ne choquast en fond si violemment ; qui eust esté nostre entière perte. Car frayant le sable, il demeura eschoué ; qui veut dire arresté. Ce que voyant, l'un des patrons tout effrayé s'escria que nous estions perdus ; pensant que le vaisseau se deut ouvrir pour le choc qu'il eust, comme sans doute il fut arrivé sy ce fust pierre ou roche au fond, comme estoit sable ; et sy par cy devant nous eusmes quelque crainte, ce fut alors qu'elle nous redoubla, ne croyant en pouvoir eschaper, veu que les patrons, pilote et nocher n'avoient aucune résolution, se regardant les uns les autres les bras croysés, les yeux en l'air comme en

(1) Le Xanthe ou Scamandre sortait de l'Ida par deux sources, l'une chaude, l'autre froide.

extase; car ordinèrement les esprits surpris et troublés d'inconvénients inpensés, sont abandonnés, à telles rencontres, de leurs naturelles fonctions. En ceste perplexité, aucuns des nostres s'estoient jà presque dépouillés pour se sauver à nage et aller en terre, d'où nous n'estions qu'à cent pas. Mais leur fortune n'eust esté meilleure; d'autant que la mareste estoit grande, à cause du vent qui estoit contre le courant du canal; ce qui causoit de merveilleux flots, et n'eust on sceu se sauver; le mal estoit aussy que nous estions sans barque, l'ayant perdue ainsy qu'a esté dit. Monsieur l'ambassadeur estant sur le tillac de poupe pour voir la fin de ce denger, comme très contant qu'il estoit, bien qu'il crut de périr aussy bien que les autres, nous dit à tous posément : « Mes amis, nous faut prier Dieu, et mourir tous ensemble ». Mais il y eust plus de peur que de mal : car aux nécessités imprévues se connoist l'esprit avisé, ce qui arriva à un de nos mariniers. Lequel s'estant remis en soy, soudin nous fit aller tous à proue du vaisseau, au moyen de quoy la poupe en fust allégée et le thimont qui touchoit en terre, soudin s'esleva et fit que le vaisseau chemina, avec extresme joye et contentemant de tous. L'on visita soudin la santine et la carenne où ne fut trouvé dommage. Lors fut fait voile suivant nostre routte, louant Dieu de ceste grâce. Sur les quatre heures du soir, nous passasmes les chasteaux Dardaniens, savoir Ceste et Abide (1); et les ayant passés de trois mil au desus, où la nuit nous surprit, les patrons craignant ce qui nous estoit arrivé, affin de ne retomber en l'inconvénient de quelque sèche ou bas fond, dont y a assez par le canal, fut résolu de donner fond à un petit port (ou plus tost plage) appelé Nacara (2), du costé d'Asie à l'oposite de Mayto, très grand et bon bourg sur le rivage européen et proche Abide; que fut le mesme jour de la Conception de la Vierge 8e de décembre. Proposant de faire voile le lendemain; mais ce fut icy où le vent de bise ou tramontane nous surprit et nous aresta court; ce que nous avions toujours redouté; car ce vent nous estoit directement contraire avec le courant. Sy bien que le jeudy 9e que nous pensions que le temps

---

(1) Sestos et Abydos, aujourd'hui Bovalli-Kalessi et Nagara-Bouroun.
(2) Nagara, à l'endroit le plus resserré des Dardanelles.

se deult remettre pour nous, nous nous trouvasmes atachés à nos ancbres, sans pouvoir desmarer. D'autant que ce vent continua avec tant de violences, nèges et frimats, qu'il se peut dire que la rigueur de l'hyvert n'est point plus grande ailleurs qu'elle fust ceste année là en Levant. Prévoyant un sy fâcheux séjour qui fut de 17 jours entiers, et que nous estions sans barque (très nécessaire au service du vaisseau), l'on résolut d'envoyer aux chasteaux pour en recouvrer une, comme fut faict, en ayant emprunté une d'un patron grec qui estoit aussy aresté proche de nous, pour y aller ; et retournèrent avec quelques rafreschissements que l'aga d'Abide envoya à mons^r l'ambassadeur par un sien jannissaire; ayant sceu qu'il estoit aresté audit port de Nacara, attendant le bon temps. Qui fut reçu de luy mesme, et le jannissaire satisfaict et content; car les Turcs ne donnent jamais rien pour rien. Et le pria l'ambassadeur que, sy ce mauvais temps continuoit le lendemain, qu'il fist en sorte que l'aga lui envoyast des chevaux pour aller à la chasse, avec des lévriers. De manière que le samedy 11e, voyant la continuation de nostre fâcheux séjour, l'aga ou capitaine du chasteau d'Abite en personne vint trouver le s^r ambassadeur, accompagné de six cavaliers turcs et dix à pied avec trois laisses de lévriers et un cheval pour l'ambassadeur. Lequel avec huyt ou dix des siens ayant arquebuses, cheminasmes par les campagnes, bois et prairies, où se trouvoit quantité de ramiers, bisets et autres gibiers terins et aquatiques. Et fut couru trois lièvres, sans en prendre, à cause du mauvais temps qu'il faisoit. Sur le soir, voyant que la chasse n'avoit pas réussy selon le désir, fut résolu d'y retourner le jour suivant. Et ainsy l'aga se retira en son chasteau, et nous en nostre nave ; où peu après, vint sur le soir aborder près de nous une grosse nave vénitienne dans laquelle estoit le Baillio ou ambassadeur de la Seigneurie, qui ayant finy son temps, retournoit à Venise ; et sachant que le seigneur ambassadeur de France estoit là, il l'envoya visiter par le consul de Galipoly quy l'avoit amené de Constantinople avec luy jusques aux chasteaux, lui offrant tout son pouvoir; qui fit que monsieur l'ambassadeur l'envoya visiter et remercier, luy offrant le semblable, le pryant luy faire tenir une depesche à M^r l'ambassadeur du Fresne à Venise, pour la faire tenir au Roy, tellemant que chascun escrivit qui voulut en France. Le dimanche 12ᵉ, nous vismes venir forces Turcs sur le rivage marin : qui estoit l'aga qui venoit trouver le seigneur ambassadeur pour aller à la chasse. Lequel se fit mettre en terre avec partie des siens, où l'aga lui fait bailler un cheval, avant six lévriers. Et ainsy cheminasmes par les campagnes phrygiennes, avec bel ordre que tiennent les Turcs pour la chasse du lièvre. L'on trouva six lièvres qui ne furent courus à propos, sinon un qui fut pris. Passant ainsy le mauvais temps de mer le mieux qui se pouvoit, sur terre, retournant donc en nostre vaisseau, et les Turcs en leur chasteau, atendant toujours quelque bon vent qui nous relevast d'où nous estions attachés. Le lundi 13ᵉ le Baillio de Venise fit voille, ayant vent en poupe, et nous par proue; qui lui estoit autant agréable qu'à nous fascheux; n'ayant autre exercice que l'arquebuse qui est très bonne en ce pays-là pour la quantité de gibier qui s'y trouve, comme perdrix, faisants, lièvres, canards, ramiers, bisets et de tant d'autres sortes que merveilles; qui pour n'estre battus, sont presque domestiques, car les Turcs ne sont grands giboyeurs ny adextres de l'arquebuse, bien qu'ils en ayent des plus belles. Ainsy continuasmes nous chasque jour de ce fascheux séjour, hors le mardy 14ᵉ, que chascun fut contraint de demeurer au vaisseau, pour le terrible et impétueux vent et froid qu'il faisoit. Les jours suivants qui n'estoient sy rigoureux, nous allions en terre nous promenant qui ça, qui là; durant lequel temps, monsieur de Brèves, lors ambassadeur de Sa Majesté à Constantinople, estant averty de la venue de monsʳ le baron de Salignac qui l'aloit relever, luy envoya un gentilhomme françois qui estoit M. Deguron (1), l'un de ses amis, accompagné du seigneur Domenique Forneti, interprète du Roy, avec un chaoux (2) et un jannissaire, et lettre du sʳ de Brèves et comendement du Grand Seigneur au Capoudan Bacha (3), lequel

---

(1) Jean de Rechignevoisin, seigneur de Guron, fils de ce célèbre Guron qui défendit si héroïquement la ville de Luzignan en 1568. Sa femme se dévoua pour lui et tomba percée du coup qu'un traître destinait à son mari. Jean de Guron fut conseiller d'État en 1621 et ambassadeur en Angleterre.

(2) Chaoux ou messager d'État.

(3) « La seconde personne de l'Empire Turquesque, après le premier visir, est « le Capoudan Pacha, qui veut dire : grand amiral de la mer. Sa principale « demeure est Constantinople; et va presque tous les matins à l'arsenal du

estoit en mer avec l'armée, savoir à Rodes, attendant le bon temps, à ce qu'il eust à asister et faire ordonner deux gallaires audit seigneur ambassadeur pour le conduire luy et les siens à Constantinople; comme fut faict peu après. Et arriva, durant nostre importun séjour, que ledit sr Deguron, avec son chaoux et janissaire, voullurent aller voir le susdit chasteau d'Abide, ce qui me vint fort à propos, n'en voulant perdre l'occasion, pour le désir que j'avois de voir ce lieu, auquel rarement les chrestiens estrangers ont entrée si n'est par emprisonnemant. C'est pourquoy, ayant remarqué dedans et dehors ce qui est de cette forteresse le mieux que j'ay peu, je raporteray au vray ce qui en est, en ce chapitre suivant.

XVII.

DES CHASTEAUX DARDANIENS, SAVOIR CESTE ET ABIDE.

Ces deux forteresses ou chasteaux à l'opposite l'un de l'autre ne sont distants que du trajet du canal de mer helespontique, qui en ce lieu, ne peut avoir de large que de la portée d'une grande mousquetade; estant la forteresse ou chasteau de Cette située partie sur le rivage marin, et l'autre plus grande partie, sur la colline ou montagnette du costé d'Europe. L'autre forteresse ou chasteau appelé Abide situé pareillement sur le rivage marin en la part d'Asie et en plaine, qui est le plus fréquent et renommé.

Le sr d'Eguron avec son truchemant, chaoux et janessaire et moy avec eux, nous nous acheminasmes ensemble depuis nostre vaisseau le longt du rivage marin, par terre pour aller voir le chasteau

---

« Grand Seigneur, duquel il dispose à sa volonté, comme aussi fait-il de tous
« les autres lieux maritimes près ou loing en la domination du Grand Seigneur;
« ayant son divan dans l'arsenal, et sa justice en particulier, donnant audience
« deux ou trois fois la semaine à pachas, ambassadeurs et autres gens de
« qualité, qui ont affaire pour le sujet de la marine; ayant sous lui trois ou
« quatre cadis (ou juges), quantité de secrétaires, chaoux et autres officiers
« pour administrer la justice tant aux marchands qui traffiquent en mer
« qu'autres gens de toutes les nations sujettes au Grand Seigneur. — Outre
« lesquels, y a un aga ou capitaine de l'arsenal, où il commande en son
« absence. » (Voyage du baron de Salignac en Levant, livre II, chapitre 31.)

d'Abide, où nous entrasmes dans le bourg, et arrivasmes dans la place assé grande et de forme carrée, laquelle est devant la porte de la forteresse ou chasteau, au bout de laquelle place est une très belle mosquée. Laquelle ayant passé, nous arivasmes à la porte du chasteau, où nous fismes savoir à l'aga ou capitaine que nous estions là. Lors comenda soudin aux gardes que l'on nous laissast entrer; car nous avions eu parole de luy le jour précédant d'y aller et entrer, ce qui fut fait aussytost, et fusmes les bien receus et véniés dudit aga et de tous les autres, dont la plupart avoit esté à la chasse avec nous ; et nous fust baillé trois ou quatre hommes pour nous conduire par tous les lieux de la forteresse. — Le circuit de ceste place est de forme carrée d'environ un mille de tour, clos de bonnes et hautes murailles de pierres de taille, n'estant flanqué que de quatre grosses tours rondes, savoir une à chaque coin de l'enclos, sans aucunes défenses d'esperons ny guarites, eslogné l'une tour de l'autre d'environ cent cinquante pas, sans rempart ny fossé qu'un cheval ne sautast bien. La muraille ou courtine du costé du canal est garnie de dix huy pièces de gros canon, qui battent à fleur d'eau sur le canal, de sorte qu'il ne sauroit passer aucun vaisseau qu'à la discrétion des canonades. — Et pour ce qui est du dedans ; en entrant, se voit de prime aspect, une très ancienne et grosse tour carrée, qui semble avoir esté relevée et haussée sur laquelle y a une plate formè avec quelques pièces de canon qui peuvent battre en mer et en terre.....

Ayant bien visité le chasteau, nous prismes congé de l'aga que nous remerciasmes, et des soldats ou janissaires qui ne perdirent rien pour demander; retournant au vaisseau par terre, le long du rivage marin, admirant ceste belle et agréable contrée de pays, très fertile et abondant en bleds, fruictages et autres choses nécessaires à la vie. — Brief, arivant à nostre vaisseau, nous trouvasmes que le temps ny le vent n'estoient point changés, ains de tant plus rigoureux, en sorte que l'on ne pouvoit demeurer sur le tillac d'iceluy. Le jour suivant nous fusmes de rechef en terre allant à la chasse avec l'arquebuse par la campagne et bois prochins, où nous vismes puis sur le rivage marin quelques signalés et remarquables vestiges qui démonstroient assez que, en ce lieu, y avoit eu quelque fameuse cité. Et me fut dit par notre patron de

Scio (lequel estoit homme spirituel et curieux) avec d'autres que nous avions du pays, que c'estoit les ruines de Scamandrie. Et lorsque nous estions retirés au vaisseau, nous jections souvent la veue sur ce fameux et renomé mont Athos, duquel se descouvroit clèrement la sumité d'iceluy. — Mais retournons à nostre séjour, le bon temps duquel nous attendions comme les Juifs font le Messie, ayant duré le mauvais, si longuemant, qu'il ne pouvoit plus tarder à nous laisser et faire place à l'autre; comme avint environ le 20ᵉ dudit mois de décembre que monsʳ l'ambassadeur eust nouvelles que les gallaires turquesques estoient arivées aux chasteaux Dardanely. Ce qui le fit résoudre à s'embarquer sur ycelle, suyvant le commandemant que ledit sʳ d'Eguron avoit aporté et avoit fait signifier au Capoudan Pacha. Lequel luy promit deux gallaires. De manière que le vendredy 24 veille de Noël, nous vismes les gallaires de l'armée desmarer et faire voilles vers nous; qui estoit leur passage. Ce que voyant, nos patrons et mariniers se préparent aussi de faire voile. Car le temps s'estoit un peu adoucy alors; et, bien que le vent se fut tourné en ponent, qui estoit pour nous, néanmoins estoit sy foible que nous ne pouvions avencer. Qui fit que les gallaires, qui furent comendées d'embarquer le sʳ ambassadeur, le vindrent trouver pour cest effect. Mais il ne voulut quitter son vaisseau, et fut avisé de le faire remorquer. Ce qui fut faict aux dépens des bras de la chorme (1). Mais le vent qui n'estoit pour nous, travailloit grandemant ladite chorme (qui estoit de deux gallaires) sens avencer ou faire grand chemin. Sur ceste fatigue, le reste des gallaires de l'armée passoit de longue, proche de nous; de manière que deux autres gallaires furent commandées de nous remorquer avec les autres. Qui nous fut un bon secours, par le moyen duquel nous arrivasmes au port de Galipoly d'assé bonne heure, ayant faict trente mille avec lesdites gallaires depuis ledit port de Nacara, où nous séjournasmes 17 jours avec toutes les incommodités qui se pouvoient : principalement les mariniers qui n'avoient autre lieu que le dessus du couvert, ils endurèrent le gel, la nège et tout ce qu'il y a de rigoreux; qui fit qu'il y en eut deux

---

(1) Chiourme, nom donné à ceux qui ramaient sur les galères : souvent des forçats ou des prisonniers de guerre.

qui eurent les pieds gelés. Ayant donné fond en la plage et assuré le vaisseau de deux ancres, le consul du lieu, lequel estoit religieux de l'ordre de saint François, homme de grande estime et authorité par tous ces lieux, que nous avions jà veu au susdit port de Nacara avec le Baillio de Venise, pour faire expédier son vaisseau, comme se fait ordinèrement, vient donc trouver le s^r ambassadeur avec son cayc (1), sur lequel il l'emmena loger chez luy, avec la plus grand part de son train, où il nous traita honorablement bien tous. Ce qui nous fut un très grand soulagement; car il y avoit longtemps que nous estions grandement fatigués, à cause du rigoreux hyvert quy fist ceste année là en Levant. Le samedy 25e jour et feste de Noë, M^r l'ambassadeur et quelques-uns des siens se disposèrent à la dévotion le mieux que l'on peut, selon le temps et lieu. Et fusmes menés en une petite église par ledict Père consul, où il officia le plus solennellement qui se fut faict de grand temps, à cause qu'il s'y trouva cinq religieux passagers avec le s^r ambassadeur en ce lieu de Galipoly, de manière qu'il fut dit plusieurs messes. Et ne puis taire l'extresme froid qu'il faisoit lors, pour estre ce lieu éminent et en bute à tous vents; qui nous persécutoit plus que de raison; et continua ce fascheux temps le dimanche, lundy et mardy 26, 27 et 28. Durant lequel temps, j'eus le loysir de voir la ville et lieux les plus remarquables.

XVIII.

DE LA CITÉ DE GALLIPOLY.

Ayant donc passé les festes de Noël fort freschemant, atendant la venue du bon temps, pour finir nostre voyage et reprandre haleine de tant de travaux que nous avions souferts, voyant que la tramontane persistoit toujours avec le rigoreux froid et forces nèges, mons^r l'ambassadeur, veu le bon avis de ceux qui l'estoient venu trouver de la part de M. de Brèves et des patrons de son vaisseau, fut résolu de se mettre sur les gallaires de l'armée du

---

(1) Esquif destiné au service d'une galère.

Grand Seigneur, ayant chargé, comme j'ay dit, le Capoudan Pacha luy en faire bailler tant qu'il en auroit besoing. De sorte que le mercredy 29 de grand matin, luy en fut envoyé deux pour le faire embarquer. Ce qu'il fit après avoir donné ordre à son vaisseau, dans lequel il laissa monsieur du Carlat, son père, avec tout son train ; n'ayant avec lui que ledit sieur d'Eguron et les siens avec deux de ses gentilshommes et 4 officiers les plus nécessaires. Ainsy ayant contenté le susdit Père consul, son hoste, il s'embarqua dans la gallaire d'Aly Raïs (1) et Murath Guyaya (2), renéguat marseillès, où ils ne furent plus tost à la ville, que le vent ne se tournast en ponent ; qui estoit ce que nous demandions. Et nous fist embarquer promptement, pensant de suivre les gallaires, comme nous fismes quelque peu de temps. Mais ce nous fut une courte joye, d'autant que le vent se retourna soudin en grande tramontane, et fusmes contraincts avec desplesir de relascher d'où nous estions partis ; et séjournasmes quatre jours tousjours chez le bon Père. A la fin desquels, le vent de rechef se tourna en nostre faveur. Ce qui nous fist aussy tost mettre en mer, naviguant environ 25 ou 30 mil; puis tout à coup, se retourna contraire, tant le temps estoit muable et inconstant. Sy qu'il falust relascher pour la seconde fois à Galipoly. Pour les gallaires, elles ne laissèrent que de naviguer à rames terre à terre, non sans très grande fatigue, ayant le vent et courant du tout contraires, combien que la chorme fut bonne et courageuse de travailler pour l'ambassadeur. Et firent tant qu'ils arrivèrent en l'isle de Marmara, où ils donnèrent fond jusques au jeudy 30 qu'il avancèrent de 10 mil seulement, pour le très mauvais temps qui ne leur permit de faire davantage. Le vendredy, dernier de l'année 1604, les gallaires restèrent à l'ancre le long de la coste de la dicte isle de Marmara, atendant le bon temps. Et, après y avoir séjourné 4 jours, voyant que la malice du temps ne s'apoisoit, se résolurent de traverser le goulphe, des plus dangereux, de la mer helespontique, pour les continuelles agitations des deux mers, savoir de la Noire et celle-cy : qui cause bien souvent

(1) *Raïs* veut dire officier de marine.
(2) Guyaya ou Quiaya ou Kiaya « qui est comme intendant de toute la maison, lequel peut faire chastier les janissaires qui ont failli par le *Jayabey*, qui est comme le prévost ». (Ambassade de Salignac, livre II, chap. 32.)

grand pertes de vaisseaux en ceste mer. Tant y a que le mardy au soir 4ᵉ de janvier, les gallaires arivèrent aux isles Rouges (1), distantes de Constantinople de 18 mil, où le seigneur ambassadeur se fit mettre en terre, espérant que son vaisseau le viendroit trouver là, comme nous en fismes notre devoir. Mais nous ne l'y trouvasmes plus; d'autant que les deux gallaires qui l'avoient mené en ce lieu, ayant esté congédiées, allèrent à Constantinople avec les gens de monsieur de Brèves, luy donnant avis de son séjour en la dicte ile du Prince, pour atendre son vaisseau. Mais voyant que le temps n'estoit propre pour nostre navigation, ledict seigneur de Brèves obtint de rechef deux gallaires pour l'aller lever de là. Dans l'une desquelles estoit M. du Hallier (2), fils de monsieur de Vitry, qui fut recevoir le seigneur ambassadeur en ce lieu; où après plusieurs honeurs et complimants de part et d'autre, ils s'embarquèrent ensemble avec grande et bonne compagnie; et toute leur suitte qui n'estoit petite estoit en l'autre gallaire. Arrivant joyeusement le jeudy 6ᵉ de janvier sur les 4 heures du soir au port et decente de Topana (3) avec canonnades et parement d'estendards, flammes, banderolles, guidons et autres choses démonstratives de jouissences. Là où estant en terre, monsieur de Brèves avoit donné ordre d'y envoyer force chevaux, comme fut faict; sur lesquels ils montèrent et furent conduict au logis de l'ambassadeur, où ils furent les très bien venus et receus de monsieur de Brèves, qui bien venia particulièrement monseigneur de Salignac, nouveau ambassadeur, par toutes sortes d'honneurs et complimants convenables à l'un et l'autre. Et fut monseigneur l'ambassadeur magnificquement bien traicté et festoyé avec les siens, l'espace de plus d'un mois, sans espargner chose quelconque dont mon dict seigneur de Brèves se peut aviser.

Pour nostre vaisseau qui, comme j'ay jà dict, avoit relasché pour la seconde fois à Gallipoly, ce qui nous faschoit extresmement d'estre ainsy le jouet de deux sy inconstants éléments comme est

---

(1) Ou îles des Princes.
(2) François de l'Hopital, seigneur du Hallier, maréchal de France en 1643, fils de Louis de l'Hopital, marquis de Vitry. — Aucun historien ne paraît avoir fait mention des débuts du futur maréchal dans les négociations du Levant.
(3) Top-Chana.

l'eau et le vent, nous y séjournasmes jusques au dimanche 9ᵉ, qu'il se leva la nuict un petit vent propre à la fin de nostre voyage, tant désiré. Duquel ayant pris congé de nostre bon hoste le Père consul, l'on fist voille pour la troisyesme fois, ne faisant que 20 mille de tout le jour (tant le vent estoit debille, et nous poussoit à regret). Ce qui nous donna le temps et loysir, au sortir de Galipoly, de contempler le beau bourg de Lampsac, qui jadis fut des plus fameuses et renomées cités de Frigie; lequel bourg est à l'oposite de Galipoly sur le rivage du trajet et embouchure du canal de l'Elespont.

Nostre navigation ne fust pas grande de tout le jour, et la nuict pour le peu de vent qu'il faisoit; sy bien que le lundy 11ᵉ nous nous trouvasmes proches de Rodosto, ville maritime de Thrace. — A l'opposite de Rodosto, se voit en mer l'isle de Marmara, ainsy appelée des modernes à cause de la quantité de marbre qui se tire de ceste isle. Proche en est une autre appelée Calonic. Suivant ceste coste peu à peu pour le vent qui nous faisoit naviguer sur les voltes, nous passasmes proche l'emboucheure du fleuve Arse qui tombe en mer proche l'ancienne cité d'Héraclée, tout proche de laquelle ville nous passasmes. Peu après Héraclée nous approchasmes de Sélymbrie. — Le mardy 12, nous suivismes toujours la coste remplie de bourgades et bons villages, voisins de Constantinople. — Nous approchions fort de Constantinople, tant y a que le vent qui nous avoit esté si longuement importun, enfin nous poussa jusques aux isles Rouges, que nous voulusmes aprocher le mercredy matin 13ᵉ jour prendre langue et savoir sy monseigneur l'ambassadeur y estoit encor. Mais, ayant appris de plusieurs gens, qui estoient dans des barques passantes desdictes isles à Constantinople, qu'il n'y estoit plus, nous navigasmes de longue, et arrivasmes dans le port de Constantinople le mesme jour 13 de février 1605; où, après avoir donné fond, nous desbarquasmes sur les trois heures après midy, où nous fusmes conduicts au logis de monsʳ l'ambassadeur, lequel avec monsʳ de Brèves, nous bien venia et receut honorablement; et croyoient qu'il nous fust mesaveneu pour le très mauvais temps qui ne nous avoit point quités depuis nostre départ de Galipoly. Et sy mon dict seigneur de Brèves traicta bien monseigneur l'ambassadeur, aussy fit-il monsieur du

Carlat, son frère, et nous tous, l'espace de huy jours : ce qui racommoda un peu le courage de beaucoup des nostres qui n'avoient paty qu'en ce voyage. Qui fut depuis nostre partement de Paris jusques alors, six mois entiers ; et depuis Venise, deux mois treize jours.

DISTENCES TRÈS CERTAINES ET ASSURÉES DES PORTS DE MER ET AUTRES LIEUX QUE NOUS AVONS PASSÉS EN CE VOYAGE, TIRÉ DU COMPAS ET CARTES MARINES DES PLUS EXPERTS PILOTES ET NOCHERS.

De Venise à Parance, ville d'Istrie.	100	mille
De Parance à Paula, id.	30	—
De Paula à Lissa, isle.	220	—
De Lissa à Meleda, isle.	80	—
De Meleda à Raguse, cité et Respublique.	60	—
De Raguse à Catero.	50	—
De Catero à Loudrine, goulphe (1).	50	—
De Loudrine à Vallone, cité.	150	—
De Vallone à Courfou, isle.	86	—
De Corfou à Cephalonie, isle.	166	—
De Cephalonie à Zante, isle.	70	—
De Zante à Navarin, ville et forteresse du Turc.	70	—
De Navarin à Sapience, isle.	20	—
De Sapience au Cherigo, isle.	130	—
De Cherigo à Milo, isle.	100	—
De Milo à Scio, isle	200	—
De Scio aux chasteaux Dardaniens	200	—
Des chasteaux Dardaniens à Marmara, isle.	100	—
De Marmara à Constantinople.	100	—

Qui fait en tout de Venise à Constantinople par mer à 3 mille pour lieue françoise : 1922 mille, réduicts en lieues françoises qui sont 641 lieues. Combien que nous en fismes de droit et de travers, plus de milles, selon le cours des vents.

---

(1) Golfe de Drin, où aboutit le fleuve Drin qui sépare l'Esclavonie de l'Albanie.

XIX.

VISITE DU SEIGNEUR AMBASSADEUR AU VISIR AZAN (1). — SON BAISE-MAIN AU GRAND SEIGNEUR.

Toute la troupe ayant donc repris halaine et fortifié les esprits du doux air de la terre, l'espace de huy ou dix jours ; par l'avis de Mr de Brèves, fut résolu de donner ordre tant aux visites des visirs que des pachats et amis particulliers, suivant la coutume de faire des ambassadeurs nouvellement arivés à Constantinople.

(2) (*La première donc fut du Visir Azan, qui est celuy seul du quel dépend l'entier gouvernement de l'Estat et domination en général du Turc; et y fut Mgr de Salignac fort bien accompagné tant de ceux de notre nation, dont y a bon nombre résidant à Galata et à Péra, lieux dont sera parlé cy-après en son lieu, que de ceux de sa suite et maison, accompagné de quatre janissaires ordinaires d'icelle et des quatre drogmants ou interprètes ordinaires; lesquels marchant devant*

---

(1) Voici comment Bordier nous donne la classification hiérarchique des différents visirs :

« La plus grande et principale charge de tout l'empire Ottoman est celle de
« *Premier Visir*, lequel pour mieux exprimer sa grandeur et autorité est appelé
« *Visir Azan*, et encore *Ilquisir*. Et ne se donnent ces deux noms qu'à ce pre-
« mier grade, qui n'a pas toujours esté parmy les Turcs. Le premier qui érigea
« cest office fut le sultan Amurat III. — Or est-il que maintenant il y en a six
« autres, pour le soulagement du premier. Mais ce premier des Turcs appelé
« Visir Azan tient en tout temps l'autorité supresme.

« Le second visir est appelé *Yquingy Visir*, lequel est souvent comme lieu-
« tenant en l'absence du 1er Visir et pour cela appelé *Caymacan*, qui est celui
« qui gouverne Constantinople lorsque le Visir Azan est à l'armée, et donne
« pareillement audiance aux ambassadeurs.

« L'autre visir s'appela *Uchingy Visir*.

« Le 4me s'appelle *Durtingy Visir*.

« Le 5me s'appelle *Bechingy Visir*.

« Le 6mo s'appelle *Altéingy Visir*.

« Le dernier s'appelle *Hiedyingy Visir*.

« Tous lesquels sont du tout inférieurs au premier. Néanmoins sont-ils plus
« que Pachas, et peuvent parvenir au Visirat Azan plus tost que les autres,
« estant comme vrays themoings et conseillers d'Estat. » (Voyage de Salignac
à Constantinople, livre II, chap. 30.)

(2) Ce passage entre parenthèse a été publié par M. de Biran dans l'article qu'il consacra en 1880 à l'ambassade de M. de Salignac ; nous avons cru devoir le reproduire afin de ne pas causer d'interruption dans le récit.

la personne de l'ambassadeur quelque part qu'il aille, là où estant arrivés au logis du Visir Azan, il les salua sans mettre la main au chapeau, pour ce que les Turcs ne se découvrent jamais la tête en saluant qui que ce soit, quand bien seroit le Grand Seigneur, mais mettant la main sur leurs poitrines, baissant la teste, et s'inclinant vers ceux desquels ils veulent saluer. Ce qu'ayant faict l'un et l'autre, fut apporté soudin deux sièges, en forme de tabouret, couverts de velours rouge jusques en terre, sur lesquels l'un et l'autre s'assirent, ayant devant eux le drogmant en pié, lequel explique et fait entendre les discours de l'un puis de l'autre par demandes, réponses et répliques. Sy qu'ayant esté plus de demi heure ensemble, et obtenu dudit Visir ce que le s^{gr} ambassadeur désiroit, après les compliments et beaucoup de promesses du Visir de toujours favoriser la nation françoise en toutes occasions, il prit congé de luy retournant au logis, où quelques jours après chacun se prépara pour le baise-main du Grand Seigneur.)

Pour ce effet donc, le seigneur ambassadeur fit faire quelques habits à la longue, avec des berettes ou bonets de velours noir, comme se faict ordinairement à telles cérémonies, faisant aussy vestir douze serviteurs de longues robes rouges de bon drap d'escarlatte, qui sont ceux quy marchent devant luy deux à deux. Pour les gentilshommes de sa suite, chascun s'accommoda d'une robbe et bonnet à sa discrestion.

Toutes choses donc estant bien disposées et mises en ordre, le seigneur ambassadeur fit avertir le visir, à ce qu'il prit jour du baise-main, comme fut faict le 5e de mars de la mesme année 1605 qui fut en caresme; que les deux ambassadeurs s'acheminèrent ensemble à Topana, lieu le plus proche du logis pour s'embarquer et passer le trajet du port, qui est d'une bonne mousquetade où nous trouvasmes, ayant passé sur l'autre rive de la ville, force cavallerie turquesque, qui nous atendoit près la porte, appellée des Turcs : *Chifout-Capsy*, qui veut dire la porte des Juifs, qui estoient chaoux et motafertagas (1), desquels sera parlé cy après. Lesquels

---

(1) *Mutaferaga*, fourrier de la cour. « Il y a cent mutaferracats, qui sont
« comme gentilshommes de la chambre du G. S^{gr}. Leur office est de porter la
« lance ou *Messera* du G. S^{gr}, lorsqu'il les a à l'armée ou à la campagne. Cette
« qualité est très-honorable, n'estant commandés de visirs ny autres que du

estoient fort bien vestus à leur mode, ayant esté envoyés du Grand Visir en ce lieu, pour conduire les s^grs ambassadeurs au Sérail. Et outre ce que mondit s^gr de Brèves eust fait passer plusieurs chevaux avec les deux desdits ambassadeurs, qui estoient fort bien et richemant enharnachés, néanmoins s'en trouva quantité de ceux du Gr. S^gr, que l'*Emer hor bachy* ou grand escuyer avoit fait amener. De manière que chascun eust le sien. Et marchasmes en cet ordre : premier les Turcs, deux à deux qu'ils estoient chaoux et moutafertagas ; après lesquels marchoient deux à deux vingt-quatre serviteurs à pied, vestus de robes longues d'escarlate, tant du seigneur ambassadeur que du s^gr de Brèves. Et après yceux, marchoient huy janissaires avec les quatre truchements à cheval, proche les seigneurs ambassadeurs. Lesquels marchoient coste à coste l'un de l'autre : le seign^r de Brèves ayant la main droite en allant, et nous tous en troupe après à cheval, suivis de force honestes gens des nations chrestiennes estrengères, qui désiroient voir ceste cérémonie; estant permis à toute sorte de gens d'entrer au Sérail à tel jour : où nous fusmes conduicts. Nous entrasmes dans une très belle et grande court, longue environ de trois cent pas et large de cent; au bout de laquelle chascun mit pied à terre, et entrasmes dans une autre, non de telle longeur, mais de plus bel aspect, ayant trois galleries : savoir, celle de l'entrée de la porte, l'autre à dextre et l'autre à senestre. Toutes lesquelles sont soutenues de piliers de marbres, justement en forme de cloistres, sous lesquelles on peut aller et venir à couvert. Le long desquelles galleries, estoient rangés grand nombre de janissaires, de bout à autre de la gallerie qui se trouve à dextre en entrant, avec un tel silance, que malaysément dirayt-on qu'il y eust un homme.

Estant parvenus au lieu du Divan, qui est au plus haut de ladicte court, à senestre, joignant le corps du logis ou Sérail du Gr. S^gr, autour duquel y avoit grand nombre de chaoux, chorbagis agas (1),

« G. S^gr, et du Mutaferracagy qui est leur supérieur et homme de très grande « authorité, pour estre tousjours proche la personne du G. S^gr. » (Voyage de Salignac, liv. II, chap. 35.)

(1) *Chorbagis agas*, probablement *Sousbachy* aga ou chef des prévôts, qui a sous lui trois ou quatre cents sbires ou archers, qui tiennent main forte par tout le pays. (Voyage de Salignac, livre II, chap. 35.)

moutafert agas, cescenigers (1) et autres officiers du Sérail, et pareillement de la suite des visirs, pachats et autres gens de qualité de la Porte ou Court, qui lors en estoit plaine pour voir l'audience des seigneurs ambassadeurs ; lesquels furent conduicts en la chambre du Divan, laquelle est basse et de moyenne grandeur. Où estoient quatre visirs sur leurs sièges, peu plus eslevés que celuy des autres ; estant à dextre séparément assis le *Nisengy bachy* qui est comme le grand chancellier, et à sénestre assis le *Cady lesquier* (qui veut dire premier président). Près duquel estoient deux *Hazanadars* ou *Testardars* (qui veut dire thrésoriers.) Tous lesquels estánt avertis que les seign^{rs} ambassadeurs approchoient de la porte du Divan, se levèrent, hors le Grand Visir qui estoit au meilleu, pour les aller recevoir avec le *Capigy Aga*, qui est le chef des portiers du Sérail, avec le *Que ya ya* (2) du Divan (qui veut dire maistre d'hostel de la chambre de l'audience), qui sont gens d'autorité, portant seuls le baston d'argent, et tous les autres de bois. Tous lesquels furent recevoir, hors la porte du Divan, les seigneurs ambassadeurs, qu'ils conduirent après les salutations, vers le visir. Qui soudin à la première veue, se leva de son siège, s'avançant de trois ou quatre pas pour recevoir les ambassadeurs et les saluer. Après les compliments de part et d'autre, fut soudin aporté un siège de velours à chascun, sur lequel ils s'assièrent estant le truchemant en pié devant eux. Lequel fit sa harangue pour le seigneur de Salignac touchant sa légation ; qui après avoir esté bien receüe et respondue avec aplaudissement, chascun fut licencié de ce lieu, où ne demeura que les seigneurs ambassadeurs avec les visirs, à disner aux frais du Gr. S^{gr} en ceste mesme chambre du Divan. Tous les gentilshommes et autres menés en autre lieu, et de là disner sous les galleries. Mais nul de ceux qui devoient estre vestus à la Turque, n'y voulurent aller. Or est-il qu'il y avoit bon nombre d'hommes comme François, Anglois, Italiens, Allemands, Flamands, Grecs et autres. Tous lesquels furent menés sous les galleries où estoit le festin, que je désiray voir par curiosité. Et avoient, les Turcs commis en ceste

---

(1) Cescenigers ou cisnegirs, écuyers tranchants.
(2) *Quayaya* ou *Juiyaya* ou *Kiaya*.

charge, couvert la place de nattes qu'ils appellent *stavres* et des tapis par dessus, de la longueur de vingt-cinq ou trente pas, larges de quatre; sur lesquels fut aporté quantité de grands plats de fert blanc, sy bien étamés qu'il semble fin argent; dans lesquels y avoit force riz avec volailles et petites pièces de mouton bouilly, parmy et autres pièces de rosty sèche et de fort peu de goust, à cause qu'ils n'eusent point de lard. De plus y avoit quantité de volaille rostie, de pareille qualité, que pas un des nostres ne toucha, non tant pour leur mauvaise grâce que pour ce que nous estions en caresme. Néanmoins rien n'y demeura. Car je puis dire que je vis faire terrible escarmouche et pillage sur le tout par les Turcs; mesmes qu'ils n'avoient crainte de salir leurs vestes ou robes de velours satin ou damas; ains, à qui mieux mieux prenoient, par sous les jambes des autres (car il faut entendre que chascun estoit sur pied, faute de sièges, dont n'eusent les Turcs; car ils s'asient en terre sur nattes ou tapis), prenoient les volailles toutes entières ou pièces de mouton et autres choses qu'ils pouvoient haper. Car nuls de nos gens ne mangèrent à ce festin, et sy fut encore moins bu, n'y ayant goutte de vin blanc ny clairet, aygre ou doux; seullement du *cerbet* (1), qui est une eau composée de miel ou sucre et autre liqueur, à quoy nous n'estions accoutumés. Tant y a que la depesche en fut aussy soudaine, que l'entrée et la retraicte ensemble. Et laissons là les Turcs au pillage, pour savoir ce que les seigneurs ambassadeurs faisoient au Divan.

Et trouvasmes qu'après leur disner, qui estoit de cher et poisson, ils furent conduicts proche la troisième porte du Sérail, qui n'est qu'à cinquante pas du Divan, sous un petit couvert. Où là fut aporté aux seign^{rs} ambassadeurs et ceux qui devoient baiser les mains du Gr. S^{gr} avec eux, les vestes de présant qui se délivrent par le *Terzygy bachy* ou tailleur du Gr. S^{gr}. Lesquelles ayant vestu par sus leurs habits, l'on fit passer le présant du seigneur ambassadeur porté par les Capigis ou portiers du Sérail; lesquels en portent chascun une pièce, soit velours, satin, damas, draps d'escarlate, ou autres choses que ce soit, que l'on fait entrer dans ce lieu du Sérail, où le Grand Seigneur se met en ordre de recevoir

(1) *Cherbet* ou sorbet.

les ambassadeurs, dans une chambre appelée *Arhoda*, qui veut dire la chambre du plesir ou favoritte, qui est la plus proche de celle des sultanes; dans laquelle le Gr. S^{gr} est conduit sur son *Taht* ou trosne, par le *Capy aga*, chef de tous les eunuques, et *Hasnadar bachy* ou grand thrésorier, qui sont deux des plus grands officiers du Sérail. Où là estant, fut premier, donné audience, sans parler au *Janissaire aga* (1), qui est comme colonel de l'infanterie, qui aussytost se retira d'où il estoit party. Après suivirent les deux *Cady lesquiers*, lesquels ayant baisé les mains du Gr. S^{gr}, se retirent aussy; pareillement les deux Testardas; qui après la salutation se retirent tous hors ladite chambre : finallemont ainsy de tous les plus grands magistrats de la Porte ou Court du Gr. S^{gr}. Après lesquels marchent le *Visir Azan* qui veut dire le premier, et après luy, deux ou trois qui, après avoir baisé les mains du Gr. S^{gr}, seuls de tous demeurent dans la chambre du Gr. S^{gr}, atendant la venue des ambassadeurs. Le présant duquel de celuy qui entre ambassadeur, passe devant Sa Hautesse, porté comme a esté dit, par plusieurs Capigis. Lequel présant, ayant esté monstré et accepté, l'on le fait reserrer (2). Puis soudin l'on fait entrer l'ambassadeur dans la susdite chambre de l'*Azoda*.

(3) (*Et faut cy entendre que le Gr. S^{gr} est en son throsne assis, lequel est fait de la forme d'un grand lit à quatre gros piliers d'argent doré, tout autour et par-dessus entouré de riches pantes en grosse broderie d'or, d'argent et pierreries; par-devant lequel throsne ou Taht y a un escalier ou degré, sur lequel il a les deux jambes à repos*

---

(1) « La charge de *Janissaire aga* est du tout superlatifve, splendide et de
« grande autorité en ce qui concerne le faict de la guerre; d'autant qu'il com-
« mande à tous les Janissaires en général, comme colonel de la principale infan-
« terie du Turc. Les Janissaires avoient ceste coutume par le passé d'eslire leur
« chef de l'un d'entre eux, ce qui ne dura longuement. Ils requirent leur estre
« donné un chef de qualité, venant du Sérail, ce qui leur fut concédé; sy bien
« qu'en ceste charge, n'y sont admis qu'hommes belliqueux et de réputation,
« auxquels le Gr. S^r ne desdaigne luy donner bien souvent sa fille ou sa sœur
« en mariage ». (Voyage de Salignac, livre II, chap. 32.)

(2) Nous n'avons pu connaître les présents portés au Gr. S^{gr} par le baron de Salignac. Les ambassadeurs offraient habituellement des pièces d'argenterie, des objets d'orfèvrerie ou des étoffes.

(3) Ce passage entre parenthèses a été publié par M. de Biran dans l'article qu'il consacra à l'ambassade de M. de Salignac.

et les mains appuiées sur les cuisses, assis sur le degré du bord du susdit throsne, qui ne mouve non plus qu'une statue, vestu de robe longue de fin broquart ou autres estoffes de grand prix, fourré des plus rares pelices des Indes ou Perse; et ne manque de pierreries les plus exquises, entr'autres à tel jour il n'oublie son incomparable diamant qui lui couvre deux doigts, pierre du tout inestimable, hors de prix et de pert. L'ornement de la chambre ou plein pied d'icelle est tapissé par bas de très fines tapisseries indiennes ou chinoises d'inestimable valeur. Le plat fond tout remply d'or, d'argent et riche peinture à fleurons et plusieurs sortes de compartimant de visves couleurs et peinture indiennes ou persiennes. En cest apparat donc, il receut les ambassadeurs l'un après l'autre, sçavoir Mgr de Brèves le premier qui jusque alors précède, estant mené par sous les bras d'un costé par le Capoudji aga, et de l'autre par le Hazenadar Bachi qui lui tiennent les mains, cérémonies qui se font depuis que fut tué un Grand Seigneur, dont sera cy après parlé, par un Turc feignant lui vouloir baiser les mains. Si bien qu'estant à la porte de la chambre l'on s'incline, comme se faict aussi au meilleu, puis estant proche de Sa Hautesse se faict une révérence à inclination digne de sa grandeur; et lui, incline la teste vers ceux qui le saluent, sans mouvement du corps, ny une seule parole de part ny d'autre, tant le silence est requis parmy les Turcs. Cette salutation de muets complimants finis, l'ambassadeur retourne en arrière pour ne tourner le dos à Sa Hautesse, estant toujours tenus par les bras ainsy que dessus, et conduits puis en un lieu de la chambre, où est en pied le Visir Azan, attendant la fin de ce baise-main de tous ceux de la suite des ambassadeurs, quy sont conduits tous après de ladite chambre; car il n'y demeure que les visirs et ambassadeurs jusques au dernier, qui ayant fini, chascun se retire. Et est conduit puis le seigneur ambassadeur en une chambre avec le visir et autres de qualité, à qui il présente les patantes du Roy, qui sont receues du visir avec complimants et portées à Sa Hautesse, luy faisant sçavoir le contenu de l'ambassadeur du Roy; à quoy le Gr. S^{gr} fait réponse agréable avec promesse de maintenir l'alliance avec le Roy) (1).

---

(1) Voir plus loin la harangue du baron de Salignac et la réponse qu'y fit le Grand Seigneur.

Ce qu'estant asseurés de part et d'autre, les ambassadeurs se retirent et monsr de Salignac lors précéda. Et fut donné, suivant la coutume des Turcs, quelques vestes et estofes de broquats et tasses ou vases de porcelaine au sr de Brèves, à raison qu'il sortoit de sa légation et ambassade. Et nous tous, remonstant à cheval jusque sur le rivage marin, où chascun s'embarqua pour passer le susdit trajet à Topana, qui est l'échelle ou décente la plus proche du logis de l'ambassadeur. Lequel s'estant ainsy heureusement aquité en toutes les cérémonies requises, au baise-main du Gr. Sgr, se prépara les jours suivants à visiter les visirs, Capoudan Pachat ou gr. amiral de mer, pachats et autres officiers de la Porte. Estant tousjours bien accompagné tant des siens, que de bon nombre d'honestes gens qui résident à Galata.

La première visite après le baise-main fut du Visir Azan, qui pour lors, s'appeloit Mehet Pacha (1), qui avoit longuement commandé à la guerre d'Hongrie; lequel estoit grandement aymé et chéry du Gr. Sgr, et duquel fut admirablement receu; et satisfaict entièrement le sr ambassadeur de ce qu'il prétendoit; et ayant, avec toutes sortes de civilités et démonstrations de bienvueillance que l'on eust sceu désirer de part et d'autre, congédié le seigneur ambassadeur, il s'embarqua pour aller au Tersenal ou arsenal, où lors estoit le Capoudan Pacha ou général de la mer. Lequel aussy, bien vénia le sieur ambassadeur, usant vers luy de toutes sortes de compliments requis à telles visites. Les autres jours suivants, furent visités les pachats et autres officiers de la Porte; de tous lesquels, fut le seigneur ambassadeur le bien receu et caressé, suivant la coutume des Turcs. Car ceux de qualité sont aussy désireux d'honneur qu'autres nations qui se voyent.

Toutes lesquelles visites estant ainsy acomplies, les jours suivants, l'ambassadeur ne voulant perdre le temps, et ne manqua pareillement en cest ordre, de voir les ambassadeurs chrestiens qui jà l'avoient visité à son arrivée. Qui fut, premier, celuy d'Angleterre, qui estoit lors le seigneur *Henry Lellau*, personnage autant

---

(1) Mehemet Pacha. — « Le 9e de febvrier *Mehemet*, nouveau Premier Visir, retournant de l'armée de Hongrie où il estoit général, fit son entrée à Constantinople, où il fut receu avec une grande pompe et solemnité. (*Journal de M. d'Augusse*, fol. 340.)

honorable qu'homme de sa qualité. Lequel bien vénia le seign^r ambassadeur et les siens, autant honorablement qu'il fut possible ; n'y oubliant nulles sortes de caresses, compliments et cérémonies convenables à telles visites, qui luy fut depuis réciproquement rendue le jour suivant que le seigneur ambassadeur d'Angleterre visita de rechef celuy de France, où il ne fut pareillement rien oublié, pour honorer ses mérites. Ce qui causa depuis, entre eux deux, une très-grande et sincère amitié.

L'autre visite en mesme forme fut, le lendemain, du seigneur *Ottave Bonne*, ambassadeur ou Baillio de Venise; de qui fut l'ambassadeur de France fort honorablement receu avec les siens; qui pareillement ne manqua le lendemain de visiter celuy de France ; où fut particulièrement discouru de la très bonne réception que luy fit la Seigneurie de Venise à son arrivée en ycelle ville. Ce qui causa d'autant plus grande amitié et assistance de l'un à l'autre, en toutes les occurrences, qui avinrent durant le temps de leurs ambassades à Constantinople.

Ainsy donc toutes les visites finies (1), nous demeurasmes au

---

(1) Bordier nous raconte (livre II, chap. 70) que M. de Salignac cherchait à lier amitié avec les principaux dignitaires de la Porte : « Maintenant désiré-je
« faire savoir quel estoit nostre exersise et occupation durant nostre temps et
« ambassade de monseigneur de Salignac; qui, après avoir rendu les compli-
« mants requis à tous ambassadeurs nouvellement arrivés à Constantinople, tant
« au baise-main de Sa Hautesse qu'aux visites des visirs, pachats et autres
« principaux officiers de la Porte ; après lesquels il fut pareillement visiter les
« ambassadeurs des princes chrestiens, il aprit beaucoup de choses, à luy
« inconnues à son abord, touchant ce quy despendoit de sa charge : quy est
« l'un des points les plus recommandables de la diligence d'un ambassadeur.
« Auquel le s^r de Salignac ne s'oublia. Car à son arrivée, il eut un soin
« extreme de s'aquérir des amis, des principaux officiers de la Porte, où le
« s^r de Brèves l'assista, luy transférant et remettant les siens, que par ses
« louables vertus et libéralités, il s'estoit aquis de longue main. Car les
« Mahométants ne sont naturellement de facile accès à quy que soit nouvel-
« lement arrivé en leur pays. Le premier donc fut *Mehemet Pacha*, premier
« visir, lors duquel dépend entièrement toutes les affaires de l'Empire. Le
« second est du Capoudan Pacha ou grand amiral de mer; le tiers du janissaire
« aga, quy sont les trois principaux de l'empire ottoman. Pareillement fit-il
« accointance des principaux chaoux, mutaferacas, capigis et autres officiers
« et gens de qualité de la Porte ; desquels y a grand nombre, et dont l'assis-
« tance et bienveillance est fort requise et nécessaire à un ambassadeur
« touchant les affaires de son Roy. Lesquelles se traictent et décident
« quelquefois en plen Divan ou audiance, dans le Sérail, où préside sur tous

logis un peu plus à requoy, où je me reposeray avec les autres pour puis escrire ce qui est de Constantinople et de la Court ou Porte du Gr. S^{gr}.

DISCOURS DU BARON DE SALIGNAC AU GRAND SEIGNEUR (1).

(Très grand et puissant Prince, je vous présente les lettres que l'empereur de France, mon seigneur, vous escript : elles sont de croyance sur moy, c'est pour se resjouir avec Vostre Altesse de son assumption à ce grand empire Mramult, priant Dieu qu'elle en puisse jouyr par longues années. Sa Majesté m'a aussi commandé de remercier Vostre Altesse de ce qu'elle a confirmé les capitulations, dèz si longtemps accordées entre les prédécesseurs de Vostre Magesté.

Vous priant qu'elles soient inviolablement et religieusement observées, et appellent près de soy son ambassadeur cy présent, après tant d'années du service qu'il a employé audict pays. Sa Magesté m'a commandé de m'arrester à estre son ambassadeur.

Suppliant très humblement Vostre Altesse s'asseurer que, durant le temps de ma demeure, je luy rendray très-humble et très fidelle service, je la supplie aussi cependant vouloir me tenir en sa bonne grâce et protection, et commander à ses ministres, avec lesquels j'ai à négotier, de me traicter selon la grandeur du Maître que je représante, et aux occasions me donner audience bonne et favorable ; je suis très marry (Très grand Empereur, qu'à mon arrivée qui ne tendoit à complaintes, il se remonstre tant d'occasions de plaintes) ; mais le désir que l'empereur de France, mon seigneur, a de se conserver en bonne amitié avec Vostre Altesse, fait qu'il m'a expressément com-

« autres le Grand Visir ou autrement encore Visir Azan, devant lequel se
« proposent et terminent les différands, et non devant le Grand Seigneur,
« ainsy qne plusieurs pensent ; car il ne se mesle jamais d'affaires, sy n'est
« qu'il y aille de l'interest de son empire. Vray est que l'ambassadeur ayant
« quelque affaire au Visir, elle se vuide au logis mesme du Visir et non au
« au grand Divan du Sérail. »

(1) Le discours que prononça le baron de Salignac au baise-main du Grand Seigneur et que nous donnons ici, a déjà été publié par M. de Biran dans son étude sur « l'ambassade en Turquie ». Nous le reproduisons pourtant, car ce n'est que le préambule de la harangue qui suit, et qui, « consignée en un papier », fut laissée entre les mains du Sultan.

Nous reproduisons également les passages importants de la réponse du Grand Seigneur.

mandé de luy faire entendre les grandes injures faites à ses subjects, et requérir d'icelles réparations, qui ne se peult faire sans l'autorité de Vostre Grandeur, laquelle sçait trop mieux ordonner peines méritoires aux excès qu'on ne peut quasi réparer; lesquels, s'ils demeurent impunis, ceste amitié dès si longtemps contractée est contrainte de se rompre, et sans cela aussi elle ne seroit pas seulement moquée et méprisée, mais encore seroit honteuse et à Vos Majestés et dommageable à leurs sujets.

Le récit de tant de particularités seroit trop long et fascheux : aussi pour n'ennuyer point les oreilles de Vostre Altesse, je les lui consigne en ce papier, et faicts le tout entendre. Je supplie donc très humblement Vostre Altessse de permettre que lecture luy en soit faicte et vouloir prendre le soin de cette preuve de lecture, m'asseurant après cela que nous en aurons la justice et les réparations, qui se peuvent entendre d'un si grand et vertueux Prince, qui se dict observateur de la foy, que veut croire et tenir Votre Altesse.)

HARANGUE FAICTE AU GRAND SEIGNEUR SULTAN ACMAT PAR MONSIEUR LE BARON DE SALAGNAC, AMBASSADEUR POUR LE ROY DE FRANCE EN LEVANT, LE PREMIER JOUR DE MARS 1605.

Encores que soudain après que l'empereur de France, mon seigneur, sceut comme il avoit pleu à Dieu appeler Vostre Hautesse au gouvernement et conduicte de ce grand Estat, il donna charge à l'illustrissime seigneur *de Brèves*, son ambassadeur en cette roialle Porte, de s'en resjouir avec vous, s'y l'a-t-il voulu faire présentement de nouveau par moy, pour tesmoigner l'estat et compte qu'il faict des alliances et bonnes amytiés, qui de sy longue main sont avec vos roialles et victorieuses maisons; espérans Sa Majesté qu'estant Vostre Hautesse issue d'une race et famille sy grande et sy généreuse, qui a par sy longtemps gouverné sy heureusement l'empire d'Orient et tant de royaumes et Estats qui sont soubs son obéisssance, elle sçaura avec la mesme générosité, grandeur et bonheur les conserver. Et parce que ledict seigneur illustrissime de Brèves, son ambassadeur icy présent, a esté sy longuement absent de la Majesté de l'empereur de France, son seigneur, lequel désire luy tesmoigner combien il a eu agréables les services qu'il luy a rendus près de Vostre Hautesse, il le rappelle auprès de soy, priant Vostre Hautesse d'agréer les services qu'il a rendus vers elle.

Et ne voulant pas que cette Porte demeure sans quelqu'un de sa part, pour tesmoigner à tout le monde l'affection que Sa Majesté porte à Vostre Hautesse, et faire conoistre combien elle est désireuse de soigneusement et religieusement observer avec tous debvoirs d'amitié, l'ancienne correspondance et intelligence qui a esté de si longtemps entretenue entre les empereurs de France et les empereurs Ottomans, prédécesseurs de Sa Majesté et de Vostre Hautesse, elle m'a envoié icy pour tenir ceste place près de Sa Hautesse et à Sa Porte, m'ayant chargé de luy offrir quelques présens, non pour penser esgaler son mérite à sy peu de chose, mais seulement pour marque et tesmoignage de sa bonne volonté, m'ayant encore Sa Majesté chargé de dire à Sa Hautesse que, sy en ses pais, il y a choses quy lui soient agréables et où il puisse prendre plaisir, il luy en envoiera de très bon cœur.

La guerre que Sa Hautesse a de présent en Hongrie et avec ceux de la maison d'Autriche et de nouveau avec le roy de Perse, ont faict que l'empereur de France, mon seigneur, m'a depesché tant plus volontiers, afin de faire voir à tout le monde que les occasions ne luy font point oublier ses anciennes amitiés, et à Vostre Hautesse combien il désire de conserver celle qu'il a avec elle. Le roy de Perse a envoié par toute la chrestienté, convier des princes à la guerre contre Vostre Hautesse; mais aiant esté honoré celuy qui estoit de sa part, de tous les autres, l'empereur de la France a rejeté ses présens, et ne l'a point voulu voir; luy aiant mandé de ne passer plus outre que la ville de Marseille jusques où il estoit venu, son dessein estant de garder inviolablement l'amitié et bonne intelligence qu'il a avec Vostre Hautesse, en laquelle il ne veut rien altérer, ains au contraire se monstrant amy de ses alliés, se faire paroistre aussy ennemi de ses ennemys.

Ce ne sont point, Dieu mercy, parolles vaines et inutiles; car il est empereur et monarque de l'un des plus avantageux partages du monde, et le plus abondant en toutes sortes de biens de la terre et autres commodités, où encore Dieu a voulu du temps et soubs le règne de Sa Majesté, faire trouver quantité de mines d'or et d'argent, inconnues jusqu'à présent. Tous ses païs abondent de peuples, et surtout d'une noblesse, sy plaine de courage et de dextérité, qu'elle est honorée et crainte de tous ceux qui la connoissent.

Toutes ces choses sont petites, quand on vient à considérer la vertu et magnanimité de l'empereur qui les commande. Le temps me défendroit à en parler, et moy estant son subject et serviteur, on pouroit penser que l'affection ou la flatterie l'emportast. On pourra mieux conoistre quelles elles sont, quand on sçaura le misérable estat auquel estoient toutes choses, quand il fust appelé à cette grande et noble succession, et la faveur que Dieu luy a faicte parmy tant de diversités de peines et de travaux.

Tout son roiaume, sous son prédécesseur, estoit remply de factions et partialités sy fortes et puissantes, qu'il a fallu que les armes seules les aient vaincues, et les armes mesmes de Sa Majesté, toutes les autres ensemble estans trop foibles sans les siennes, pour un sy important effect.

Ses peines, ses travaux, ses sueurs et le sang mesme de Sa Majesté, que les armes ennemies ont tiré de son corps, ne sont plus à plaindre ; car outre la réputation, qui luy demeure éternelle, d'un des plus grands et courageux guerriers qui porta jamais espée, Sa Majesté jouit à présent d'un doux et agréable repos, n'y ayant Dieu mercy, par tout son roiaume, tant soit peu de remuement d'armes ny apparence mesme d'aucune rebellion. Mais au contraire, est tant Sa Majesté crainte, vénérée, honorée et parfaitement aimée de tous ses peuples et subjects, qui tous les jours importunent le ciel pour sa grandeur, prospérité et longueur de vie, que chacun désire beaucoup plus que pour soy.

Cela rend non seulement redoutable, mais aussy recherché de tous ses voysins, lesquels reconnoissent tous que Sa Majesté peut donner un grand contrepois aux affaires du monde, de quelque costé de la balance qu'il luy plaise de se joindre. Et mesmement aux guerres que la chrestienté voudroit entreprendre pour la propagation de la religion et pour rendre sa puissance aussy redoutable par mer qu'elle est par terre, il faict faire à Marseille et à toute la coste de Provence un bon nombre de galères, ayans dans ses pays tant de bons hommes de mer, que la plus part des princes sont contrints de se servir de François pour pilottes, comme les meilleurs.

Tant de bons heurs nous sont accreus par un fils que nous avons d'un sy grand père, doué de toutes les qualités excellentes qui se peuvent souhaiter en un prince de son aage ; le soin du père à faire soigneusement cultiver une sy digne semence, donne à la chrestienté une espérance presque toute certaine qu'il se rendra digne successeur des grandes et héroïques vertus de son père.

Vostre Hautesse a peu ressentir quelque faveur de tant de vertus par la crainte du roy d'Espagne et des armes de Sa Majesté, sans laquelle sans doubte il eust tanté ce qu'il a faict tant bruire par tout le monde, de ses desseins sur la Barbarie et mesme sur Alger où il estoit appelé et convié par le roy de Congue (1) et autres Arabes.

Toutes les occasions qui s'ofriront feront veoir à Vostre Hautesse l'affection que l'empereur de France, mon seigneur, a prise de ne manquer à l'amitié et confédération qui est entre vous autres ; se promettant aussy que Vostre Hautesse y coopérera aussy de son costé, comme à chose qui ne luy est moins utile et honorable qu'à Sa Majesté, tant pour la réputation des affaires de l'un et de l'autre, que pour le proffict qu'en tirent les communs subjects, par le trafic et négoce qu'ils ont ensemble.

J'ay commandement particulier de remercier Vostre Hautesse de ce qu'elle a faict, depuis son assumption à cette grande couronne, renouveller et amplifier de quelques articles les capitulations et traictés d'amitié faicts entre les prédécesseurs de Vos Majestés, lesquels avoient aussy esté confirmés, durant le règne du feu empereur Mahomet dernier décédé.

Ce seroit peu de chose de cette confirmation de traicter les capitulations, s'il ne plaisoit à Vostre Hautesse les faire mieux observer doresnavant qu'elles n'ont esté par le passé. Elle a sceu,

---

(1) Il doit être question ici de la ville de Couco ou Cucco, comme l'indiquent les cartes du XVIᵉ siècle (actuellement Kouko), située à cent cinquante kilomètres ouest, environ, d'Alger, sur la rivière Oued Sahel qui se jette dans le golfe de Bougie. — Cette ville eut une grande importance au XVIᵉ siècle ; et c'est par son nom que les historiens de l'époque désignent toutes les tribus du Djurdjura. — Dans les Mémoires de Sully (édition originale), tome II, chapitre XXVI, nous trouvons : qu'en 1603, l'armée navale d'Espagne devait attaquer Alger, « sous espérance du secours à eux promis par le roy de Cusco, lequel les trahit, et prit l'argent et les hommes qui luy furent envoyés. »

par les plaintes que l'illustrissime seigneur *de Brèves* en a souvent faictes, les horribles désordres de ses roiaumes d'Alger et Thunis, et qui se commettent sur les subjects de Sa Majesté et autres trafiquans soubs sa bannière, retenant encores esclaves jusques au nombre de trois mille quarante-cinq subjets de Sa Majeste, et encore un million de facultés des habitans de la ville de Marseille et coste de Provence, au grand mespris de l'auctorité de Sa Majesté et des commandemens de leur empereur.

Il seroit trop long et ennuieux de donner compte particulier à Vostre Hautesse de tant de désordres; mais il faut nécessairement que Vostre Hautesse sçache ce dernier, faict par les janissaires d'Alger au Bastion de France en Afrique, lequel avoit esté basty et establi il y a soixante-dix ans, avec les permissions des Grands Seigneurs, successivement, pour faciliter la pesche du corail et l'enlèvement du costé d'Afrique de toutes sortes de marchandises, dedans lequel commandoit un gentilhomme nommé de *Moissac*, gentilhomme ord^re de la chambre du Roy. Ces janissaires esmeus de je ne sais quel caprice, firent délibérer dans un Divan, que le dict Bastion seroit desmoly et razé; et quelques protestations qu'on veuille dire, qui furent faictes au contraire par le Bassa d'Alger qui recognoissoit la suitte et la conséquence de cet attentat, la rage des janissaires auroit esté telle, qu'ils auroient contrainct *Amurat Rays*, chef des galères et brigantins d'Alger, de s'y acheminer pour en faire la desmolition, ce qu'il exécuta. De façon qu'outre la perte de vingt mil escus que le dict Bastion cousteroit à rebastir et remettre en l'estat qu'il estoit, auparavant qu'il eust esté razé, a esté desrobé, en faisant ladicte démolition, plus de vingt mil escus appartenans audict sieur de Moissac, capitaine dans ledict Bastion de France, sans tous les instruments qui servoient à la pesche du corail.

Cet excès est sy grand et sy important à l'empereur de France, mon seigneur, qu'il m'a très expressémant commandé d'en demander la réparation et punition de ceux qui l'ont entrepris, Vostre Hautesse aura, ce crois-je, très agréable de le faire, non seulement pour conserver les amitiés jurées et maintenir la foy sainte et inviolable devant Dieu et les hommes, que pour le danger qui luy pourroit arriver ne le faisant point, par le mespris que ses subjects feroient de ses commandemens ; qui est le premier degré qui conduit les plus hauts princes aux précipices des ruines et des malheurs. Et ce danger seroit d'autant plus grand à Vostre Hautesse, qu'il n'y a pas longtemps qu'elle est assize en ce grand Estat, et que son aage n'a peu encore faire connoistre à ses sujets la générosité de son désir et dessein de conserver sa foy inviolable, et que le plus souvent, les premiers effectz font juger de l'humeur des personnes ; d'où procedde ou le mespris, ou l'honneur, ou la gloire, et par conséquent la réputation et l'obéissance.

Je ne sçaurois faire que ce mal n'ayt esté faict. Mais il est aisé d'y remesdier, commandant, à ceux qui l'ont razé, de le rebastir, et permettant au s^r de Moissac de s'accommoder, de sorte qu'il puisse une autre fois se garantir de la première furie et rage de ces janissaires et *Amurat Rays*, et faisant satisfaire par ces voleurs ce qui a esté desrobé et ravagé.

Vostre Hautesse jugera aisément s'il n'est pour rien à ce dernier grand désordre et à la délivrance de tant d'esclaves retenus en ceste coste de Barbarie, que les capitulations d'entre ces deux empereurs seroient plutost honteuses et dommageables à l'un et à l'autre, qu'autrement.

L'empereur de France, mon seigneur, a toujours creu que Vostre Hautesse y donneroit ordre, pour l'interest qu'avez tous deux en cest affaire. Et j'ay sceu de l'illustrissime seigneur de Brèves les commendemens amples et grands que Vostre Hautesse a faict pour y donner ordre ; de sorte qu'il ne me reste qu'à la supplier très humblement de faire obéir et exécuter ses commandemens, et me permettre de luy dire que c'est son honneur et sa grandeur qui donnera beaucoup de réputation au reste de ses affaires. Et je croy que le plus grand moien de faire observer les commandemens de Vostre Hautesse en Barbarie est d'y faire passer quelqu'homme de crédit et de qualité qui sache faire valloir le nom et auctorité de V^e H^{esse} et M^{té} impériale. Le païs où ces désordres se sont faicts, et continuent encore (quand l'occasion s'en offre), estant sy éloigné de cette Porte, donne de la longueur aux remèdes que Vostre Hautesse tasche d'y apporter ; nous avons aussy patience d'en voir avec le temps les effets qui s'en ensuivront, mais j'espère qu'aux désordres qui se font presque aux yeux de Vostre Hautesse et desquels le remède gist à le vouloir seulement, nous n'aurons point la peine d'en attendre la réparation et la justice.

C'est pourquoy je requiers très humblement Vostre Hautesse de vouloir bien faire desdommager un patron Marseillois d'un navire, qu'on luy à pris, avec tout le bien qu'il avoit dedans, vallant huyt ou dix mil escus. La plus part de ceux qui estoient dans le navire furent tués misérablement, on ne peut pas leur redonner la vie ; mais la justice de Vostre Hautesse veut bien que la punition en soit faicte, qui sera telle qu'il advisera ce qu'il luy plaira.

Ceux qui ont faict le mal ont assez de moien d'en paier le dommage, et leurs personnes sont en la puissance de Vostre H^tesse pour en faire la punition, toutes les fois qu'il luy plaira. J'ay faict attacher icy un certificat du Général de vos mers et de quelqu'autres ministres de Vostre Hautesse, pour faire foy comme celuy qui a receu ceste injure est homme de bien, qui ne méritoit recevoir ce dommage.

Il me desplait bien d'estre contraint de faire entendre à Vostre H^tesse des choses si fascheuses, néanmoins il importe qu'elle les sçache, affin d'y donner les remèdes; et cela m'en servira d'excuses, oultre les exprès commandemens que j'ay de mon seigneur de luy faire entendre, et l'obligation encore particulière que m'en donne la charge que j'ay à ceste heure près de Sa Hautesse en sa Porte, en la quelle je la suppleye très humblement de croire que je désire me comporter, avec tous les moiens qui me seront possibles, pour luy estre agréable et pour conserver la longue amitié qui est entre ces deux grandes et Roialles Maisons; suppliant très humblement Sa Hautesse, que s'il m'eschappe quelque faute en cest endroit, de croire que ce ne sera manque de bonne volonté, ayant le cœur et l'affection toute portée à luy faire et rendre très humble service, me voulant promettre ce bon heur d'en donner tesmoignage durant le temps que je demeureray en ceste Porte, et que je recevray beaucoup d'honneur sçachant et rencontrant les occasions qui m'en donneront le moien.

Je supplie très humblement Sa Hautesse vouloir commander aux Visirs, Bassas et autres avec lesquels il faudra négocier, de me donner les audiances favorables et expéditions, de vouloir que je sois traicté comme ont esté ceux qui auparavant moy ont eu mesme charge; se voulant ressouvenir qu'à toutes occasions, la prééminence d'honneur n'est contestée nullement contre monseigneur l'empereur de France, par nul autre prince chrestien.

Et parce qu'il y a diverses choses qui font que les princes désirent quelquefois la paix et se descharger pour quelque temps du fardeau de la guerre, l'empereur de France, mon maistre, m'a commandé particulièrement de dire à Vostre Hautesse que, sy elle désire la paix en Hongrie, elle se trouvera tousjours preste d'aider et favoriser à ce qu'elle réussisse, et espère que son entremise y pourra servir de quelque chose, et qu'il s'y gouvernera selon que Sa H^{tesse} le désirera, laquelle il ne veut pourtant faillir d'advertir que, jusques icy, il a trouvé l'Empereur peu disposé à la paix. Et le luy dit, affin que V. H^{tesse} ne se laisse endormir aux espérances et apparences que l'on pourroit luy en donner : estimant Sa M^{té} qu'il convient à l'amitié jurée et contractée par les empereurs ses prédécesseurs, de luy en parler ainsy franchement.

Sa M^{té} m'a aussy commandé de luy dire que la guerre continue fort chaudement en Flandres entre le roy d'Espagne et les peuples du Païs Bas, sans apparence qu'il se puisse faire nulle paix et accord parmy eux, de sorte que l'archiduc d'Austriche, qui a espousé une sœur du roy d'Espagne, ayant eu ce pays en partage, s'y trouve très empesché, et aiant assiégé la ville d'Ostende, elle a esté défendue par ses ennemys trois ans et demy, durant lequel temps ils ont pris plusieurs places sur luy, et eussent encores plus long temps deffendu ceste ville, sy la prise de celle de l'Escluse, qu'ils firent comme ils marchoient pour secourir Ostende, ne leur eust apporté beaucoup plus de commodités que l'autre ne faisoit pas, pour estre plus grande, plus forte et mieux scituée; qui fut l'occasion qu'ils la rendirent, n'ayant plus aucune apparence de ville, estans toutes les maisons ruinées et réduites en pouldres par la violence du canon, et toutes les rues creusées et gastées à cause des tranchées que l'on y avoit faictes.

Le roy d'Espagne aussy, après avoir fort recherché la paix avec le roy d'Angleterre, l'a obtenue, estant permis aux uns et aux autres d'aider et favoriser ses amis, et le d^t roy d'Angleterre en cela n'a rien faict sans le gré et consentement de l'empereur de France, mon seigneur, avec lequel sur toutes choses, il a soin de conserver paix et bonne amitié.

Il m'a commandé de vous advertir de ces choses et des autres qui se passeront en la Chrestienté, lorsqu'il plaira à V^e H^{tesse} d'en sçavoir des nouvelles.

Bref de ne manquer à nul devoir que je puisse rendre à Sa H^{tesse}, que je supplie très humblement me tenir en sa bonne grâce et protection, tant que j'auray l'honneur de demeurer en ceste roiale Porte (1).

RÉPONSE DE L'EMPEREUR TURC (2).

(Empereur Amet, fils de l'empereur Mahomet, toujours victorieux. Au plus glorieux, magnanime, grand seigneur de la croyance de Jésus, premier entre les princes du Messie, et médiateur des différends qui surviennent entre le peuple chrestien, seigneur de grandeurs, Majesté et richesse glorieuse, grande des plus grandes, Henri IV, empereur de France, et la fin de ses jours soit heureuse.

A l'arrivée de nostre impériale monarchie, Vostre Majesté sera advertie que nous avons receu les lettres qu'elle nous a envoyées par son ambassadeur qui est venu se resjouir de sa part avec nous de nostre assumption au gouvernement de la Monarchie Ottavy, duquel nous avons entièrement ouy la croyance en ce qu'il nous a proposé pour la conservation de nostre mutuelle amitié : c'est la vérité, que nostre intention ne sera jamais que les subjects des princes nos confédérez et alliez, et singulièrement de ceux que verrons avec nous en bonne et parfaite intelligence, comme faict Vostre Majesté, soient mal traités et volés de ceux qui dépendent de nostre obéissance : et nous l'avons témoigné auparavant l'arrivée de vostre ambassadeur. Ayant été advertis de celle que vous avez premièrement envoyé à nostre part, que nos esclaves de Barbarie avoient dépiécez aucuns des vaisseaux de vos subjects,

---

(1) Biblioth. nationale, Ms. Fr. 16171, fol. 239, et Fonds Dupuy, vol. 429 ; — Biblioth. de l'Arsenal, vol. 4770.

(2) Cette partie de discours a été publié par M. de de Biran.

et qu'ils avoient violentemment démoly le Bastion de France et volé tout ce qui estoit dedans, non seulement commandasmes aussitost à nostre Vice Roy Milico Dulgior, que le dommage qui leur avoit esté faict fut réparé, mais aussi ordonasmes fort expressément que le Bastion fust restably comme il estoit, et mandasmes que, en cas de désobeyssance, qu'ils fussent chastiés de mort sans délay, pour avoir contrevenu à nos volontés : au mandement que nous en fismes expédier nous escrivismes de nostre propre main, qui estoit de nostre intention, asseuré non seulement ledict Milico, mais aussi tout le peuple dudict pays leur aye à obéir promptement : Vostre ambassadeur nous a faict entendre que vostre consul avoit esté battu et chassé, pour avoir demandé justice du vol faict à un vaisseau françois, de quoy Vostre Majesté avoit eu beaucoup de mescontentement; nous en avons eu aussi du desplaisir; et pour le luy tesmoigner, nous avons faict exprès commandement à nostre vice roi Milico Dulgior, d'en faire faire la raison que vous commandez, lesquels seront prins par un de nos honorables esclaves, nommé Mennos, de présent gouverneur de nos pays Milixte et Nixie, lequel les fera exécuter : auxquels ordonnons, s'ils ne se sont rendus à nostre obéyssance, de déclarer à aulcuns de Barbarye que nous ne les deffendrons, et ne les tenons plus sous nostre protection avec nostre bande. Pour le regard de ce qui a esté prins à vos subjects, durant que seulement Bassa a eu le gouvernement des pays : nous avons commandé au gouverneur de Milixte, le rencontrant par chemin, de s'en saisir et le faire payer et restituer tout ce qui leur a esté déprédé durant le temps de son gouvernement, et en cas qu'il ne le trouve, nous vous promettons, sitost qu'il sera en nostre port de lui commander rendre ou faire rendre le tout ainsi porté par nos capitulations... (1).

(1) Voir : Paris, 1607, Richemont : *Copie de la lettre du Grand Turc, etc.* ; — Bibliothèque nationale ; — *Catalogue de l'Histoire de France*, L. B. 35. n° 820 (année 1604, t. 1er) in-8° pièce.

LIVRE II.

SÉJOUR EN TURQUIE

ET

ÉPISODES DE LA VIE DU BARON DE SALIGNAC.

Sous ce titre, nous avons reproduit les chapitres ou les passages intéressants du manuscrit de Bordier, qui ont rapport au baron de Salignac. — On y trouvera des relations curieuses concernant les usages turcs, et des détails circonstanciés sur l'existence que menaient les Français en Turquie, ainsi que sur la maladie du baron de Salignac, sa mort et ses funérailles.

. . . .

VIII

DESCRIPTION DES ÉGLISES DE GALATA.

SOMMAIRE : Église Saint-Benoit. — Chapelle de l'Annonciation restaurée par le baron de Salignac. — Il fait venir les Jésuites à Constantinople. — Mauvaises dispositions des Vénitiens et des Anglais pour les Jésuites. — M. de Salignac les loge. — Il leur fait donner l'église Saint-Sébastien (septembre 1609). — Les Turcs veulent les chasser. — M. de Salignac les prend sous sa protection. — Après de nombreuses tribulations, ils s'installent définitivement.

L'église Saint-Benoist ne se puis assez louanger, pour estre de toutes celles de Galata, la plus magnifique, pour ce qu'elle contient remplie, par le dedans, haut et bas des parois ou murailles, d'excellentes peintures ou figures de mosaïque, si dextremant et artificieusemant élabourées, que toutes celles de Ste-Sophie n'a aucun avantage sur celle-cy. Où se voit naifvement représantées l'entrée de Notre Seigneur en Hiérusalem, la résurrection de Lazare, la guérison du paralitique et tant d'autres signalés miracles du Seigneur en sa Passion, que la diversité de l'ouvrage et beauté des figures et couleurs, sy bien et naturellement raportées, raporte aussy à la veue des spectateurs plesir et dévotion ensemble.

A costé de ceste église, à costé de la Marine, est une chapelle de l'Annonciation de la Ste-Vierge, laquelle avoit esté longuement délaissée et finablement restaurée de peintures et ornemants d'église par feu monseigneur le baron de Salignac, qui y fit venir les Jésuites. De l'autre costé de l'église qui regarde le septentrion, est une assez longue gallerie, qui anticipe sur le jardin, dont le parois de la muraille, qui faict la clôture du corps de l'église, est tout remply de gentilles figures et peintures, représentant la sainte vie et miracles de saint Benoist : et le longt de la gallerie, sont les chambrettes des religieux, du temps qu'il y en avoit. Mais, lorsque nous arivasmes à Constantinople (qui fut 1605), tout ce lieu estoit deslabré, et n'y avoit en yceluy que deux ou trois prestres grecs ; qui, selon leurs vie, sembloit plus, d'un misérable hospital que d'église, où comment, vray est qu'il y avoit aussy un bon père hermite, romain de nation, issu de noble famille, aagé d'environ 25 ans ; lequel estoit du tout admirable en sa vie. . . . .
. . . . — Cette église St Benoist ayant esté sy grand temps en mains de quelques pauvres prestres grecs, l'avoient tellement laissé décheoir, qu'elle estoit presque deslaissée de catholiques romains. Mais depuis que monseigneur l'ambassadeur de Salignac (par la permition du feu roy Henry IV) eust fait venir les Révérends Pères Jésuites à Constantinople, en l'an 1607 (1), savoir :

---

(1) Le chroniqueur s'est trompé de date. Les Pères Jésuites partirent de Paris le 21 janvier 1609, et n'arrivèrent à Constantinople que le 7 septembre 1609, après avoir subi en route de grandes vexations dues à la haine que leur portaient les Vénitiens. — Voir dans les *Relations inédites des Missions de la Compagnie de Jésus à Constantinople* (Paris, Douniol, 1864), la lettre écrite par le P. de Canillac aux Pères de la Compagnie, en France. — Voir également la lettre du baron de Salignac au Roi, du 19 septembre 1609, et les lettres suivantes.

le Très-Révérend Père François de Canillac, supérieur de la mission (1), les Pères Guillaume Levesque, Charles Goby, et les frères laiz Claude Coullon et Estienne Viau. Lesquels, après leur avoir esté donné par commun consentement de tous les Pérots catholiques romains, atendant d'estre mieux logés, une petite église St Sebastien, fut puis avisé que, pour l'instruction de la jeunesse qui ne se pouvoit faire en ce lieu, qui n'est que simplement une chapelle, leur seroit donnée la susdite église de St Benoist. A quoy monseigneur l'ambassadeur travailla sans intermition à la restauration de tout ce lieu, où il se plesoit merveilleusement, tant pour la bonne conversation des bons Pères Jésuites dont il estoit grandement esdifié, que d'une certaine particulière dévotion qu'il avoit en ce lieu. A raison de quoy, il fist refaire, comme a esté dit, la chapelle de l'Annonciation, et la fit orner au dedans de pintures et de tout ce qui estoit besoing pour le service divin, à ses frais : les Pères Jésuites n'ayant esté oyseux à la restauration de l'église et de tous les lieux du couvent, où ils ont esté occupés plus d'une année, tant le desgast en estoit grand. Et de jour en autre le Révérend Père Canillac y faict ordinairement travailler aux choses les plus nécessaires, comme encor depuis son retour en France (en l'an 1622), y a faict eslargir une gallerie qu'il a faict orner de pintures, et accomodé les chambres et logement, estudes et collège des enfants tant des grecs romains que schismatiques, Arméniens et autres, dont ils font merveilleux truict. Vray est que ce n'est sans peine et travail, ayant eu maintes fois de merveilleuses traverses par leurs hayneux qui estoient les Vénitiens, non à descouvert, mais par ruses et malices secrètes; ayant faict entendre au Visir que ces gens estoient fastueux et dangereux pour l'estat de la province où ils habitoient, afin de les rendre odieux aux magistrats Mahométans, et les faire chasser de leur domaine (2). Mais la poursuite et très bonne diligence de mon-

---

(1) Le P. de Canillac, né en Auvergne, revint mourir dans son pays natal, à Billom, le 24 avril 1628.

(2) Nous reproduisons quelques extraits de la lettre déjà citée, dans laquelle le P. de Canillac donne des détails intéressants sur l'arrivée des P. Jésuites à Constantinople, et sur les tentatives qui furent faites pour les empêcher de s'y installer. Nous verrons que l'ambassadeur de France fut obligé d'intervenir à différentes reprises, et obtint enfin que les Pères ne fussent plus inquiétés :

seigneur de Salignac les maintint et fortifia de telle sorte que, nonobstant toutes leurs sourdes et très malicieuses ruses, ils n'ont

« Nous descouvrismes enfin la ville de Constantinople, le 7 de septembre
« 1609.... Nous ne voulusmes pas mettre pied à terre sans l'avoir fait sçavoir
« à M. le baron de Salagnac, ambassadeur de France, qui par bonne fortune,
« se retrouva de restour des bains, voire revint exprés, ayant pressenti nostre
« venue..... Mon dit seigneur nous envoya sur le champ un de ses drogmans
« et un janissaire pour nous faire escorte, nous faisant un accueil de sa singu-
« lière affection à nostre endroict, et nous tint trois sepmaines environ en sa
« maison et table, avec mille caresses. Le bon seigneur nous avoit desja loué
« une maison, belle et bien située au milieu de la demeure des Latins, mais la
« difficulté estoit de trouver église propre et commode ; y ayant seulement une
« petite église ou chapelle, voisine de quelque cinquante pas, dicte Saint-
« Sébastien, qui n'estoit officiée qu'une ou deux fois l'an. Cependant que nous
« estions occupés à penser à nous loger, il se présenta une occasion casuelle
« qui nous fit descouvrir quelque chose des menées de nos malveillants. Car
« M. l'ambassadeur voulut aller visiter le grand Bacha, qui estoit pour lors
« campé vers Scutaret, qui est vis à vis de Constantinople en l'Asie.... Il trouva
« bon de me mener, par manière de pourmenade, avec un de nos frères.
« Abordés de là, nous passasmes parmi les tentes Turquesques, où les soldats
« estoient avec tant de modestie et de silence, que vous eussiez dit estre
« plustot celles d'anachorettes, que retraicte de gens de guerre. Si, arrivasmes
« au pavillon du Visir, qui avoit des distinctions et gardes de général d'armées,
« avec deux hautes piques ou javelines fichées en terre sur l'entrée. On nous
« mena jusques en la salle d'audience, où l'on parle si bas, voire quand le
« Bascha n'y est pas, que c'est chose digne de marque. Là sur l'entrée de la
« chambre ou antichambre dudict, demeure son fol, qui porte le titre de Santon,
« près d'un baston d'où pendoient de vieux haillons et quelques ustensiles de
« bois de ce saint personnage, qu'il tenoit près de soy. Par bonheur on porta
« un siège ou tabouret un peu hault couvert de broderies, pour faire seoir
« Monseigneur, tandis que le Bacha seroit prest à venir ; peut estre qu'il
« achevoit de lire l'Alcoran, selon la coustume, tous les matins, avant que de
« traiter avec personne. Il vint enfin, et après avoir salué un peu de la teste,
« la main à la poitrine, M. l'ambassadeur, qui le salua de la mesme façon sans
« oster le chapeau, s'assit sur un siège semblable à celuy de nostre ambassadeur,
« qu'on porta exprés sur les tapis posés en terre à la mode du païs. Le
« truchement faisoit son office, la toque de velours en teste, et tous les gens de
« Monsieur estoient rangés au delà du tapis dans la mesme salle, la teste
« couverte ; au courant du discours, le Bacha, à propos de quelque chose qui
« touchoit le Vénitien, dict au truchement qu'il avoit sceu que quelques
« prebtres latins estoient venus de nouveau, personnages dangereux et haïs de
« tout le monde, et qu'il estoit meilleur qu'ils s'en retournassent en leur païs au
« plus tost. M. l'ambassadeur répartit en nous qualifiant autres que cela, et
« nous advouant pour gens que le Roy très chrestien, son maistre, luy avoit
« envoyé pour le service de sa maison et de toute la nation. Le Visir
« sembla se contenter, et ayant fait porter du sorbet (c'est une boisson où les
« senteurs, le sucre et autres ingrédients entrent) dans deux tasses de porcelaine,
« fit un brind à nostre ambassadeur, et soudain après, on porta une petite
« cuvette ou bassinet de mesme estoffe, pour faire boire toute la troupe, l'un

laissé d'exercer les fonctions de leur charge, à la honte et confusion de leurs malveillants. Lesquels se servoient de précautions pour

« après l'autre. Cela faict, nous nous retirasmes avec le mesme salut que devant,
« estonnés d'un costé après l'attentat de nos ennemis, mais bien aises de
« l'autre, de l'issue, cuidant en estre quitte à si bon marché. Mais nous avions
« affaire à des gens qui ont la haine de nostre religion par trop enracinée en
« leur âme, pour se contenter de ce petit attaque. Il fut question de nous
« loger. M. le baron fit demander à Mgr le Reverendissime évesque de Tine,
« visiteur apostolique en tout le Levant, l'usage de la susnommée petite église
« de St Sébastien, avec la réserve néanmoins du monastère de St Benoit, pour
« tous évènements. Mgr l'évesque fit responce que c'estoit trop, et qu'une suffisoit :
« aussi avoit il destiné le dit St Benoît à un hospital qu'il avoit projetté avec
« les Messieurs de ceste ville. L'incommodité que ces Messieurs alléguaient
« d'envoyer leurs enfants en ce quartier de ville esloigné de la demeure de
« France, avec l'affection qu'ils avoient jà conceue de ce riche hospital, qui
« devoit faire à toutes les nécessités de leurs familles, pour marier filles, etc...
« me fit résoudre à n'accepter l'offre d'élire, me remettant à ce que tant Sa
« Seigneurie Reverendissime, que M. l'ambassadeur et Messieurs de Bera, pour
« l'ayde et service desquels particulièrement nous estions venus de si loing,
« trouveroient meilleur, estant prest de loger, où il leur plairoit, fût ce bien
« dans les casuettes ou grottes, postposant toutes sortes de commodités tempo-
« relles et corporelles à leur service et prouffit spirituel...... Ces Messieurs
« furent d'advis que, par provision, on nous donnast l'église de St Sébastien,
« plus proche qu'aultre à la maison louée par M. de Salagnac; l'on prit jour
« pour nous mettre en possession de la dicte église...... Le 20 septembre 1609,
« nous allasmes dire la messe à St Sébastien, y assistant M. l'ambassadeur et
« les principaux du lieu, et puis dinasmes avec la mesme compagnie de Monsieur
« et des aultres, aux frais du dict seigneur, au nouveau logis.

« Nous fismes faire des soutanes sans collet, avec les manches larges, et
« laissasmes croistre nos barbes, qui donne gravité et respect par deçà. Tandis
« que nous accommodions la maison bien pauvrement, on travailloit de bonne
« sorte à la conversion de M. de Carlat, frère de M. l'ambassadeur, qui ne
« s'estoit encore pu résoudre, quelque diligence que monsieur son frère y eust
« fait. La chose réussit si à souhaict, que sur le milieu du mois suivant, il
« donna le bon mot, et ressentit en brief tel allègement en sa maladie qui le
« tenoit depuis quelques mois alitté, et l'avoit, au dire des médecins, quasi
« consigné aux sergents de la mort, qu'il put tout debout, voire à genoux, faire
« l'abjuration solennelle de l'hérésie, en la chapelle domestique, entre les
« mains de Mgr le reverendissime visiteur, vestu en pontifical, en la présence
« de M. l'ambassadeur de Venise et d'un grand nombre de gens qui y accou-
« rurent, le dimanche avant la feste de tous les saints. Ce succès si fortuné
« nous mit en appetit du salut des âmes, et nous donna nouvelle espérance du
« fruict de ceste mission. On nous avoit desja envoyé quelques enfants pour
« commencer quelque sorte de classe, ce que les Pères firent sans livres, pour
« dire ainsy (car ils estoient encore dans le navire vénitien); aussy bien que
« moi, de prescher le jour de la Toussaint et les dimanches suivants, jusques à
« l'advent, que le P. Guillaume prit la besongne, et ainsy l'un ou l'autre avons
« continué tous les dimanches du long et large de l'année..... Bientost nous
« mismes en avant, parlant avec M. l'ambassadeur, le bien des congrégations de

couvrir leur perfidye. Et est icy à noter, comme chose très remarquable, que la plus part, et ce peut dire, tous les plus grands

« Nostre Dame; qui luy en fit prendre envie, estant de son naturel facile à se
« porter au bien et à la dévotion. Si en parla à quelques uns de ses plus
« familiers, et voulut jeter les fondemens de ceste œuvre le 28 de novembre....
« Avec luy s'inscrivirent ses drogomans et quelques autres de sa maison,
« nommément M. Lesdos, son aumosnier, qui a esté du depuis, à la requeste du
« dict seigneur, nommé pour l'évesché de Milo, en l'archipelage, qui fut esleu
« premier prefect de ceste congrégation......
« Nous naviguions, s'il nous sembloit, le vent en poupe, à dix mille par heure,
« quand inopinément un tourbillon de vent nous cuida bouleverser, et mettre à
« fond irrémédiablement..... Le 13ᵉ decembre, qui eschoit ceste année là,
« 1609, au 3ᵉ dimanche de l'advent, nous avions practiqué nos fonctions d'église
« à l'accoustumée, et retirés à nostre maison après le repas, discourions par
« ensemble auprés du feu, qui estoit bien de requeste pour le froid et neige qui
« estoit pour lors.....; voicy entrer le Soubachi qui commande aux janissaires,
« de ce quartier de ville, avec bonne troupe de janissaires, avec leurs cornes
« d'argent et chaperons en teste et les bastons en main. Le Père Charles,
« cuidant que ce fut des janissaires, qui demeurent ou praticquent en la maison
« de France, leur fit bon accueil, leur monstrant par signe ce qu'il faisoit. Le
« frère Estienne voulut monter en haut pour m'advertir de ces nouveaux hostes;
« mais ils le saisirent par le collet, et puis le menèrent quant et les Pères, et
« le serviteur, où nous estions. Voyant entrer ces Messieurs si privément, je me
« doubtois de quelque chose, et dis : Dieu soit loué ! Le soubachy s'allat asseoir
« sur mon petit lict; nous l'invitasmes par gestes de se venir chauffer, mais il
« monstra de nous remercier assez doucement.
« Le bruict, qui s'espancha par la ville, fit résoudre un bon nombre de soldats
« françois, qui, dès les guerres d'Allemagne se rendirent aux Turcs, et leur font
« service en qualité néanmoins de chrestiens, à y accourir et empescher par
« leur présence et crédit quelque désordre coustumier en semblables accidens.
« Si ne nous cognoissoient ils encore que par le nom de françois. Un des
« drogomans de Monsieur (l'ambassadeur) y vint aussi, et d'un pas hasté lui en
« alla donner la nouvelle, et le trouva qui avoit desjà sceu d'un chaoux, le commandement qu'il avoit de nous représenter à Son Altesse. Monsieur l'ambassadeur avoit respondu qu'il ne manqueroit le jour suivant d'aller trouver le Visir
« et nous représenter, ne sachant pas que la chose fut si avancée. Mais entendant
« que nous estions jà ez mains des sergents, il se mit en chemin, sans attendre
« cheval, ni aultre esquipage. Le chaoux susdict nous vint trouver, et nous
« mena quant et soy, avec telle presse, que nous n'eusmes le loisir que de
« prendre nos chapeaux, ayant nos grosses robes de chambre et nos pantoufles
« aux pieds. Nous marchions pleins d'assurance, pour le tesmoignage entier de
« nos consciences, et faisions plus gaye mine que ceux qui nous voyoient
« passer, qui déploroient et pleuroient ce désastre. Nous passasmes l'eau, et
« menés en triomphe par ceste noble ville, entrasmes dans le palais du Bascha,
« où quelqu'un des truchements de France arriva soudain, portant nouvelle de
« la venue de l'ambassadeur, à ce qu'on ne nous presentat auparavant. Le bon
« seigneur tout harassé, ne tarda guères, et delà à peu (durant lequel temps
« on nous entouroit et regardoit par miracle) entra dans la chambre du Divan,
« où les Baschas s'assemblent, et où se traitent les affaires publiques. Nous y

boute feux de ce diverse malin, ont esté paiés de la monnoie qu'ils forgeoient à leurs ruines; les uns ayant esté tués, pendus,

« fusmes aussi appelés. Le premier Visir venu, Monsieur (l'ambassadeur)
« s'assit à l'accoustumée, vis à vis de lui; on nous fit monter sur le haudet ou
« sauphat tapissé, laissant nos pantoufles au bas, près dudict Visir, qui fit
« grande instance qu'on nous envoyast en nos païs. Mais Monsieur, répliquant
« avec merveilleuse efficace, sembla l'adoucir aucunement, si que la chose fut
« remise jusqu'à une autre fois; qui est quasi chose gaignée en ces quartiers.
« Tant y a que monsieur l'ambassadeur nous emmena libres et sans chaisnes;
« aussy n'avions nous pas mérité de lés porter, entourés au grand contentement
« de tous les bons, et crève cœur de nos contraires. Nous ne perdismes pas
« courage pour cela, ains continuasmes nos exercices comme auparavant, et
« passasmes le premier jour de l'an avec médiocre appareil, honorés de la
« présence de monsieur l'ambassadeur et de monsieur son frère, qui se commu-
« nièrent en nostre église, et prindrent le diner en nostre maison, et avec eux
« tous les principaux religieux et quelques séculiers.

« Nous pensions avoir eschappé la tempeste, quand la veille au jour de la
« conversion de St Paul, monsieur l'ambassadeur recent nouveau commandement
« de nous chasser, qui fut réitéré tous les mois une fois pour le moins; jusques
« au mois de...... que par l'entremise du beau fils du premier Visir, dit Ali
« Bacha, on redit que :, « puisque l'ambassadeur de France s'opiniastroit de la
« sorte à nous retenir, nous demeurissions. » Je serois trop long si je voulois
« dire par le menu, les moyens desquels s'est servy ce bon seigneur pour nous
« maintenir, comme il descouvrit les menées de nos parties, les présents qu'il
« fit delà et deça à gros frais, ces appréhensions qu'on nous donnoit, les
« menaces etc... Si ne veus-je pas oublier de dire que les oraisons extraor-
« dinaires de jour et de nuit que nous fismes pour fleschir la divine miséri-
« corde....... furent à mon advis, meilleure pièce de nostre deffance. Pour
« moi je confesse qu'allant dehors, comme j'estois contraint de faire souvent,
« pour m'aboucher avec Monsieur (l'ambassadeur), je prenois un crucifix
« à ma poitrine, soubs ma robbe, à ce que, si par fortune j'estois surpris en
« chemin, je vesquisse ou mourusse aux pieds de mon maistre....... La maison
« où nous estions, qui est assés récente, commença à faire jour et manquer
« par les fondemens, de manière que nous fusmes forcés de pourchasser la
« retraite d'icy. Mgr le Reverendissime de Tine, craignant que cela n'altéra son
« dessein de l'hospital, faisoit quelques difficultés, mais enfin nous l'octroya;
« soubs le bon plaisir de Sa Saincteté, laquelle, justement en mesme temps,
« informée de ce qui s'estoit passé sur ce subject, fit entendre à mon dict
« seigneur, qu'on nous donnast l'usage et possession de ceste maison, sans
« approuver la prétendue relection d'hospital, qui ne manqueroit d'autre lieu.
« Nous remuasmes donc la dernière sepmaine, avant le caresme, et y commen-
« çasmes nos ministères d'église et de classe. On preschoit le jeudy et dimanche
« matin en italien; et vendredy au soir, exposant le Saint Sacrement, on
« discouroit sur quelques mystères de la Passion. La Saint Benoist, qui escheut
« en ce saint temps, fut sollennellement festée avec un bel appareil, entr'autres
« d'un théâtre en demy rond de degrés sur l'autel, garny de lampes, sur le
« milieu duquel estoit le Saint Sacrement..... Il y eut sermon le matin en
« italien, et le soir en françois. M. l'ambassadeur fit porter son diner, y conviant
« les principaux, tant religieux que seculiers. Ceste église vénérable pour

noyés, banis, stropiés de maladye, et autres morts extravagantes, que j'ay veus en partie et nomerois volontiers, n'estoit le respect de quelques-uns qui m'estoient amis, dont je veux taire leur accident et mauvaise aventure.

IX

VIGNES DE PÉRA. — LOGIS DE Mᵍʳ L'AMBASSADEUR DE FRANCE.

. . . . Maintenant veus-je parler de la partie de Galata tirant au septentrion, qui estoit lieu jadis le plus habité appellé : les *vignes de Péra*. Lesquelles ont esté arrachées et remplies de

« son antiquité, belle pour les mosaïques...... est posée sur un gros mur
« qui serroit, dit on, un grand clos, où toutes les bestes à laict s'assembloient,
« où de la ville de Constantinople on venoit acheter tout le laictage, qui a
« donné le nom de Galata, par la corruption du mot grec, à ceste ville de deça,
« dite autrement Péra, pour estre deça le canal. Le monastère est entouré de
« jardinage à plein pied du reste de la ville, d'où l'on monte un beau et large
« escalier à repos, jusques à une belle galerie de bonne largeur, qui sert comme
« de porche à l'église, toute ouverte du costé de la mer, de laquelle on void
« vis à vis du Serail du Gᵈ Sᵍʳ, et près d'icely la fameuse Sᵗᵉ Sophie..........
« De plus de ce lieu, on voit la conjonction des deux mers noire et blanche....
« Cette gallerie en son flanc gauche, a deux maistresses portes pour entrer en
« l'église, l'une pour les hommes et l'autre pour les femmes, qui ont leur lieu
« distingué par treillis de bois, avec une tribune au dessus pour les vierges, qui
« en ces quartiers, ne s'osent montrer, non pas mesmes à leurs proches, et
« pour ce, vont rarement ès églises ; et ce, à la poincte du jour, craignant que le
« soleil les attrape par les rues. Le bout de ces dictes galeries s'abboutit à un
« treillis de fer qui serre une gentille chapelle voutée et desdiée à l'Annon-
« ciation de la Vierge, où les congrégations s'assemblent ; laquelle feu mon-
« seigneur l'ambassadeur a faict magnifiquement peindre par un peintre grec
« avec les armes du Roy très chrestien et les siennes, et a décoré d'un beau
« parement blanc, ouvragé à la persienne avec la chasuble de damas blanc
« aussy........
« Monsieur l'ambassadeur voulut estrenner la chambre qu'il avoit faict
« accomoder près du jubé de nostre église tout exprès, les trois derniers
« jours de la Passion, pour vacquer plus librement à la dévotion. Mais qui eut
« dict que les Juifs nous eussent favorisés en ceste Porte, donnant bon
« tesmoignage de nous, en temps et lieu, et quoy ! de nous vouloir fier
« quelques uns de leurs enfants, suppliant mon dict sieur le nous enjoindre :
« ce qu'il fit [a] ».

[a] La correspondance du baron de Salignac nous fournit de nombreux et intéressants détails sur les démarches que dut faire l'ambassadeur pour installer les P. Jésuites et les maintenir à Constantinople. — Voir les lettres des 19 septembre, 2 novembre et 28 décembre 1609 et les suivantes.

maisons et jardinages par les Pérots et gens de qualité chrestiens qui y ont fait leur demeure ; comme font aussi les ambassadeurs chrestiens de France, Angleterre, Venise, Flandres et autres, pour estre ce cartier eslevé, merveilleusemant plaisant et agréable. Y ayant une très longue et droite rue depuis la Porte de Buyuc Coulla Capy jusques au lieu appellé le cimetière des Grecs, qui dure un mille, y ayant maisons de tous costés avec très beaux jardinages. En ceste vue, à moytié chemain de la maison de monseigneur l'ambassadeur de France, allant à Galata du costé du port, est une petite mosquée que les Turcs ont faicte d'une église Ste Catherine, à l'oposite de laquelle de l'autre costé de la rue sont les baings ordinaires.

Du costé du port et canal de la mer Noire, et le logis de monseigneur l'ambassadeur de France, sis sur la pante d'un grand vallon, le plus plus plaisant et agréable de tout le contour; estant ce logis séparé en deux ou trois corps, l'un plus haut que l'autre. Au plus haut sont les escuries et logement des estrangers et survenants, lequel est accommodé de tout ce qui est besoing, et le mieux asis pour la belle veue, dont se voye partye de Constantinople, tout le Sérail du Grand Seigneur, la mer du Propontide avec les isles de Marmara, Rouges et de St André, les montagnes de Bithynie, savoir le mont Olympe, proche duquel est la ville de Boursia, Maltepé, Calcédonie, Scutaret, puis toute l'embouchure où décente du canal de la mer Noire au Propontide; sy bien qu'il n'est besoing d'aller ailleurs qu'aux fenestres du logis, pour voir ce que desus, et entrer quantité de vaisseaux ou sortir du port; quy font ordinèrement un tintamare de canonnades merveilleux. L'autre principal logis où habite monseigneur l'ambassadeur, n'a du tout sy belle veue, pour estre un peu plus bas ; mais tant mieux accommodé par le soing de Son Excellence, qui y fit faire plusieurs choses pour sa commodité et celle des Turcs. Y ayant du jardinage assé pour la provision de la maison, accompagné d'allées et promenoirs.

. . . .

LXXI.

DE NOSTRE EXERCICE DURANT NOSTRE SÉJOUR DE CONSTANTINOPLE.

SOMMAIRE : Fauconnerie du Grand Seigneur. — Amitié des officiers de la fauconnerie pour l'ambassadeur. — Visite du baron de Salignac au logis du Tazygy bachy ou maître des lévriers. — Salle des lévriers. — Soins qui leur sont donnés. — Retour de M. de Salignac à Galata. — Chasses faites par M. de Salignac.

Monseigneur de Salignac, l'un des seigneurs de France le plus adoné naturellement aux vertueux exercices, tant de la guerre lorsque le brandon en est enflammé, et de la chasse lorsque la paix fait reverdir l'olivier, à son partement de Paris pour aller à son ambassade de Constantinople, nous fit mettre en nostre carrosse un chien et chienne espagneux, des meilleurs qu'il eust alors, pour en tirer de la race ; comme avint quelque temps après nostre arrivée. Car, d'en recouvrer des Turcs, il ne se peut faire que difficilement ; d'autant que chasque fauconnier ne tient ordinairement qu'un chien, et rarement deux. Et encor ne sont-ils vigoreux, ardents ou pénibles, ainsy que les nostres. Donc estant le s^r ambassadeur de séjour à Constantinople, rechercha l'acointance et amitié du *Dogangy bachy, Chahergy bachy et Chaingy bachy*, quy sont les trois principaux chefs de la foconnerie du G^d S^{gr}, dont est supérieur le Dogangy bachy (qui veut dire le g^d fauconnier), duquel les autres dépendent ; n'ayant toutefois en mains que les faucons qu'ils appellent *dogans*.

Le Chahergy bachy a sous sa charge tous oyseaux de poing, comme autours qu'ils appellent *chahers* et *ispirits*, qui sont oyseaux rares, à nous inconnus, comme aussi a-il ceux de lièvre, savoir le sacre qu'il appellent *balaban*, gerfaux qu'ils appellent *sougour*.

Le Chaingy bachy tient pour sa vollerie les *chains*, qui sont petits oyseaux comme tiercelet de faucons d'Espagne, ayant le penage fort ardoysé ; qui sont les oyseaux les plus eccélants et courageux de tous. Car n'estant que fort peu plus gros que le ramier, ne faint d'ataquer l'oie sauvage, le héron, le canard, le milan, le corlis, le chahuan, la corneille. Et ce quy est de plus admirable, il ne refuse de venir aux mains avec le *caragouch*, (quy est comme un tiercelet d'aigle) et dangereux oyseau de grand rapine. Mais il vat si dextrement aux attaques contre ce gros corsage, qu'il gagne toujours le dessus; le joygnant de telle vitesse qu'il luy lie en mesme temps les mahutes (1), le contrègnant d'aller bas, où il est promptement secouru des fauconniers. Car il ne lâche prise que sa proie ne soit prise, comme nous avons vus maintes fois pour les *ispirits;* quy sont oyseaux beaux à merveilles, peu plus gros que l'autour, de mesme forme et corsage, mais les mahutes et l'estomac peu plus larges, le penage tacheté de blanc, les yeux cerclés de jaulne et rouge esclatant, fort agréables et dociles, ataquant tous oyseaux tardifs, comme aussi faict il la perdrix, mais non les corliz, chahuans, corneilles et autres oyseaux hautins et légers.

Cest oiseau n'est point commun en Turquie, et vient du Zagatay, Turquestan et haute Tartarie, passant la mer Caspie, vient fondre ès pays de Servan, Mangrélie et Georgie, comme aussy font ils en Perse, où ils sont pris, et quelques uns envoyés au Gr. S^{gr}. Et me souvient que la seconde année de nostre séjour ou demeure à Constantinople, le Chahergy bassy, qui lors estoit Calil Pacha (2), personage de grande vertu et prudomie, lequel estoit parfaict amy du s^r ambassadeur, à quy il avoit promis un de ces oyseaux qu'il désiroit puis envoyer au Roy. Mais il ne lui fut possible d'en pouvoir recouvrer un, tant ils furent rares durant ce temps. Pour les autres oyseaux quy sont de sa vollerie, ils se recouvrent aysément de plusieurs endroits.

Les *chains* les plus admirables et gentils, sont aportés au Gr. S^{gr} en main du Chaingy bachy, quy lors s'appeloit Yusuf Aga, personnage des plus acomplis des Musulmans, très grand amy du s^r ambassadeur. Et luy sont aportés ces courageux petits oyseaux, des montagnes Caspiennes et pays de Servan, Géorgie, Mangrélie et péninsule du Capha (3).

Ainsy donc, M. l'ambassadeur ayant esté plusieurs fois visiter

---

(1) *Mahute*, terme de fauconnerie, qui signifie le haut des ailes, près du corps. (Dict. de Trévoux.)

(2) Ce personnage appelé habituellement *Aly Bassa* devint tout puissant et resta toujours dans les meilleurs termes avec M. de Salignac auquel il rendit de signalés services durant l'ambassade.

(3) Presqu'île de Crimée.

les susdits officiers de la fauconnerie, il en reçut toutes sortes de bienvueillances, principalement du Chahergy bassy, quy le prit en telle affection que la mort mesme ne le put distraire, comme sera dit cy après. Et ne fut moins affectionné du Chaingy bassy combien qu'inférieur, et par conséquent moins ocupé en affaires ; à raison de quoy, il se trouvoit fort souvent au logis du s^r ambassadeur, ce que ne pouvoit faire le Chahergy bassy, tant pour sa qualité plus relevée, que pour ne boire vin; quy estoit le suject à l'autre de sy fréquentes visites, quy duroient toute la nuict à boire jusques au jour qu'il se retiroit, craignant d'estre surpris et blasmé des bons Musulmans, à quy le vin est interdit. Ces conversations et caresses estoient aucunement (1) de dépenses au s^r ambassadeur; mais luy, quy aimoit la chasse, n'estoit à cela près, car d'autre part, il recevoit de grandes faveurs et courtoysie des Visirs, Capoudans Pachas, janissaires Agas et autres principaux officiers de la Porte, quy savoient qu'il faisoit estat et caressoit les Turcs : à quoy ils prennent quand plesir ; car ils ayment naturellement et font estat de ceux qui les ayment. Qui leur fait dire assez souvent ce proverbe : « Quy t'ayme, ayme le, « quand seroit une vieille quy n'auroit que deux dents; quy ne « t'ayme, ne l'ayme, quand seroit un ange qui descendroit du « Ciel. » Or est il donc qu'ayant guaingné grands et petits de la fauconnerie du G^d S^{gr}, non content, il rechercha de plus ceux de la leveretterie et espagneux, quy font leur demeure à Scutary, très gros bourg d'Asie à l'oposite de Constantinople, lieu auquel le G^d S^{gr} a une maison de plesance des plus délectables, où il tient ses levriers et espagneux pour la chasse, mesme les gros chiens d'atache que le s^r ambassadeur désira voir. Au moyen de quoy, ayant envoyé quelcun de ses truchements vers le Tazygy bachy et *Zagargy bachy*, maistres des levriers et espagneux, leur faire savoir le désir qu'il avoit de les voir et de faire amytié avec eux, à quoy ils ne furent discordants, ains très contants d'avoir ceste conoissance. Sy bien que le s^r ambassadeur ayant parole assurée des principaux de ce lieu, il y fut donc accompagné de la

---

(1) A cette époque, le mot *aucun* avait une signification qu'il n'a plus aujourd'hui. — *Aucunement* est employé ici pour : grandement.

pluspart de son train. Là où estant à la porte de l'ancinte du Sérail de Scutary; lequel est grandemant spacieux, herbu ainsy que prairie, remply de clairs ruisseaux, où il fust gracieusement receu avec-tous les siens, du Tazygy bachy et Zagargy bachy. Qui, après le Salamalecquin et Lalec-Salem (1), autant honestemant que la civilité Turquesque le perment, ils se mirent en devoir de promener le s^r ambassadeur par tous les lieux remarquables. Ayant donc veu tout ce qu'il y a de beau et agréable en ce lieu vrayment délectable et plaisant, le Tazygy bachy nous mena en son domicile, quy est une très grande place herbue et quelque fabrique ou logement de bois, où il fit faire halte au s^r ambassadeur, quy se reposa sur les saufas et tapis, où luy fut aporté le cavé et le cerbet (2), ordinaire boisson des Turcs. Et peu après fut mené en la salle et quelques chambres, où sont très bien les lévriers. Car les Turcs ont la vraye méthode de bien gouverner les chevaux, chiens et oyseaux, mais non de les bien dresser. Cette salle est basse, où y a deux cheminées à l'oposite l'une de l'autre. Sy c'est l'hyvert, il y a toujours un peu de feu, non violant sinon pour maintenir l'air tempéré, y ayant tout autour contre la muraille, en dedans, des tables ou bancs de trois pieds de large et autant de hault, qu'ils appellent saufa, couverts partout de grosses nattes et tapis. Par dessus et outre encor, y a des peaux de moutons, avec la laine, de trois pas de distance les unes des autres, sur lesquelles les lévriers couchent d'ordinaire vestus de leurs couvertes, ainsy que les grands chevaux, dont le tissu est de bonne laine presque en façon de peluche, biguarées de toutes sortes de couleurs, par bandes et gentilles façons, que l'on ne leur oste, sinon qu'ils soient menés à la chasse, ou que l'on les frotte et nettoye. Et sont attachés, chascun en leur place, avec une chaîne à un crampon quy est dans la muraille, deux pieds au-dessus de leur place; à ce qu'ils ne se peussent joindre ou ataquer les uns des autres. Et demeurent là tous le jour, sinon le matin et le soir, que les *Ajamoglans* (3) les viennent prendre pour les promener et faire vider, les frottant avec petites brosses de poil, dont ils leur lèvent fort bien la crasse, puis

(1) Du turc: *Salam alaïkon*, la santé soit avec vous.
(2) *Cahua* ou café, et *cherbet* ou sorbet (Dict. de Trévoux.)
(3) Ajamoglans ou valets du Sérail.

les frottent de rechef avec la main nue; en sorte qu'ils les rendent nets et polys à merveille, les recouvrant et menant en leur place, à chascune desquelles y a une petite augette pleine d'eau, que l'on leur change le matin et le soir. Et leur donne à manger le pain sec, mais de bon bled fromant. S'ils sont malades, ils leur donnent du potage et quelque sorte de viande, et sont mis en un autre lieu à part, pour n'infecter les autres. C'est merveille de voir la beauté de ces lévriers, dont nous en vismes plus de soysante; lesquels ont de nature, les oreilles longues, bordées de long poils déliés comme soye, et la queue panachée de poils longs d'un doit, les coudes et jarets de mesme. Les lèverons sont noris en liberté, avec grands soings, frotés et netoyés à plesir. Après avoir veu les lévriers, le Zagargy bachy nous mena pareillement voir les espagneux, qu'ils appellent *zagars*, quy sont dans un lieu clos de murailles, grand et spacieux et tout herbu, où ils se promènent, sy bon leur semble; car ils ne sont point atachés, et sont aussy frottés et nettoyés par les ajamoglans. Après avoir vu tout ce que dessus, M^r l'ambassadeur remercia le Tazygy bachy et Zagargy bachy, faisant quelque présant d'argent pour les ajamoglans, et se partit d'eux avec mille remerciements de part et d'autre. Retournant à Galata en délibération de dresser son équipage de chevaux, chiens et oyseaux, par le moyen du Chahergy bachy et Chaingy bachy, ses deux grands amys, quy luy donnèrent deux oiseaux de poing et un chain, avec deux ou trois vieux espagneux pour dresser les jeunes qu'il eust de la race, qu'il avoit fait apporter de France, et quelques autres quy luy furent donnés de fauconniers particuliers, auxquels il donna du drap, pour leur faire des vestes ou chausses, qu'ils appellent *chacchar*; car les Turcs ne donnent que pour mieux recevoir. De façon que, peu à peu, il se monta de chevaux, chiens et oyseaux.

Peu de jours se passoient sans aller à la chasse, l'espace de deux mois du mesme hyvert que nous arrivasmes jusques au mois de may que l'on met les oyseaux en mue; durant lequel temps ne se fist pas grand prise, soit que l'on n'eust encor la pratique du pays, ou que les chiens et oyseaux ne fussent non plus dressés. Tant y a, qu'il ne fust pris que douze ou quinze perdrix : ce quy faschoit fort le s^r ambassadeur, parce qu'en France, il avoit toujours la fleur des chiens et oyseaux. Aussy entendoit-il la fauconnerie aussy bien que s^gr de sa qualité. Il alloit souvent voller avec le Chahergy bachy ou le Chaingy bassy, ses deux bons amis ; mais leur forme de vollerie ne luy plaisoit guère : aussy les Turcs n'entendent ils perfection de la fauconnerie.

. . . .

LXXIV.

SOMMAIRE : Bordier est nommé écuyer du baron de Salignac. — Il organise son équipage de chasse. — Rendez-vous de chasse près Galata. — Villages exempts de tribut et chargés d'entretenir les aqueducs qui conduisent l'eau à Constantinople. — Retour à Péra. — Monastère des Caloyers. — Générosité de M. de Salignac. — L'Ajamoglan bachy devient son ami. — Tir de l'arc. — Chasse à Ponte-Picolo. — Comment on occupe ses loisirs.

. . . . D'autre part *Halil Pacha*, qui lors estoit Chahergy bachy, et *Yusuf aga*, Chaingy bachy, n'estoient moins affectionnés au s^r ambassadeur ; car fort souvent, alloient ils à la chasse ensemble. Or est il que M^eur l'ambassadeur, jusques alors, ne m'avoit point encor employé à la chasse, et m'honora de la charge d'escuyer ; ce qu'il m'avoit promis à nostre despart de Paris. Et me fit mettre en main tout ce qui despendoit des chevaux et de l'écurie, pareillement des chiens et oyseaux, hors ce qui estoit de la charge du fauconnier pour le traictement des oyseaux ; et dressant de nouveau son équipage, me fit acheter deux chevaux tartares. Et six autres qu'il y avoit jà à l'écurie pour la chasse, avec deux beaux chevaux qu'il montoit allant au Pacha, le tout bien en point et accomodé, ce quy estoit nécessaire pour le service de leur maistre. Pareillement trouva-il quatre bons lévriers du pays et cinq ou six espagneuls, qui lui furent donnés de ses amis ; avec les huy jeunes que nous avions de la race de France, et parce qu'il avoit des oyseaux quy luy avoient esté donnés du Chahergy bachy, et d'autres qu'il avoit achetés des fauconniers de la Porte, il prit aussy un fauconnier d'iceux, quy ne laissoit de servir le G^d S^gr aux occasions, et s'appelloit *Saceval*, homme assé entendu selon leur méthode, affin d'entretenir ces oyseaux à leur façon ; de manière que nous allions aux eaux douces en un village appellé *Quina hanna,* où il prit une maison, avec grands jardins et fontaines assis en très beau lieu, couvert du midy, des grands costaux de montagnettes, quy sont en cette part; et du septentrion, est une très belle et large prerie, au meilleu de laquelle est une rivière que les Turcs appellent *Tately Sou* (qui veut dire l'eau douce), quy se décharge dans la fin du port, laquelle sy pleine de toute sorte de gibier que merveille. Laquelle maison estoit à un chaoux renégat génevois de ses amis, qui lui laissa, à condition de l'entretènemant d'icelle. En ce lieu donc, quy n'est qu'à une petite lieue de Galata, estoit nostre rendé vous, où nous allions souvent pour puis aller à la chasse au loing, demeurant trois ou quatre jours par les villages de deux ou trois lieues autour.

Nous allions souvant du costé de la mer Noire, en un très beau lieu du bourg de Térapie, que nous appellions: l'abbaye du Père Anthoine, quy lors estoit Père gardien de l'église S*t* François de Galata, à cause qu'il nous adressa ce lieu où il avoit connoissance, et estoit homme des plus récréatifs de sa robe. A raison de quoy, il se treuvoit souvant avec M. l'ambassadeur fut à Bellegrade (1), très beau village situé sur un petit costeau, au pied duquel est la plus belle prerie de tout ce contour, garnie de toute sorte de gibier. Estant ce casal des Turcs appellé *Yegni Belgrade* et un autre *Orta Belgrade;* et le dernier de ces trois casals ou villages s'appelle des Turcs *Sultan Bellegrade* ou village du Sultan, à cause que Sultan Soliman, ayant réduit la Bulgarie en son obéyssance, tira de ce pays plusieurs troupes de gens en forme de colonie qu'il fit habiter en ces trois beaux villages, exprès pour les faire travailler aux aqueducs et canaux admirables, quy portent l'eau à Constantinople, des puissantes sources qu'il y a à neuf ou dix mille de la ville, du costé septentrional; à raison de quoy jusques à présent, ce peuple bulgarien habitant de ces trois bourgades, commis aux soins et diligence de conserver les susdits aqueducs, sont examps de tributs et tailles, estant aussy privilégiés ainsy que gens libres; desquels ne se peut tirer Enfants de Tribut. Tant y a donc qu'au casal de Yegni Belgrad est un très beau lieu apartenant au s*r* Thomas Aquy, truchement du s*r* Baillio de Venise, en la maison duquel

---

(1) *Beligrad,* au nord de Constantinople.

nous allions souvent, pour estre située sur une pente de montagnette, pleine de bois d'un costé, où y a quantité de bêtes fauves et noires, de lièvres et de faisans. Au pied de laquelle pante, est la prairie agréable et plaisante, au meilleu de laquelle est un ruisseau inespuisable d'eau et de gibier. En ce lieu donc, nous avions de quoy nous esguayer, tant pour le vol des oyseaux, la course du lièvre, que pour l'arquebuze; ne retournant au logis qu'avec quantité de gibier de plusieurs sortes. De sorte qu'ayant demeuré cinq ou six jours par tous ces lieux voisins, M^r l'ambassadeur retournoit à Péra pour faire la depesche de France, et donner ordre à ce quy estoit de sa charge, visitant ses amis; puis de rechef prenoit sa brisée d'autre costé, passant le canal de la mer Noire en Asie, nous allions à Scutary, Calcédonie, Le Fanal, Maltepé et autres villages sur le rivage de Propontide, où nous faisions voller nos oyseaux à plesir, bien que nous ne prissions que cinq ou six perdrix le jour, tant elles ont bonne aile par tout ce climat.

Après avoir demeuré un jour ou deux en un lieu, nous allions puis aux *Isles Rouges*, à 18 mille de Constantinople, les plus eslognées; où l'air est sy tempéré, que les arbres sont presque en tout temps verdoyants, et le terrin sy copieux en perdrix, que merveille; quy pour n'estre chassées ou battues, semblent estre domestiques. Et me souvient qu'un des nostres, un matin chassant avec le chien couchant, en aporta vingt cinq, dont il estoit fort chargé, pour estre naturellement grosses comme poules.

Lorsque Monsr l'ambassadeur n'estoit pressé d'affaires, et ne retournoit à Constantinople, il passoit plus outre jusques aux isles St André, quy sont du mesme costé proche le goulphe de Nicomédie, où sont deux ou trois isolettes, proches l'une de l'autre d'environ trois ou quatre cens pas. En l'une desquelles est un monastère de Caloyers que mons^r l'ambassadeur prit en affection, tant pour la commodité du lieu de chasse de toute sorte de gibier, que pour la bonne conversation des bons pères Caloyers, quy résident en ces antiques monastères, et de plus pour y avoir en terre ferme de très beaux lacs d'eau douce, grandes rivières pleines d'oyseaux aquatiques et terriers, et surtout quantité de lièvres par les campagnes, à quy nous faisions la guerre et nous faisoient courre; et nous, eux aussy. Et c'est la vérité, quy se pent dire, qu'après *Ponte Picolo* et *Ponte Grande* dont sera parlé cy après, ne se puit voir en lieu de Levant, d'autour Constantinople, plus abondant et fréquanté de toute sorte de gibier que ce climat, pour n'y estre surbattu ou molesté des Turcs ny autres. En ces monastères sont 20 ou 30 Caloyers, quy tiennent ces 2 petites isles, les cultivent et labourent pour leur utilité; car ils sont assez pauvres et nécessiteux; en sorte que monseigneur l'ambassadeur les soulageoit grandement de donative ou aumones ordinaires jusques à leur faire achepter des paires de bœufs pour labourer leur terre, qu'il payoit: et de plus la provision d'huile, toille, drap bien que grossier pour les vestir selon leur ordre. Aussy se pouvoit il dire estre seigneur de ce lieu et beaucoup d'autres. — M. l'ambassadeur avoit encor du costé des aqueducs, un village à sa dévotion, et peu plus outre une très belle et grande métairie ou maison de ménage, quy est du Gr. S^{gr}, où d'ordinaire y a 20 ou 30 ajamoglans pour la cultiver et faire valloir; estant ce lieu du tout plaisant et agréable, pour estre situé en lieu désert et solitaire parmy les bois et costaux verdoyants. Et estoit l'Ajamoglan bachy, grand amy de mons^r l'ambassadeur; quy faisoit que nous y demeurions trois ou quatre jours de suitte à la chasse aux sangliers et chevreux (1), faisans, perdrix et ramiers, dont y a quantité. Et faisoit le s^r ambassadeur porter la provision de vivres sur un mulet, quy nous suivoit tousjours par les villages, n'ayant besoing que de mouton que l'on achetoit; car de gibier, il y en avoit à demeurant, et surtout de ramiers, dont y avoit telle quantité, que merveille. Pour la vollerie, nous nous escartions un peu, cherchant les plaines et costaux en friches dans lesquels y a quantité de perdrix, mais de sy bonne aille, pour estre rouges, que malaysément en pouvions nous prendre quatre ou cinq le jour et quelque lièvre parmy cela. De manière qu'ayant demeuré deux ou trois jours en ce cazal des ramiers, nous passions outre jusques à un autre village, appelé des Turcs, *Bogas cué*, qui est proche le rivage de la mer Noire, où y a, par tous ces lieux, si grande quantité de gibier qu'il ne se peult dire de plus. Tantôt costoyant le rivage de la mer Noire que nous avions à senestre, et à dextre dans les plaines, des grands lacs

---

(1) Chevreuils.

d'eau douce, sy couverts de canards et autres gros oyseaux que les Turcs appellent *Sacat gouch*, et quantité d'autres, que nous n'avons point en chrestienté. Sy bien, qu'ayant demeuré en ces lieux un jour ou deux, nous retournions à nostre cazal des ramiers, où estant, nous faisions quelque reposade, comme sy nous eussions esté chez nous. Et diray bien que tous ces ajamoglans m'aymoient sur tous les gens de M. l'ambassadeur, d'autant que souvent je les allois voir avec deux ou trois de mes amis, où je les faisois boire à plesir. Et lorsque nous estions à Constantinople, souvent les susdits ajamoglans venoient au logis de M. l'ambassadeur, où ils aportoient quelques sangliers ou chevreux, qu'ils prenoient à l'arquebuse; estant assurés d'avoir deux ou trois ducatons de présent du s^r ambassadeur : ce qui les contentoit avec la bonne chère que nous leur faisions. En sorte que, quand je les allois voir en particulier avec quelcun, ils en faisoient le semblable.

Et pour ce que le s^r ambassadeur ne pouvoit estre oyseux (1), souvent il jouoit aux eschets, aux cartes ou quelqu'autre jeu. Mais surtout il se délectoit grandement à tirer de l'arc turquois. A raison de quoy, il fit faire une butte au bout de sa gallerie, close et couverte, où nous pouvions tirer à toute heure; et bien souvent il faisoit mettre une chandelle ardante, le soir au meilleu de la butte, à quy l'estindroit. Ce quy m'arivoit de faire assé souvant, pour l'extresme plesir que j'avois en cest exercice, où je m'estois rendu adextre, à vingt quatre carats au dessus des Turcs mesmes les plus experts.

Mais, je veux faire une briefve narration de nostre plaisante promenade et chasse de *Ponte Picole* à 12 mille de Constantinople tirant au ponent. En ce lieu donc, y a une très belle maison, sise sur le rivage du grand lac d'eau douce quy jadis estoit à un Capigy bachy de sultan Mehemed, père d'Acmed; lequel fut faict mourir pour peu de suject; et fut cette maison, par grâce de sultan Mehemed, laissée en mains d'un chaoux de la Porte, nepveu dudict Capigy, homme de moyens et d'aucthorité, bon amy des truchemants de M^r l'ambassadeur; quy luy firent savoir le désir qu'il avoit d'avoir sa connoissance et ceste maison pour retraicte,

(1) Oisif.

lorsqu'il yroit au Ponte Picole; à quoy le chaoux ne diféra. Ains luy en fit offre de deux autres assez proches de là, luy faisant savoir que quand il sauroit sa venue, il l'iroit trouver pour aller à la chasse ensemble. Comme il fit depuis, et manda à un sien janissaire appellé *Mustapha* quy lors estoit comme concierge de ceste maison, de recevoir et loger le s^r ambassadeur avec son trin, toutes les fois qu'il yroit là : ce qu'il fit très volontiers, sachant qu'il n'y perdroit rien, de faict qu'il fit accomoder des chambres et tout ce qui estoit de besoin. Or est il, qu'il se peut aller au Ponte Picole par mer et par terre; au moyen de quoy M. l'ambassadeur fit équiper une bonne barque, où fut mis la provision de farine, pain, vin, orge pour les chevaux, mathelats, couvertes, arquebuses, poudre, balles, et tout autres choses que l'on jugeoit estre nécessaires. Qu'il fit expédier et partir deux jours devant luy; sy bien donc que moy, d'autre part, je fis mettre en ordre chevaux, chiens, oyseaux avec l'atirail quy estoit besoing. Ainsy M. l'ambassadeur, la première fois, voulut aller par terre, chassant tout le long du chemain, faisant prise de lièvres et perdrix et autre gibier. Où estant arrivés, nous trouvasmes estre bien logés et acomodés, et le lieu beaucoup plus plaisant et agréable que nous n'avions pensé. De sorte que nous ne perdions temps. Car dès le matin, chascun se préparoit à la chasse, quy d'un costé, quy de l'autre, sur le rivage du lac, quy estoit couvert de gibier. Et estoit incroyable de l'exécution quy s'en faisoit : y en ayant tousjours une chambre pleine. Un autre jour nous allions voler par les costaux et valons, où se trouvoit quantité de perdrix et lièvres ensemble; descouvrant les plus belles preries que l'on sauroit voir, au meilleu de laquelle serpante une petite rivière, quy se va rendre dans ce grand lac sy remply de poissons, comme brochets, carpes, anguilles et autres espèces ; et la prerie sy remplie d'oyes sauvages, que je puis dire avec vérité, n'avoir jamais veu lieu en Turquie où il y en ait plus d'ordinaire, avec quantité de hérons blancs, de cygnes, canards, cormorans; sy, que l'on diroit que tout le gibier du pays est assemblé en ce lieu. Quelques autres jours, nous allions en d'autres cazals grecs; de manière qu'ayant raudé tous ces contours, nous retournions le longt du rivage de la mer Noire, que nous avions à senestre. Nostre dernière retraite estoit à la susdite maison de Quiaat hana pour un jour ou deux; puis à Constantinople où se faisoit la depesche de France; de sorte que le temps se passoit ainsi, allant et venant de part et d'autre. D'autant que la fréquentation des Turcs et des Grecs n'est trop agréable dans ce logis, nous avions l'exercice de tirer des armes et de l'arc.

LIVRE IV (1).

. . . .

V.

SUITE DE NOSTRE SÉJOUR A CONSTANTINOPLE.

SOMMAIRE : Courses à Thérapie et à Ponte Picolo. — Pêche extraordinaire. — Aventure arrivée à l'un des compagnons de Bordier. — Magnifiques brochets envoyés à l'ambassadeur à Constantinople.

Durant toutes ces traverses et réjouissances turquesques, mons^r l'ambassadeur, pour ne perdre temps se délibéra de voir l'abbaye du Père Anthoine, proche Therapie, où il se plaisoit grandement pour les jardinages, vergers, preries et bosquets dont tout ce lieu est orné, entouré de plaisants costaux bocageux, vray repaire de lièvres, perdrix, renards, chacals et autres animaux; estant incroyable le plesir que nous recevions, à cause de la diversité des vallons, collines, boucages, lacs, preries, rivières. On estoit assuré le soir ou le matin de faire prise de deux ou trois lièvres, perdrix et autres choses; vray que pour faire voller les oyseaux, il nous falloit aller un peu à l'escart, chercher le beau voller et courre pour le lièvre; ce que nous faisions un jour, et l'autre non, pour laisser reposer les chevaux, tandis que l'on faisoit la pesche; de manière que, sy nous manquions en une sorte, nous nous

---

(1) Nous passons sous silence tout le *Livre III* qui ne renferme rien d'intéressant, relativement à l'ambassade de M. de Salignac.

recouvrions en l'autre; et pour ne nous ennuyer ny importuner personne, nous changions souvant de cartier.

Sur la fin de l'automne, monsʳ l'ambassadeur me commanda de faire tenir son atirail en ordre, pour aller au Ponte Picolo, ce qui fut fait, et montasmes à cheval, allant chassant par les chemins, avec les oyseaux et levriers, comme aussy à l'arquebuse, sy bien que nous avions le soir force gibier. Et nostre Murath Pacha (1), qui estoit le concierge, faisoit accomoder le logis de bon cœur. Estant à Ponte Picolo, M. l'ambassadeur eust avis que le paquet du Roy estoit venu. A raison de quoy il fut contrainct retourner à Constantinople, et me commanda de demeurer avec tout son atirail, pour exercer ses chiens et oyseaux; ce que je ne manquay de faire, ainsy que s'il y eust esté en personne; et luy envoyois partie de nostre gibier. Or arrive qu'un des nostres, estant allé de matin à la chasse à l'arquebuse, frapa un canard qui alla tomber dans le marécage, remply à demy pied d'eau et de roseaux, au milieu duquel palux ou marécage passoit une rivière; laquelle s'estoit dérivée, et avoit laissé à la retraicte, une très grande et merveilleuse quantité de poisson, princippallemant de très grands brochets, parmy les roseaux de ce palux. Celuy cy donc, ayant remarqué la chutte du canard, qui n'estoit trop eslogné du pied de la prerie, se résolut de l'aller quérir (car un chasseur n'a tel plesir que d'avoir ce qu'il a tué et desplesir de voir sa proye ne la pouvant emporter), de manière qu'il entra dans ces roseaux, cherchant sa proye. Là où estant, en pensant à rien moins qu'à ceste grande embuscade poissoneuse, laquelle estoit restée engagée par la retraicte de l'eau. Soudin qu'il se fut un peu avancé, il se vit entouré d'une infinité de grands brochets, qu'il s'imagina que fussent serpents de démesurée grosseur, et en demeura tout esperdu de frayeur, pensant que ces animaux le deussent dévorer, estant seul et sans secours; d'autant que ce poisson n'ayant d'eau à suffisance, ne faisoit que glisser en façon de gros serpents, qui le choquaient par les jambes; et pensoit d'estre perdu. Finallemant, ayant recogneu que c'estoit des brochets, il reprit ses esprits, et en frapa un très gros avec la crosse de son arquebuse;

---

(1) Ce doit être *Mustapha*, et non pas Murath.

qu'il assomma et prit ; et le voyant sy grand et beau, plus asseuré que devant, ayant bien reconeu cette troupe poissonneuse, retourna gayement à l'escarmouche, ayant coupé une perche dont il fit un levier, se resoulvant d'aller quérir son canard, qu'il prit aussy au meilleu de ces troupes qui passoient de tous costés de luy et par entre ses jambes ; par quoy il luy fut facille d'en tuer tant qu'il voulut, choisissant des plus beaux dont le moindre estoit de deux pieds et demy de longt, n'en pouvant aporter que cinq dans sa siquanie de toille qu'il avoit pour arquebuser ; et ainsy arriva au logis avec ceste charge, ayant fait demy lieue de chemain ; et n'en pouvoit plus à son arrivée, car il estoit chargé de 3 ou 4 canards de plus ; et nous raconta son aventure. Les brochets furent mangés avec allégresse, avec conclusion d'y aller le lendemain (qui fut un jeudy), à main armée, assaillir les scadrons aquatiques. Et y voulut estre monsieur l'aumosnier, auquel je donnay à monter un noble et beau cheval bidet (que le seigneur *Le Lau*, lors ambassadeur d'Angleterre, avoit donné de présant au s^r ambassadeur), avec trois autres cavaliers et six fantassins armés de bons bastons. Où estant arrivés sur le lieu, avec nostre guide qui nous conduisoit à la meslée, marchant le premier avec plus d'asseurance qu'il n'avoit eu le jour précédant. Et croy qu'il ne fut de grand temps un tel plesir. Car l'on ne pouvoit marcher que sur brochets qui s'escouloient et glissoient, ainsy que furieux serpents, sous les jambes de nos chevaux qui se tourmentoient autant de peur que le mesme poisson.

Nos fantassins donc commencèrent à s'escrimer de terrible force sur les plus gros brochets ; car il fut dit qu'il falloit avoir pitié des petits ; à raison de quoy l'escarmouche fut rudement menée. Et ne se voyoit autour de nous, qui estions dans l'eau jusques à plus de my jambes, [que] sauter les brochets de part et d'autre qui avoient esté frappés. Et y eust quelques jambes des nostres et de nos chevaux qui se ressentirent de quelques bastonnades, qui glissoient de travers de dessus le dos des poissons, qui, je m'asseure, ne se trouvèrent jamais à telle extrémité ; car ils ne pouvoient trouver chemin de retraicte dans leur manoir. Brief la charge fut telle qu'il y en demeura 50 des plus rablés, nous contentant à cela pour n'esterminer la race. Et dura cette escarmouche une demie heure; d'autant que l'on en trouvoit de morts à plus de 25 et 30 pas loingt du champ de bataille, qui ayant esté frappés, fuyoient qui ça qui là. Ayant donc assemblé nostre butin et estandu sur la prerie hors des roseaux, j'en fis choisir quarante six. Le reste fut donné à quelques janissaires que nous avions et autres gens du bourg; de manière que j'envoyay quérir des scacs au village, qui est à une mousquetade d'où nous estions, et fis porter notre proye sur un cheval au logis de Ponte Picolo. Là où estant, je fis choisir 20 brochets, dont le moindre estoit de deux pieds et demy de longt, que je fis mettre en deux pagniers, avec demy douzaine de brèmes, qui est un poisson plat et large, qui fut pris aussy à telles escarmouches, avec les deux derniers lièvres et une douzaine de perdrix, le tout bien accommodé, avec six canards que je fis tenir leste pour l'envoyer de grand matin. Cependant nous passasmes le soir joyeusement, et moy qui ne dormois pas, fis venir un jeune homme, qui estoit renégat françois, appellé *Mustapha*, lequel estoit armurier. Et pour ce, mons^r l'ambassadeur le menoit tousjours avec luy, pour acommoder les rouets des arquebuses, qui estoient desvoyés ou rompus; lequel j'envoyai en façon de vivandier avec ceste charge, que je fis partir deux heures après minuict, et arriva à Galata au logis de mons^r l'ambassadeur, à 1 heure après soleil levé : ce qui vint à point ainsy que tambour en nopce; d'autant que mons^r l'ambassadeur traictoit à diner plusieurs de ses amis. Et ne fault demander s'il fust extresmement joyeux d'avoir du poisson d'eau douce; car de celuy de mer c'est chose commune à Constantinople, ayant double plesir, se faisant raconter la façon de la prise, et de voir la grandeur des brochets que chascun admiroit. Et n'y avoit personne du logis, oyant ce récit, qui n'eust voulu estre avec nous pour voir cette façon de prise.

. . . .

VII.

SUITE DE NOSTRE SÉJOUR DE CONSTANTINOPLE.

SOMMAIRE : Déplacement de chasse à Ponte-Picolo. — Tremblement de terre.

L'empire Ottoman ayant un peu de relâche chez soy, le s^r ambassadeur se proposa de faire une course en Asie, me commandant de faire tenir tout l'équipage de chasse en ordre; peu après en fit une autre en Europe, qui fut Ponte Picolo. Et ne veux ycy obmettre un tremblement de terre quy arriva, lorsque nous y estions, qui fut un dimanche de grand matin du mois de février 1608, estant encore au lit. Lequel tremblemant dura peu; mais il nous escroulla rudemant, estant (en) la chambre où nous estions couchés, 10 ou 12 qui ça, qui là sur le planché et matelats, partie fondée sur la muraille ferme et solide, partie sur pilliers ou colonnes de bois et autres de pierres, qui anticipoit sur le jardin. Sy bien que le grand escroullemant et secousse dudit tremblemant soudin m'esveilla, croyant que tout allast tomber; et sentois fort bien que les pilliers de dessous nous se mouvoient furieusemant. Néammoins, reconnoissant fort bien que c'estoit tremblemant de terre, je ne bougeay. Or est il que le s^r ambassadeur estoit dans une petite chambre, joygnant la nostre, où estoit aussy son valet de chambre. Lequel sentant ce grand tremblemant, tout effrayé, sortit promptemant de la chambre, laissant le s^r ambassadeur, qui dormoit sy fort qu'il ne sentit ceste esmotion, et vint tout esperdu nous trouver en la nostre, ne sachant où il devoit aller, ny que faire. Mais ce escroullemant passa presque aussy tost, le tout se tournant en risée sur la fuitte du valet de chambre, qui ne savoit où il en estoit, et retourna, estant plus asseuré que devant, en la chambre du s^r ambassadeur, lequel fut esmerveillé, sachant ce qui s'estoit passé. Sy bien qu'ayant faict ses prières, ne sachant à quoy passer le temps, sinon aux eschets ou au tarost, atendant le lendemain, que nous ne laissâmes de faire bonne chasse. Le jour suyvant, voulut le s^r ambassadeur que je le menasse au lieu où nous avions faict la prise des brochets, le voyage précédant; ce que je fis. Mais il n'y avoit ny eau ny poisson, le froid ayant tary l'eau.

. . . .

XIII.

QUE L'ARC ET LA FLÈCHE EST TRÈS NOBLE ET ANCIENNE ARME OFFENCIVE ET TRÈS COMMODE EN GUERRE.

SOMMAIRE : M. de Salignac et quelques Bassas discutent sur la valeur comparative de l'arc et de l'arquebuse. — Facilité de parole de l'ambassadeur. — M. de Salignac va dîner chez l'ambassadeur d'Angleterre. — Adresse de ce dernier au tir de l'arc.

Les Turcs ont grande dextérité et adresse, qui leur est commune et naturelle dès leur enfance, à tirer de l'arc.

Me souvient d'une plaisante dispute volontaire contre mons^r l'ambassadeur de Salignac, dans son logis à Constantinople, par aucuns Turcs, ses amis et gens de qualité; lesquels, comme par manière de devis, entrèrent sur le discours des armes offencives et défencives; chascun alléguant et louant celles qui leur estoient les plus propres et naturelles pour estre les meilleures et plus nécessaires, les Turcs vantant et exaltant leurs arcs et flèches, soutenant par bonnes raisons n'en n'y avoir point de plus domageables à l'ennemy, ny qui l'allast chercher de plus loing, ayant autant d'effect à la chute et plus qu'à la desbande, ce qui n'estoit, disoient ils, d'une arquebusade, qui n'estoit sy loingtaine et violente à la fin qu'à la sortie du canon.

Mais le s^r ambassadeur, qui n'estoit aysé à vaincre d'arme ny de parolle, respartit, soustenant par vifves et bonnes raisons que l'arquebusade estoit de beaucoup plus violente, terrible et affreuse, et de plus grand effet que non pas une flèchade; qu'elle espouvante l'ennemy par le feu et tonnerre de son bruict espouvantable, outre que le fracas en est plus dangereux, violent et préjudiciable en la partie qu'elle atint, principalement des os pour gros et forts qu'ils soient. Elle brise, rompt et fracasse tout ce qui luy résiste; ce quy n'est ainsy d'une flèchade, laquelle n'espouvante, ny ne brise le moindre os qui le rencontre. Plusieurs raisons furent aléguées de part et d'autre, mais non la bonne du costé des Turcs, que je ne veux laisser arrière, sy bien je ne voulus rien dire lors, pour ne leur donner guain de cause. Et croy que le seign^r ambassadeur n'ignoroit, quy est la vérité, qu'une arquebusade espouvante et fait plus grand dam aux ossements qui en sont atints, que ne faict la flèchade; mais aussy en faut il venir là qu'un archer, pour inexpert qu'il soit, descochera tousjours douze ou quinze flèchades, contre une arquebuzade.

Je raporteray qu'un jour le seigneur *Thomas Glauvert*, ambassadeur d'Angleterre à Constantinople, voulant traiter le seigneur ambassadeur à dîner chez luy, où il me fit l'honneur de m'y mener, ce festin fut merveilleusemant beau et abondant en toutes sortes de viandes, mais froides et mal aprestées. Et croy que ce fut à raison du retardement que nous fismes, pour luy voir tirer de l'arc, en quoy il estoit fort expert et faisoit des coups merveilleux et incroyables; ayant apris ces secrets de certins Turcs, qui font profetion de les monstrer et aprendre pour tant par mois. Donc, le s^r ambassadeur estant arrivé à la porte du logis, il fut honorablement receu par le dit s^r ambassadeur d'Angleterre. Lequel atendant que l'on eust servy sur table, le mena au jardin, qui est grand et spacieux; où là nous vismes un attelage d'arcs, flèches, cuirasses, jacqs de mailles et autres instrumants, qu'il avoit fait apporter en ce lieu, par passe temps; et, pour première preuve de sa force et dextérité, fit plier le jacq de mailles en douze doubles, qui estoit contre une butte, lequel il perça facilemant tout outre; qui fut un coup admirable, ce nous sembloit.

Le second fut de deux plastrons à preuve d'arquebuse; lesquels estant mis l'un contre l'autre, il percea tous deux d'un coup; le 3e fut de la pièce de fer ronde de la grandeur d'une assiette espaisse de deux grands doits, que le valet du Turc, son maistre, quy luy avoit apris ceste industrie, tenoit sur la teste avec les deux mains; lequel il perça tout outre; après, fit mettre le mortier de bronze, qu'une arquebusade à croc n'eust peu fausser, et néanmoins le perça ainsy que les autres; et fit puis venir deux billots de bois rond, longs d'un pied chascun, lequel il perça l'un après l'autre, avec certaines flèches de bois rouge sans ferts, et sembloit de bresil (1), lequel ne rebouche point contre d'autre

---

(1) Bois rouge et pesant, qui est fort sec, et qui pétille dans le feu (Dict. de Trévoux.)

bois. Après tous lesquels admirables coups, les viandes estant sus table, les ambassadeurs furent appellés pour le disner, où chascun fist bonne chère sous une plaisante feuillée, faite exprès. Pour moy, j'avois force amis là dedans, à cause que ledit seigneur ambassadeur Anglois me menoit souvent aux Eaux Douces, là où dans la prairie nous tirions de l'arc ensemble à un but limité, car je me plaisois merveilleusement en cest exercice.

XIV.

DU PATRIARCHE DE CONSTANTINOPLE QUI PRIA LE SEIGN^r AMBASSADEUR DE SE TREUVER A UNE SIENNE MESSE SOLENNELLE A PÉRA.

SOMMAIRE : Vêtements dont se sert le patriarche. — Le chien de M. de Salignac l'accompagne à l'église. — Places occupées dans l'église par les prêtres et le public. — Manière de dire la Messe. — Pain bénit. — Femmes de mauvaise vie. — Bonne réception faite à l'ambassadeur.

Le patriarche de Constantinople appelé *Néaufito*, homme très honorable et de belle prestance, ayant tousjours eu singulière amitié avec le seigneur ambassadeur, depuis son arrivée à Constantinople qu'ils se visitèrent l'un l'autre avec grands complimants. En l'an 1608, environ le mois de may, les habitants grecs de Galata solanisent une feste tous les ans en leur église appellée *Crisopigy*, qui veut dire Fontaine d'Or, où le patriarche assiste et dit messe tous les ans. Et fit prier le s^r ambassadeur d'y assister, où ne manqua d'y aller avec partie de son train, l'église estant petite et basse, car les Turcs ne veullent soufrir qu'ils facent de grands édifices, comme ils faisoient anciennement. Aussy ne le pouroient ils faire quand bien ils le voudroient, tant ils sont déchus de leur première grandeur et magnificence. Estant donc le s^r ambassadeur avec les siens, arrivé en ceste église, et placé selon son mérite, peu de temps après arriva le patriarche que deux hommes portoient en une chère ; lequel ils posèrent au meilleu de la nef de l'église, où il demeura assis en son pontificat, jusques à ce qu'il fut vestu à point de dire la messe ; estant autour de luy sept ou huy prestres, vestus d'assez beaux ornements d'église, qui commencèrent quelques petites prières, ayant croix et banières et autres choses requises au service divin, autour de luy; où puis un prestre, avec toute révérence et cérémonie, le devestit de quelques robes et afublements de testes pour le vestir d'habits pontificaux : qui fut : le premier, l'*aube* que les Grecs appellent *Stihari*, laquelle est de satin rayé de couleurs, par petites bandes; n'estant loysible de la porter ainsy qu'aux archevesques et métropolites, et les autres de toille blanche. Pour laquelle prendre, il se leva; puis luy fut baillé l'*estolle*, qu'ils appellent en grec *Epitraquili*, puis la *ceinture* qu'ils appellent *Zony*; puis les *manipulles* qu'ils appellent *Epimanica*; puis lui fut baillé l'*Epigonaccio*, qui est une pièce carrée de demy pied de chasque quadrangle, et le metent à la cinture du costé dextre, qui leur va jusques aux genoils. Puis luy fut mis le *sac* qui est comme une *chasuble;* n'estant permis qu'aux patriarches de le porter. Puis l'on luy mist une certaine bande de satin velours broquat, large de demy pied, qu'ils mettent sur les espaulles, les deux bouts qu'ils font venir par le devant en croix, et l'appellent *Homoforo*. Puis luy fut mis la *mitre* sur la teste et quelques joyaux aux doits, et autres choses requises à telle cérémonie. Tous lesquels ornements ou habits sont fort convenables pour leur antiquité.

Estant ainsy vestu, il s'achemina à l'autel avec les prestres, pour commencer la messe. Mais voycy un grand obstacle, duquel les Grecs et les éclésiasques se formalisoient grandement, sans leur oser plindre; qui estoit que le seigneur ambassadeur avoit un fort beau chien, qui le suivoit quelque part qu'il allast, sinon au Pacha. Et d'autant que les Grecs ne soufrent en neulle sorte entrer les chiens, ny autres animaux en leurs églises, lorsqu'ils célèbrent la messe, voyant cetuy-cy estre proche du s^r ambassadeur, le prièrent de les vouloir excuser s'ils le prioient de faire oster ce chien de l'église, d'autant qu'ils ne pouvoient bonnement dire le service qu'ils désiroient. Ce quy luy fut raporté par ses truchemants. Et le sachant, commanda que l'on l'emmenast au logis. Mais la difficulté fut que ce chien estant extresmement fier et orgueilleux, ne se laissant gouverner à personne qu'à son maistre, de sorte que chascun se regardoit à quy luy metroit la main dessus pour le prendre et l'emmener. Mais neul n'osoit s'asarder; estant la messe retardée pour ce sujet; au moyen de quoy l'asistence estoit en suspens, jusques à ce que le s^r ambassadeur s'avisast que ce chien se laissoit gouverner et manier par Mr Angusse, son secrétaire, lequel il fit venir, et luy fit bailler pour le faire porter au logis ; comme fut faict.

Ainsy donc le patriarche entra dans le *Sanctus Santaurum*, qui est un petit lieu séparé au dessus du cœur de l'église, où n'y a que le prestre et celuy qui le sert, quy y entre. Car tous les prestres ou religieux sont aux deux costés du cœur, comme sont les chanoines en nos églises, mais non assis comme eux, ains en pied, appuiés sous les bras de leurs cherres ; qui pour cest effect, sont hautes ; et les plus aparants des paroissiens, estant dans la nef de l'église, appuyés ainsy que dessus, et les autres par toute l'église, qui en pied, qui dessus des bancs, ainsy que bon leur semble ; les femmes estant retirées en certaines galleries hautes autour de l'église, qui voyent sans estre veues par des jalusies.

Le patriarche donc commença la messe, se tourna de l'autel vers le peuple, faisant trois signes de croix, lesquels ils font tous, commençant en terre, s'inclinant fort bas, puis se leva, portant la main au front, puis au ventre et à la poitrine, finallement au tetin droit, sans ce que le costé senestre y participe. Et ainsy commença l'Introïte en leur langue vuelguaire ; car toutes les nations levantines disent chascun la messe en leur langue. Or est il qu'à toutes leurs prières, qui se chantent par versets, il y a un jeune cler ou enfant de cœur qui va avec son livre, tantost d'un costé et aure de l'autre des caloyers ou des prestres, et leur lit hautement le verset qui vient à point. Lequel est puis réitéré en chantant par lesdits caloyers ; continuant en ceste sorte jusque à la fin que se dit l'Epistre ; et ainsy de l'Espitre à l'Evangille, Credo et autres prières qui se font à la messe devant la Consacration. Qui se fait d'un grand pain de paste levée ; lequel est bénit du patriarche ou du prestre qui dit la messe ; et en coupe puis un morceau du meilleu, en rond, ainsy qu'une hostie ; lequel consacre et pose puis sur la platine, laquelle ils tiennent à deux mains ; et se tourne vers le peuple qui tous s'inclinent, faisant le tour entier sans partir de l'autel, où il pose le Sacrement, faisant les prières accoutumées. Lesquelles estant finies, reprend la platine, sur laquelle est le Sacrement, qu'il tient à deux mains sur sa teste, et s'achemine autour du dedans de l'église, accompagné de deux prestres, dont l'un porte la croix, l'autre va encensant; et ainsy chascun l'adore, non à genoil comme nous, ains en pied, s'inclinant avec grand prières et oraisons requises à ce mistaire. Puis le patriarche le pose sur l'autel, où après s'estre préparé, il communie. Pour le reste du pain, dont il a pris pour faire le Sacrement, est mis en petites pièces et morceaux, en un linge blanc, estendu sur une table sous le porche de l'église, où le peuple, en sortant, en prand chascun son morceau; qui est comme à nous le pain benist. Sy c'est feste annuelle comme celle cy estoit, le peuple communie, ainsy que j'ay maintes fois veu; et vont à l'autel, l'un après l'autre, s'inclinant fort bas, car ils se mettent point à genous, oyant leur messe qu'ils appellent Liturgie, sinon le jour de la Trinité; et ainsy en pied, le prestre leur donne à chascun le Saint Sacrement sous les deux espèces, tant aux hommes qu'aux enfants depuis quatre ans, qu'ils font communier, disant qu'ils sont nets de péché. Pour les femmes qui communient, elles ne viennent à l'autel, afin de n'estre veues; mais le prestre les va treuver en leur lieu, qui sont comme galerie, où y a lieu exprès pour les confesser et communier: ce qu'elles font en pied comme les hommes. Pour celles qui sont de mauvaise vie, et n'ont bonne réputation de leur corps, ne participent à la communion, estant séparées des autres. Ce qu'estant fait et le service fini, chacun se salue dans l'église mesme, se demandant pardon les uns et autres, s'embrassant et baisant tous d'un et d'autre costé des joues; et de plus boivent ensemble en mesme verre et mesme vin, en signe de confirmation et nouvelle alliance; y ayant gens exprès qui présantent à boire par tout: ce qui se fait aussy parmy les femmes en leur lieu. Et ne se fait qu'aux festes solennelles de l'an.

Mais revenons au patriarche, qui, après la Consacration, rand à Dieu actions de grâces; puis avec cérémonie, il donne la bénédiction au peuple qui s'incline fort bas en terre, faisant le signe de la croix, ainsy qu'a esté dit. La messe estant finie, et le patriarche devestu de ses ornemants pontificaux, après quelques prières, le s^r ambassadeur et luy se firent mille caresses, se remerciant et louant l'un l'autre: le patriarche d'avoir prié le s^r ambassadeur d'assister à sa messe, et le s^r ambassadeur d'y estre veneu. Et ainsy nous nous séparasmes les uns des autres; le patriarche ayant fait tout ce qu'il peut pour retenir le s^r ambassadeur à disner avec luy; mais il s'en excusa pour quelques raisons, et remontasmes à Péra.

. . . .

XXI.

CONTINUATION DE NOSTRE SÉJOUR DE CONSTANTINOPLE.

SOMMAIRE : Retour à la chasse. — Vestes de drap de Paris données en présent aux Turcs par M. de Salignac. — Le dimanche consacré à la prière. — Bordier demande un congé pour voyager.

L'hyvert s'approchant fort, qui estoit le temps de la chasse, le seigneur ambassadeur me commanda de tenir toute l'affaire en état de partement, comme je fis, faisant passer tout l'attirail à Scutary, où nous allasmes visiter le Tazygy bachy. Nous chassasmes comme d'habitude, séjournant deux ou trois jours en un lieu et autant en un autre. Cette diversité nous aportoit du contentemant, et nouvelles conoissances des Turcs, qui nous favorisoient, et acompagnoient où estoit le gibier. Et se trouvoit des Chaoux ou Agas qui traictoient le s^r ambassadeur en leurs maisons, où nous estions fort bien selon leur eusage; et ay remarqué que les femmes, qui ne se laissent voir que rarement, acomodoient les viandes en lieu séparé où elles estoient; et les envoye puis par leurs femmes ou filles esclaves, qui bailloient les plats à leurs maistres ou aux esclaves d'iceluy. Quelquefois elles nous voyoient par des lieux sans estre veues. Et la plus part de ces banquets, le s^r ambassadeur donnoit au maistre ou maistresse, ou à quelcun de leurs enfants une veste de drap de Paris, qui est fort estimé par la Turquie, ou de satin, damas; ou autres estofes; au moyen de quoy nous estions tousjours les bien veneus, quelque part que nous alassions, fût à Constantinople ou aux entours. — Nos journées estoient ordonnées pour la chasse et la pesche, et le dimanche pour prier Dieu; car nous ne montions point à cheval. Ainsy passions nous l'hyvert gayement, n'estant du tout si rigoreux qu'en France.

Or est il que durant toutes ces promenades d'hyvert, j'avois tousjours envie en mon âme, d'en faire une, au printemps qui s'aprochoit, qui estoit d'aller à Trébisonde. Je ne pensay que monseign^r l'ambassadeur ne me refuseroit ce voyage, veu que c'estoit le temps dont il avoit le moins affaire de moy, d'autant que l'on met les oyseaux à la mue. A raison de quoy me trouvant un jour dans la gallerie, tirant de l'arc avec mons^r l'ambassadeur, je le priay puis affectionnemant de me permettre de faire ce voyage, qui ne pouvoit estre que de deux mois. Ce qu'il ne me refusa, de manière que je demeuray très contant, attendant le temps de la navigation de la mer Noire qui est en may. Et pour estre plus certin de sa promesse, sur le commencemant d'avril, je le priay de rechef me confirmer sa promesse, afin de n'estre surpris et pouvoir donner ordre à ce qui m'estoit besoing. Ce qu'il me promit de faire de rechef. Mais ce ne fut que fintise : car je ne fus sy tost hors d'avec luy qu'il dit à un gentilhomme de mes amis, exprès afin qu'il me le référast : « Bordier m'a demandé congé « d'aller à Trébizonde, qu'il y aille s'il veut, mais je ne luy « donneray pas un teston. » Ce que m'ayant puis esté rapporté, cela me donna fort au cœur, non pour dire qu'il ne me donneroit rien, mais prévoyant que je n'aurois moins de peine à l'entreprise de ce voyage que j'eus pour celuy de Capha (1).

(1) Bordier fit un long voyage et revint ensuite à Constantinople, où M. de Salignac l'accucillit avec bonté, oubliant les torts de son écuyer et ne lui en manifestant aucun ressentiment.

LIVRE V.

. . . .

LXV.

DE LA TRISTE ET DÉSOLÉE NOUVELLE DE LA MORT DU FEU ROY HENRY IVᵐᵉ.

SOMMAIRE : Douleur de M. de Salignac en recevant cette nouvelle. — Service funèbre. — Le P. de Canillac prononce l'Oraison funèbre. — M. de Salignac tombe malade accablé par le chagrin.

(*Il* (1) *n'y eust jamais grande prospérité, qui ne fut talonnée de l'infirmité de misère; car l'infélicité et la vie humaine sont sy proche voisins, qu'ils ne sont jamais l'un sens l'autre. Lorsque nous estions, sy on peut dire, au comble de nos plesirs, tantost par l'Europe, et ors en Asie, n'ayant presque autre pensée qu'à forger nouveaux esbatements pour envoyer le temps rière de nous, voicy un vent ponentin qui, comme jaloux de nostre bonheur, traversa en vingt cinq jours mille lieues de chemin qu'il y a de Paris à Constantinople, tant la mauvaise nouvelle est prompte et légère en tous lieux, quand il est question de chose importante comme fut celle cy, qui nous apprit en un instant la mort du plus grand prince de chrestienté, qui fut celle du grand roy Henri IV, ayant esté meschemment tué à Paris le vendredi vingt quatrième de mai de l'an 1610, comme chacun say; et*

---

(1) Tout ce passage entre parenthèses a été publié par M. de Biran, dans son étude intitulée : *Une Ambassade de France en Turquie sous Henri IV*.

furent les messagers de ce perfide et sinistre accident, les *Juifs de Venise*, qui en écrivirent à ceux de *Constantinople* et à quelques uns de leurs amis de la *Porte* ou court du *Grand Seigneur*. Car ces gens sont surveillants sur tous autres, partout où ils habitent; et arriva qu'estant M. *Denis*, l'un des secrétaires du s^{gr} ambassadeur, dans les Courts du Divan ou Sérail du G^d S^{gr}, avec un chaous de ses amis, pour estre françois, luy fut baillé à lire une lettre en italien pour en sçavoir le suject, qui fut ceste mort tant regrettée de tous, sens toutesfois faire mention des particularités d'icelle, ce qui mettoit chascun en doute sur le commant; et fut ledit sieur *Denis* (1), le premier porteur de ceste triste nouvelle à m^{gr} l'ambassadeur, qui lors estoit après soupé dans le jardin, jouant tous ensemble à la banette, sy que le tirant à part, nous quitant, luy raconta ce qu'il avoit veu et sceu sur ceste affaire; et ne se puis dire comme cela lui toucha au cœur, d'autant que le s^r ambassadeur avoit esté nory, dèz son enfance, avec le Roy, ayant tousjours esté grandement aymé de Sa Majesté; aussy y eust-il tousjours de grandes charges, fut en puix ou en guerre; de sorte que, oyant la fin du grand Roy estre ainsi arrivée, il eust le cœur sesy d'une merveilleuse tristesse, ce que nous reconeusmes tous, bien qu'il s'éloignast de plus de cent pas de nous, se battant les cuisses des bras et mains, ce qui nous fit juger qu'il y avoit quelque sinistre méchef; et se retira par la petite allée basse du jardin, et entra par la petite porte de derrière en sa chambre, commandant au sieur *Denis* de ne parler nullement à personne; de manière que nous restasmes tous estonnés de ceste subite retraite, et dès lors y eust par tout le logis plus de silence que de bruit. Et fut le s^{gr} ambassadeur trois jours sens sortir de sa chambre, ne se pouvant résoudre ny juger du vray ou du faux, attendant impatiemment plus de quinze jours l'ordinaire du Roy, pour sçavoir le mérite de ceste mauvaise nouvelle. Mais ce fust plus tôt de la Royne qu'il vint quinze jours après les vingt cinq jours de sa mort; de sorte que ce fust le quarantiesme jour que nous eusmes la confirmation de ce malheureux et pernicieux accident, qui ne nous fut lors que trop véritable. Car auparavant n'estant

---

(1) Louis Denis est mentionné dans le testament du baron de Salignac, qui lui laisse une somme de cinquante écus. (Voir le Testament aux Pièces justificatives.)

certain de quelle façon ce pernicieux asasin avoit esté commis, les uns disant que ç'avoit esté par l'un des valets de chambre de M. le Prince, qui lors estoit absent de la Court pour quelque mescontentement qu'il avoit eu du Roy, chascun peut juger de combien ceste nouvelle nous fut de rechef dure, triste et fâcheuse, non seulement aux François, mais bien aux Turcs, Romains de Galata, et surtout aux Vénitiens qui lors se trouvoient à Constantinople. Car c'est la vérité que les Vénitiens aymoient grandement le roy Henri IV, ce qu'ils firent fort bien conoistre aux cérémonies des obsèques de Sa Majesté, où se peut véritablement dire que nostre nation leur fut redevable, ne pouvant rien faire sans eux, comme ils firent en ce pieux et lamentable office.

Car il faut entendre qu'après estre certin de ce malheureux asasin, Mgr l'ambassadeur ny les siens ne sortirent du logis en public, que luy et tout son train ne fussent vestus de deuil, qui nous fut un triste augure; d'autant que depuis ceste mauvaise nouvelle, la tristesse et la mélancholie ne le quittèrent qu'au tombeau; et servirent puis, les habits de deuil pour les deux, comme sera dit cy après.

Sur ce, les ambassadeurs d'Angleterre et de Venise vindrent visiter Mgr l'ambassadeur, pour le condoulloir de ce désastre, taschant, du mieux qui leur fut possible, de le réconforter, d'autant que ce luy estoit un grief intolérable et particullier, quy luy toucha sy au vif, que jamais depuis n'eust aucun plaisir ny contentement, bien qu'il recherchast assé le moyen, comme sera dit cy après, de le modérer.

Il avisa donc de rendre les derniers devoirs à la mémoire de son Roy et bon maistre ensemble, par les plus somptueuses et magnifiques obsèques que l'on se peut imaginer de faire en lieu si désavantageux pour un sy haut suject. A raison de quoy, il rechercha tous les moyens d'honorer ce royal tombeau, par les plus picuses et graves cérémonies dont l'on se pouvoit imaginer.

Mais il faut ycy que je die, que nous fussions honteusement demeuré à plus de moytié chemain, sy les Vénitiens n'y eussent volontèrement contribué du leur, et ne se fussent entremis de ceste louable cérémonie, qui fut de tant plus relevée et magnifiquée par eux, à qui ne touchoit ceste affaire que par piété, neul de nous ne sachant trouver le moyen d'y commencer. Et fut faict le service des obsèques royales en l'église St François de Galata; la nef de laquelle église fut entièrement, par les seigneurs vénitiens, ornée de tentures de belle serge

noire, par tous les parois et pilliers de l'église, tout autour, sans y
rien espargner; et au dedans du chœur de l'église, ne se voyoit que
velours noir, et au milieu d'icelle, estoit la chapelle ardente hautement
eslevée en pyramide ou pavillon sur quatre colonnes, le tout couvert
de velours viaulet semé de fleurs de lys blanches, avec un nombre
infini de cierges ardants sur et autour de ladite chapelle; au dessous
de laquelle estoit le cercueil ou tombeau couvert par dessus et autour,
de velours viaulet, avec la grande croix de satin blanc par dessus et
la couronne royale sur le chef du tombeau; chose à la vérité de superlatifve et royale grandeur, qui randoit tout ce lieu merveilleusement
admirable à toute l'assistance qui n'estoit petite. Car il se peut dire,
que toutes les nations chrestiennes qui se treuvent à Constantinople,
assistèrent à ce funeste office et prières, qui durèrent trois jours de
suite; où assista et officia le très révérend évêque de l'isle de Scio, et
tous les religieux de l'Observance, de l'église de Ste Marie, les Jacobins de l'église de St Pierre, les Pères de St Anthoyne et autres, outre
ceux de St François. Et s'y treuva aussy le seigneur Contarini, pour
lors bailli ou ambassadeur de la Seigneurie de Venise; où se fit puis
l'oraison funèbre par le révérend Père François de Canillac, digne
supérieur de la mission du collège des Jésuites de Constantinople. Et
ne se puis dire de combien ceste mort fut de tout ce peuple chrestien,
pleurée et regrettée durant les services qui continuèrent journelle-
ment l'espace de quarante jours; durant lequel temps ne se voyoit que
toute tristesse et facherie, non seulement au logis du s^{gr} ambassadeur,
mais bien encore parmy les chrestiens du pays) (1).

---

(1) Dans la lettre déjà citée, le P. de Canillac raconte, en ces termes, comment on apprit la nouvelle de la mort du Roi, et donne des détails sur les
services funèbres qui furent célébrés à cette occasion, ainsi que sur le chagrin
mortel qu'en ressentit M. de Salignac :

« Nous cheminions de bon train en nos exercices, quand vint la triste et
« déplorable nouvelle de l'énorme parricide, commis en la personne du grand
« Henri IV, nostre très bon et très chrestien roy, de glorieuse mémoire. Le bon
« M. de Salagnac, comme un de ses plus familiers anciens serviteurs, pour je ne
« sçay quelle sympathie extraordinaire, la pressentit en songe, avant d'en ouïr la
« nouvelle : luy semblant d'arriver à la cour de France, et d'y voir tout le monde
« en deuil, jusques à la Reyne, qui, couverte d'un grand crespe, luy donna, de sa
« propre bouche royale, la nouvelle de la perte de son bon et cher mary. Dieu
« sçait combien ce seigneur regretta cette mort, qui asséna, ce semble, le coup
« mortel, qui, en peu de mois, le ravit de ceste vie . . . .

Ce qui occasionna le dit seigneur ambassadeur de se retirer de tout plesir et contentement. A raison de quoy, ne se treuva jamais bien de sa personne, tant la tristesse et mélancolie luy afligèrent le cœur. De manière qu'ayant quitté tout exercice et plaisir, en quoy il se souloit récreyer, tirant sur l'âge, bien qu'il ne fut que de huy mois plus viel que le Roy son maistre, joint qu'il estoit de gros et puissant corsage. A raison de quoy, il se resentoit foible, pesant et desbille. Ce qui le fit résoudre, environ le mois de juillet, de retourner aux baings de Bourcia ou plus tôt d'Yalonne, où il avoit jà esté le précédant, estant malade de la gravelle, à quoy il estoit un peu sujet. Et se treuva lors fort bien de ces baings, retournant fort, sain et joyeux. Ce qui le fit résoudre de retourner. Et pour ce suject, ayant fait venir son médecin que l'on appeloit le *docteur Valantin*, portugais de nation et renégat de plus, avec lequel il consulta de ce voyage, y estant aussy un apothicaire de Galata appelé *Apologne*. Qui tous ensemble, principalement le médecin, n'estoit d'avis qu'il deust faire ce voyage, pour plusieurs raisons qu'il allégua, lesquelles n'eurent lieu, d'autant que le grand désir qu'il avoit d'aller passer cette tristesse et grand mélancolie au loing, luy fit passer par sur toutes considérations; disant que, l'an passé qu'il estoit fort malade, s'estant baigné plusieurs fois, il en retourna fort sain, mais qu'à présent, il ne sentoit autre mal en son corps, sinon une triste mélancolie, qu'il désiroit perdre par quelque changement d'air, qu'il savoit luy estre un remède assuré, pour la diversité du pays et de la chasse, qui luy aporteroient un grand alègement d'esprit; raisons qui ne furent trop débattues, le voyant entier en cette volonté, veu qu'il y avoit quelque aparence de raison, sy Dieu eust permis qu'il fut réucy

---

« Monsieur l'ambassadeur ne manqua à ce qui estoit deu à la mémoire d'un
« tel roy, faisant faire un office solennel, premièrement en l'église de Saint-
« François. . . . . Après l'office monsieur de Salagnac se vint
« retirer chez nous pour y prendre son diner y préparé, et quant et luy monsei-
« gneur l'évesque, MM. de Raguse, le R. P. vice patriarche, et autres. . . . . .
« . . . . . M. l'ambassadeur passa cette nuict chez nous et la suivante. Le len-
« demain, un de nos Pères chanta la grand messe de Saint Ignace (car c'estoit le
« penultiesme de juillet, veille de la feste de ce saint). On y commença les
« quarante heures pour prier tant pour l'âme du roi deffunct, que pour l'heureux
« règne du nouveau roi Louis XIII. . . . »

selon son project pour sa santé, comme le tout se tourna mal, ainsy que se peut voir cy après (1).

LXVI.

DE NOSTRE VOYAGE DES BAINGS D'YALONE PRÉS LA VILLE DE BOURCIE EN BITHYNIE.

SOMMAIRE : L'ambassadeur part pour les bains d'Yalone. — Il emmène 3 chevaliers de Malte prisonniers des Turcs et dont il avait payé la rançon. — Chasse en mer. — M. de Salignac fait don d'une arquebuse à Bordier. — Son chagrin ne peut se dissiper.

Sur la fin de juillet, monseigneur de Salignac, se sentant tousjours opressé de la mort du feu Roy, son bon maistre, se proposa entièrement d'eslogner pour un temps la ville de Constantinople, cherchant d'aléger sa langoureuse passion. Pour ce, me commanda-il de tenir son équipage à point, tant pour les chevaux, chiens et oyseaux, que pour l'arquebuserie. De sorte qu'ayant donné ordre, le seigneur ambassadeur, à tout ce qui estoit de sa maison, laissant la charge de ce qui estoit des affaires du Roy, au sieur *Olivier* (2), premier truchement, nous partismes donc au commencement d'aoust de la mesme année 1610, menant avec luy deux truchemants, deux janissaires et trois chevaliers de Malte que Calil Pacha avoit pris en mer l'an précédent, savoir : les chevaliers de *la Feuillade* ou d'*Aubusson* (3), *Du Fossé* (4), et de *Pontac*, dont

(1) « Nous continuasmes nostre train, raconte le P. de Canillac, jusques à
« tant que M. de Salagnac se partit pour aller aux bains, qui sont en certaines
« isles, ou en l'entrée de l'Asie, non guères loing d'icy, d'où il rapporta, non la
« santé, mais le mal qui l'emporta trop tost pour ceste maison, comme voyrez
« tantost. Il me recommanda en son départ... de fester jour de saint Louis avec
« singulier appareil, désirant introduire ceste feste ici, comme solennelle pour la
« nation françoise ; ce qui fut faict avec grandmesse et sermon, où tous les reli-
« gieux furent invités avec le R. P. Vicaire Patriarche, qui chanta la messe ; et
« tous disnèrent avec M. de Carlat, qui estoit demeuré en ville. »

(2) *Olivier*, premier interprète du Roi, réglait les comptes de dépenses de M. de Salignac. (Voir le Testament de M. de Salignac, aux Pièces justificatives.)

(3) Hardouin d'Aubusson, chevalier de Malte, reçu le 5 septembre 1601, fils de François d'Aubusson, s^{gr} de la Feuillade, ch^{er} de l'Ordre du Roi, mort en 1611, qui avait épousé en 1554, Louise Pot, fille de Jean, s^{gr} de Rhodes. — (La Chesnaye des Bois ; Vertot, *Histoire des chevaliers de Malte*.)

(4) Maximilien des Fossez, chevalier de Malte, reçu en 1605. (Vertot, *Histoire des chevaliers de Malte*.)

il avoit respond de leur rançon. Sy bien que nous estions 32 personnes en tout sur une barque que les Turcs appellent: *Mahone*; dans laquelle y avoit grand attirail de tantes, mathelas, couvertes, tables, chères, scabeaux, et toute l'eustensile de cuisine, qui estoit requis pour le séjour d'un mois et plus. Nostre premier abord fut aux isles Rouges, principallement à celle du Prince où nous fusmes deux jours à faire la ronde de costé et d'autre par mer, avec les arquebuses; de sorte que c'estoit plesir le soir que chascun retournoit au gîte avec sa proye. De laquelle le seign^r ambassadeur avoit tousjours meilleure part, parce qu'il avoit sa barque seul, qui estoit une perme à trois hommes et six rames, ayant un homme pour charger ses arquebuses; et moy avec luy ayant la mienne qu'il me donna peu avant ce voyage: qui estoit un canon de Luque, des plus beaux et meilleurs. Aussy l'avoit il commandé de faire exprès pour luy. Sy qu'estant bien monté, belle et bonne à merveille, la maniant et admirant, me fit cest honneur de me dire qu'elle ne pouvoit pas estre mieux donnée qu'à moy, sachant que je la tiendrois tousjours nette et en bon estat. Et par ainsy, me la donna sans ce qu'il l'eust jamais tirée, ny personne que moy, qui l'ay gardée jusques à présent tousjours en bon point. Ayant donc séjourné deux jours aux isles Rouges, nous nous rembarquasmes sur nostre *Mahone* pour aller aux isles St André voir nos bons Pères Caloyers, lesquels estoient du tout à la dévotion du seigneur ambassadeur, là où il estoit comme chez luy, mais non sy bien logé; car le monastère est plus propre pour des religieux que pour seigneur de qualité. En ce lieu vinrent les chevaux, chiens et oyseaux; qui nous fit quitter l'arquebuserie, après avoir fait prise de quantité de gibier, pour faire chasse aux lièvres, perdrix, renards et autres bestes, dont y a quantité par tout le pays. Sy, que ce nous estoit un plaisir, sinon de voir tousjours le seigneur ambassadeur ne pouvoir oublier son deuil: ce qui nous ostoit beaucoup de nostre contentement que l'on reçoit à tels voyages et compagnies, où se trouve tousjours quelcun qui apreste à rire aux autres. Tant y a qu'ayant demeuré cinq jours en ce lieu, le temps s'aprochoit qu'il falloit se baigner. Sy bien que nous partismes de l'isle St André sur nostre mesme Mahone, traversant la mer du Propontide, qui n'a en ce lieu, de Constantinople à la Montanée, où nous abordasmes, que soysante milles de traverse, et est ce bourg sur le rivage d'un goulphe qui porte ce mesme nom à présent, estant anciennement appelé Sain de Nicopoly, qui est un village fort fréquent pour estre la décente d'iceluy appelé Samalic, où nous donasmes fond sur le grand chemain de Bourcia. Vray qu'il n'y a point de port en ce lieu, mais seulement plage; qui fait que, soudin que l'on arrive en terre, les mariniers tirent et mettent leur barque sur le rivage à sec. — Nous arrivasmes donc en ce lieu, où les truchemants et janissaires trouvèrent une maison d'un Grec, à l'ombre d'un très grand et haut platane, atendant que le logis fut acomodé; sur lequel arbre nous tirions les tourterelles et autres oyseaux, où j'éprouvay maintes fois la bonté de mon arquebuse; car je ne manquois point, pour hautes qu'elles fussent. En ce lieu nous eusmes nouvelles de Constantinople; car il y a d'ordinaire deux barques qui vont et viennent de l'une à l'autre, ainsy que le *Corbillac* et *Melunois* font à Paris; lesquelles barques portent les passants qui vont de Cute, Magnosie et autres lieux, à Constantinople.

Le lendemain, les truchemants firent venir des chevaux de louage, avec deux chars, pour porter tout l'attirail. Sy bien que nous partismes, et arrivasmes, environ les neuf ou dix heures, aux Baings d'Yælonne où fut logé mons*r* l'ambassadeur en une petite maison qui dépendoit d'une petite mosquée, dans laquelle habitoient deux Turcs qui estoient *Mesins* ou *Santons* d'icelle, distante du bassin des baings où l'on se baignoit, de cent pas. De manière que les deux tentes furent tendues ou levées devant la porte du logis de monseigneur l'ambassadeur, où il demeuroit le jour. Et la nuit, il se retiroit en une petite chambrette dudit Mesin ou hermite.

LXVII.

DES BAINGS D'YALONE.

SOMMAIRE : Nature de ces eaux. — On ne peut les prendre sans danger. — Description de la source. — Premier bain. — Arrivée des malades. — La tristesse de M. de Salignac ne fait qu'augmenter. — Son départ des bains.

C'est une merveille admirable que de voir tous les ans au mois d'aoust, arriver une telle affluence de peuple en ces baings. Qui s'en trouve un nombre de 4 ou 5 mille personnes, qu'hommes, femmes, enfants, tant Grecs que Turcs, Mores, Arabes et autres nations, qui y abordent de très lointaing pays, exprès pour s'y baigner. Or est il que ces baings sont de deux qualités et de très mauvoise nature, comme esprouvèrent tous ceux qui s'y baignèrent. Car les Grecs, Turcs et autres nations Levantines savent par expérience et pratique qu'il y a certaine année, dont le baigner en est très dangereux, et qui plus tost provoque au mal qu'à la santé, par certaine exalation contagieuse et inconneue, par un très mauvais air, qui s'évapoure et sort de ces rocs caverneux, en estant les personnes, atintes de fiebvres lentes, maux de cœur, de teste, et estourdissemants. Ce qui arrive selon le rapport des truchements et du peuple du lieu, de sept ans en sept ans : ce que les nations ne savent conoistre, ny remarquer le temps de ce pestiféré venin, dont plus de cinq cents personnes furent atintes ceste année 1610. Pour les autres années suivantes, les baings sont grandement salutaires et bénéficieux pour toute maladie en général; à raison de quoy les Mahométans, qui passent par dessus toute règle, et n'apréhendent selon leur loy, contagion ou autse sorte de mal qui leur puisse arriver, y abordent en tout temps. Et parce que les Grecs, Turcs, Arméniens et autres n'observent la réformation du calendrier grégorien sur la réforme des 10 jours, nous arivasmes à à ces baings 10 ou 12 jours plus tost que les autres; de façon qu'y estant arrivés des premiers, nous eusmes l'avantage pour estre logés, n'estant meslés comme sont les autres, qui est un terrible tintamare, lorsque toute l'assemblée est complète. J'ay cy devant dit que ces baings sont de deux qualités. L'un estant sec, l'autre d'eau naturellement chaude, presque en même lieu, n'y ayant cent pas de distance, dans les concavités et précipices d'un estroit valon fort ombreux, pour estre couvert de tous costés, des hautes montagnes, où le soleil ne donne que deux ou trois heures du plein jour; à raison de quoy ce lieu n'est non plus sain qu'Alexandrette de Sirie. Or est-il que le baing sec, duquel l'on fait le plus d'estat pour la santé est au fond du vallon, quy est comme un cul de sac, entouré de la montagne, où ne se peut passer outre. Et me fit ressouvenir de la grotte ou sudatorie des baings de Pousole, près Naples. Vray que ceste sudatorie ou grotte n'est sy longue des trois parts, mais ainsy estroite et encavée dans le rocher. Duquel sort une merveilleuse chaleur : qui faict que de tous costés des paroits ou murailles, qui sont du rocher mesme, suent quantité de gouttes d'eau chaude. L'autre sorte de baings sont un peu plus bas au fond du vallon, d'où sort une grosse source d'eau chaude, qui faict couler un large ruisseau par un canal de pierre, estant cette source enclose autour, d'une manière de chambre, là où l'on se déshabille pour entrer dans le bassin : lequel est rond, tout revestu de pierre de taille, ainsi que celui d'Erzerum; et n'ay jamais peu savoir, quelque enqueste que j'en aye peu faire, de qui furent jadis construits ces baings.

Donc estant des premiers arrivés en ce lieu, le seign^r ambassadeur après avoir reconneu tout ce que dessus, disposa de se baigner. Pour ce, l'on fit porter tout ce qui estoit de besoing, comme mathelas, couvertes, lincieux et autres eustensiles; car il y a une longue allée large de 10 à 12 pas, encavée dans le rocher, pour au sortir du baing sec, se pouvoir froter et essuier. Vray que le seigneur ambassadeur ne se servoit de ce lieu, mais bien d'une petite chambrette ou deux qu'il y a pour les gens de qualité, où l'on tenoit son équipage. Et ainsy il entra dans la grotte sèche avec deux ou trois hommes grecs qui entendoient ceste affaire, et son valet de chambre. Mais il n'y dura longuement pour la première fois; d'autant que n'estant accoutumé à telle violante chaleur souvent elle provoque un estourdissement de teste. Au sortir de ceste grotte sèche, se peut qui veut de mesme temps, jetter dans le baing d'eau chaude. Car il n'y a que cinquante pas d'intervalle, dans lequel l'on pastit mieux que dans la grotte. De façon que le seigneur ambassadeur, estant sorty d'ycelle grotte; nous y fusmes sept ou huy ensemble : non moy pour me ressentir d'aucune maladye que j'eusse, mais par gayeté et pour remarquer tous ces lieux, joint aussy que j'ayme fort les bains chauds. Ayant donc bien sué tous en peu de temps (car il n'y faut pas beaucoup demeurer pour jetter d'eau en abondance), chacun se frotta et essuya à son plesir, l'un ayant apesty de manger, l'autre de boire. Le reste de la journée se passoit à quelque promenade, et moy à la chasse de l'arquebuse dans les montagnes et vallons; puis sur les 4 ou 5 heures, nous retournions aux baings d'eau ou secs, chasque jour suivant; qui fut 8 ou 10 de suitte. Mais la plus part de nos gens ne pouvoient durer dans la grotte sèche, pour en estre la chaleur plus violente, et causoit souvent un estourdissement de teste, qui duroit plus d'une heure. Vray est qu'après ceste esmotion je me trouvois fort gaillard et dispos. Ce qui m'y faisoit retourner avec un jeune médecin parisien appelé *Du Vivier;* lequel estoit fort suject à une grande maladie, qui le rendoit souvent perclus de quelque membre, une fois des bras, et autre des jambes; et pour ce, soufroit-il longuement la sueur du baing, qui finalement le guérit, car il en mourut à Constantinople.

Sur la fin de nostre baing, qui estoit le commencement des autres, se voyoit de jour en autre ariver grand peuple. Et estoit plaisir de voir dans une place d'environ trois arpents de terre qu'il y a proche des bains, quantité de tantes et pavillons de toutes manières de gens, d'hommes, femmes et enfants, qui abordent en ce lieu; sy bien que la grotte sèche et les baings d'eau en sont remplis à toute heure. Vray est que, pour les femmes, il y a un certain recoin de 10 ou 12 pas de long, en la grotte sèche, où elles vont suer avec chemises et calçons. Et n'est loysible aux hommes de les regarder, ny moins leur dire chose quelconque. Et semble d'une foire ou grand marché, de voir tout ce meslange de peuple ainsy campé, avec plusieurs marchands de pain, viande ou fruictage, qui est aporté en ce lieu, tant de la ville de Bourcia que d'ailleurs : car beaucoup de peuple y vont, plus pour leur promener que pour leur baigner.

Il y a quelque sorte de plesir de voir ceste diversité de peuple en ce lieu, qui est sy sauvage et égaré, comme se voit lorsque chascun en est retiré; car nous y fusmes 12 jours entiers devant et après les autres. De manière que n'y faisant plus rien, sinon que de jour en autre quelcun de nos gens se traînoit malade d'estourdissement et mal de teste. Qui fit que le seigneur ambassadeur envoya quérir les chevaux de louage et les chariots de la Montanée pour nous retirer, se ressentant dès lors fort débille et apesanty. Et ne se pouvoit resjouyr, ainsy qu'il avoit accoustumé de faire, estant par la campagne où il se plaisoit grandement. Donc ayant troussé bagages, et les chevaux estant arrivés, nous laissasmes tout ce lieu solitaire et champestre, qui n'estoit plus qu'un désert, où n'habite personne qu'un chétif misérable santon ou hermite, qui estoit plus fâché de nostre despart que de 4 ou 5 mille personnes, qui estoient jà parties. Jamais ce santon ne fit sy bonne chère que durant nostre séjour. Et eut un couple de sequins du seigneur ambassadeur, à nostre despart, qui le resjouirent plus que tout; et croy que de 10 ans, il n'en eust tant ensemble; aussy pria-il bien Dieu pour nous. Nous arivasmes donc à la Montanée, au mesme logis où nous avions logé, tenant nostre divan ou audience sous le grand platane, dont a esté dit, sur lequel y avoit tousjours quelque tourterelle, à quoy nous tirions le Padre Antonio et moy, qui estoit le Père gardien de St François de Galata, personnage autant généreux et spéculatif qu'autre de sa profession. Et l'avoit mené le seigneur ambassadeur avec luy, pour estre de très bonne et agréable compagnye. — Tant y a que plusieurs de nos gens commencèrent à leur treuver très mal de fiebvre et estourdissement de teste, et sur tous monsieur le chevalier de La Feuillade; ce qui nous fit haster nostre retour.

LXVIII.

DE NOSTRE RETOUR DES BAINS D'YALONNE.

Sommaire : M. de Salignac cherche la distraction en allant à la chasse. — Retour à Constantinople.

Ayant donc séjourné deux jours en ce lieu de la Montanée, M. l'ambassadeur, se sentant jà fort débille et pesant, à cause d'un mal de teste qui l'oppressoit par intervalle, et de jour en autre quelcun de ses gens tombant malade, ne sachant d'où procédoit ceste indisposition, sinon de ces baings. Monseigneur l'ambassadeur pensant de courompre ce mal, résolut de passer le temps à la chasse pour reprendre un peu de guayeté : car cette triste nouvelle de la mort du feu Roy luy estoit tousjours importune et fascheuse, ne parlant et soupirant que de cest accident. De manière que le mercredy 28 d'aoust nous nous embarquasmes de Samalic pour retourner à l'isle St André, où nous arivasmes sur le soir à bonne heure. Et fusmes les bien venens, car les Pères Caloyers de ce lieu ne désiroient rien tant que nos passades, et n'y perdoient rien; tellement que tout l'atirail de chasse arriva deux jours après. Qui ne nous servit pas de beaucoup; car le seigneur ambassadeur n'y fut que deux fois; d'autant que son mal de teste luy donna un peu de fiebvre, lante au commencement : ce qui le fit retirer au monastère où il se promenoit parfois en barque à l'antour de l'isle. Et moy faisois voler les perdrix au pied des rochers et rivages de mer, ce qu'il voyoit faire. — Son mal ne le quitoit point; ains au contraire, se ressentoit de jour en autre de quelque maléfice nouveau. Et estoit sy triste et mélancolic que rien plus, combien qu'il se peinast assé de courompre son mal et se resjouir parmy nous. Mais enfin, le mal croissant en sa personne, et venant à l'un et l'autre de tous ses gens, il se résolut de quitter l'isle et retourner à Constantinople. De façon qu'il s'embarqua avec tous ses gens et bagages. Arrivé à Constantinople il ne sortit à cause de son mal, qui ne le quitoit point.

Le docteur Valantin disoit avec l'apoticaire, que c'estoit d'avoir trop séjourné aux baings, où l'air n'estoit sain. Et le seigneur ambassadeur me demanda combien de fois j'avois sué dans la grotte sèche; je luy dis : 13. « Et moy, dit-il, 14. Je ne sçay qui « s'en trouvera le mieux ou le pis ». Et voulut sçavoir aussy combien Du Vivier, jeune médecin parisien duquel j'ay jà parlé, avoit sué de fois. Je luy dis : plus que pas un de nous, jusques à 15 ou 16 fois. Et me respondit qu'aussy estoit il plus malade que nous. Comme il fut vray, car il mourut le premier.

LXIX.

DE LA MALADIE, MORT ET ENTERREMENT DE MONSEIGNEUR DE SALIGNAC, AMBASSADEUR POUR SA MAJESTÉ EN LEVANT.

SOMMAIRE : Effet pernicieux des bains. — Maladie du médecin Duvivier. — Sa conversion et sa mort. — Progrès de la maladie de l'ambassadeur. — Ses derniers moments. — Sa mort. — Regrets unanimes. — Ses funérailles solennelles. Il est déposé dans l'église Saint-Sébastien. — M. du Carla, son frère, prend la direction de l'ambassade. — Maladie de ce dernier. — Sa mort. — Retour de Bordier en France.

Sy le mois de septembre nous fut fatal, triste, fâcheux et langoureux, pour voir tous ceux de la maison du seign^r ambassadeur, qu'il avoit menés avec luy aux baings d'Yalonne, malades, qui de fièvre ardente, tierce, double tierce, carte et autres maladies, provenant de ce voyage, certes celuy d'octobre nous fust bien de plus dure digestion, car durant tout ce mois de septembre, ne se voyoit que médecins, apothicaires, chirurgiens, aller et venir au logis du seign^r ambassadeur : lequel de jour en autre, s'alloit diminuant, et son mal accroissant. Ce qui luy fit penser en ses affaires. Or est il qu'il estoit merveilleusement bien assisté de gens d'Église, tant des Pères Jésuites que de ceux de St François, Ste Marie et Jacobins de St Pierre ; desquels il vouloit tousjours avoir quelcun près de luy, mais sur tous, du révérend Père de Canillac, duquel il fut tousjours assisté jusques au dernier soupir et par delà encor. Car ce bon seigneur leur avoit particulière affection, depuis son heureuse conversion. Aussy avoit il esté la cause de leur establissement à Constantinople.

Le premier donc de tous les malades, qui furent 31 (car il n'y en eut qu'un pour tout, qui ne s'en ressentit point), qui paya le tribut de nature, fut le médecin *du Vivier*. Lequel fut malade l'espace de cinq semaines et devint perclus de ses membres. Il s'estoit fait huguenot en Angleterre, et vint à Constantinople, avec le sieur *Thomas Glauvert*, lors ambassadeur d'Angleterre; duquel il se retira pour quelque mécontentement qu'il eut de luy, et se réfugia avec monseigneur de Salignac. Ayant fait ce que l'on avoit pu pour le retirer de son erreur; à quoy il n'avoit voulu entendre, mais se sentant furieusement oppressé du mal, sans espérance de convalescence, touché de conscience et repentance ensemble, d'avoir quité la droicte voye de la patrie pour prendre la fausse estrangère, ainsy qu'arrive à plusieurs de ceste doctrine nouvelle, sur le point de la mort, ce que j'ay veu en plusieurs lieux, se voyant réduict à tel point qu'il n'espéroit plus vivre du monde, m'appella, comme bons amis que nous estions ensemble, me disant beaucoup de choses sur le suject d'une bonne conversion, qu'il désiroit extresmemant faire avant que mourir. Et pour ce, me pria-il de l'assister en ceste affaire et de le faire sçavoir à monseigneur l'ambassadeur et au révérend Père Canillac, duquel il se vouloyt eyder. Ce que je fis très volontiers. Et en fut le seigneur ambassadeur très joyeux. Et en parla au Père Canillac, qui le remit au chemain d'où il estoit sorty; l'instruisant de nouveau de ce qu'il avoit affaire pour le salut de son âme. Et puis dire avec vérité qu'il receut une grande consolation de son mal, me disant qu'il ressentoit son cœur tout allégé de s'estre réconsillié; qu'il y avoit longt qu'il désiroit ce bien; mais que la honte qu'il avoit de ceux de la religion, où il s'estoit par trop légèrement relâché, l'avoit tousjours retenu à leur cordelle; et n'osoit se remettre ainsy qu'il désiroit. Tant y a que son mal le persécuta; en sorte que 10 ou 12 jours après ceste conversion, il rendit l'âme à Dieu, après avoir eu tout ce qu'un malade peut avoir à ce besoin; dont je portay très grand desplesir, car il estoit très gentil personnage, et de la plus douce et agréable conversation qui se pouvoit. Ceste mort, avec la maladie de monseigneur l'ambassadeur, me donnèrent de terribles atintes et rudes secousses; de sorte que, si je n'eusse esté composé de bonne nature, infailliblement j'estois pour de rechef tumber en quelque accident de tristesse et maladie. Mais pour me divertir de tel inconvénient, j'allois un jour à la chasse avec les oyseaux, et un autre avec les levriers, puis avec l'arquebuse; ce qui me faisoit passer le temps et la tristesse ensemble. Et me faisoit puis le seigneur ambassadeur raconter de ma chasse : car il y prenoit un grand plesir, me demandant quels chiens et oyseaux avoient bien fait; et passoit tousjours autant de temps. Mais de jour en autre son mal alloit empirant, de sorte que les médecins et apothicaires ne sçavoient à quoy ils en estoient. A raison de quoy toutes les nations chrestiennes de Galata en estoient grandement tristes. Car il estoit aymé de tous. En outre ceste maladie du seign^r ambassadeur, monsieur *du Carlat*, son frère, estoit aussy atint d'une très dangereuse maladie : de laquelle la mort s'en ensuivit trois ou quatre mois après celle du seign^r ambassadeur; estant passé le mois de septembre avec toutes ces afflictions que l'on peut juger estre en telle maison, dont le chef ne respire que la mort.

(*Le mois d'octobre* (1) *nous fut bien de plus dure digestion, d'autant*

---

(1) Ce passage en italique a été publié par M. de Biran dans son étude : *Une ambassade de France en Turquie.*

que ce pauvre seigneur fut rudement assailly d'une fiebvre tierce, qui peu de jours après se redoubla et le travailla de telle sorte que nous perdimes l'espérance de jamais plus le revoir en santé, quelque soin que l'on y aportast pour la luy faire recouvrer, et ne demandoit plus que gens d'Église près de luy. Car c'est la vérité qu'homme ne pouvoit mourir plus constenment, sy ne fut feu Mgr le duc de Nemours, Charles Emmanuel de Savoye, qui mourut en sa ville d'Anecy; lequel prince surpassa les autres tant en sa vie qu'en belle et très constante mort sur tous les hommes de son siècle.

Or, il est que le dimanche 10 d'octobre, après avoir passé l'effort d'un furieux assaux de sa violente fiebvre, sur la pointe du jour, il eut quelque intervalle de repos, dont il se ressenty un peu plus de courage, fut que le lit le fachast, ou la mort le menast. Bref, il se fit habiller d'un habit qu'il n'avoit porté qu'une fois, qui estoit de larges chausses de damas faulve, et une jupe volante de gros de Naples blanc qu'il avoit fait faire exprès pour estre à l'aise durant sa maladie, et se fit porter dans une chaise au bout de la galerie qui regarde le jardin vers le levant, au bout de laquelle y avoit une bute où nous tirions de l'arc, où estant il me veis le long de l'allée du iardin, que je m'acheminois au logis, tout triste; il m'interpella; je montay donc soudin, le saluant, me demanda d'où je venois. Je lui dis que je venois du jardin : eh bien! dit-il, qu'avez vous faict ces jours passés? contez moi un peu de vos songes, car il faut entendre qu'il avoit toujours pris un singulier plesir, estant en ses gayes humeurs par la campagne à la chasse, et bien souvent au logis, de me faire raconter mes songes, qu'ordinairement je faisois très agréables et fort plaisants; si bien que je lui dis ce qui m'en sembloit pour le contenter. J'espère, disoit-il, de bientôt monter à cheval, Dieu aydent, et de faire encore bonne chasse, paroles qui, à la vérité, me donnèrent au cœur, et me firent ressouvenir de Mgr le duc de Nemours, lequel huit jours avant mourir se leva et habilla, pensant estre bien sain, et demanda des armes neufves, qu'on lui avoit portées au commencement de la maladie; et les vouloit essayer, disant que dansy hu jours, si espéroit de monter à cheval; et ce disoit au milieu de trente gentils-hommes, ses familiers amis, moy y estant aussi, où chascun admiroit la générosité et vertu de ce grand prince, qui tousjours a excellé sur tous les autres de son temps.

Mais je retourne au s^{or} de Salignac qui, après avoir demeuré près de demy heure en ce lieu, se trouva si foible et desbille, qu'il le fallut remporter au lit, où il passa le reste du jour, et la nuict avec terrible inquiétude; en sorte que le samedy matin 11, l'on reconneust qu'il n'y avoit neulle espérance de santé: par quoy remettant le tout à la grâce et volonté de Dieu, monsieur l'aumosnier et moy, receusmes de luy ce dernier commandement, quy fut d'aller faire dire messe en une petite église de Ste Marie, dans la ville de Constantinople, où y a très grande dévotion, pour y avoir une image de la Ste Vierge, de la propre main de St Luc, que les Arméniens, qui habitent Constantinople, tiennent ensemble avec un prêtre catholique romain, qui dit messe deux ou trois fois la semaine, et nous lui fismes dire la messe, et monsieur l'aumosnier dit puis la sienne. Ceste dévotion accomplie, nous retournasmes au logis, où après midy il sembloit que son mal lui voulust donner quelque relasche; et reposa un peu; mais sur le soir, il se renforça de telle sorte qu'il perdit connaissance avec la voix, et fut saisy d'une apoplexie, qui ne s'en alla qu'avec sa vie; qui fut le soir du mardi 11 d'octobre, après avoir reçu tous les sacrements requis à tel seigneur et faict son testament, laissant en sa place d'ambassadeur monsieur du Carlat, son frère, jusqu'à ce que le Roy y eust proveu (1).

(1) Voici comment le P. de Canillac raconte les derniers moments, la mort et l'enterrement du baron de Salignac :

« Sur l'entrée du mois de septembre, M. de Salagnac retourna des bains, saisy
« d'une fascheuse fiebvre, que l'air de ceste contrée communiqua ceste année
« universellement à tous, ou à la plupart de ceux qui y furent; mais peu en sont
« morts. Le bon seigneur ne put résister à la violence et longueur de ceste fiebvre,
« bien que par deux fois il sembla avoir eschappé le danger, au dire des médecins,
« une desquelles il semble qu'il y eust du miracle ; car ayant esté jugé des méde-
« cins n'avoir que pour quelques heures à vivre, s'estant voué à nostre bienheu-
« reux Père Ignace, il se porta mieux ; pouvant recevoir l'extresme-onction, et
« alla meilleurissant durant quelques jours, bien qu'après il recheut. Il donna
« partout bon tesmoignage de sa piété, mesmement en la reception du Saint-
« Sacrement de l'autel par deux fois et par l'extresme-onction, faisant une belle
« profession de foy, en recevant, pour la dernière fois, le Saint-Sacrement en
« viatique. Il nous légua bonne partie de ses livres, après tant d'autres bienfaits,
« tant en argent qu'en vin et aultres commodités, que, durant sa bonne santé, il
« avoit faict à ceste résidence. Et pour finale démonstration de sa singulière et
« cordiale affection, ordonna d'estre enterré en la cave de nostre église. Nous
« ne manquasmes de l'assister de jour et de nuict, quand le danger et griefveté du
« mal le requirent, jusques au douziesme d'octobre, que je disois la messe à son
« intention, et que l'apoplexie le saisit et lui osta la parole et tout autre sentiment
« et l'emporta sur l'entrée de la nuict du mesme jour, le 29e jour de sa maladie.

Il ne se peut dire de combien la mort de ce seigneur fut plainte et regrettée, non seulement de ceux de sa maison, mais bien des Francs, Perots, Grecs et Turcs qu'il avoit connus, lesquels regrettoient infiniment la perte d'un tel homme. Je laisse à juger de combien ceste pauvre maison se trouva désolée et affligée par ces deux terribles secousses, sçavoir la mort du feu Roy et de celle-cy; néanmoins la chose estant, fallut il penser au reste, qui fut de son enterrement; pour lequel nos habits de deuil du feu Roy nous servirent, qui fut le mercredy 13ᵉ, où assistèrent messieurs les ambassadeurs d'Angleterre, sçavoir le sieur Thomas Glauvert et le seigneur Contarini, ambassadeur ou bailli de Venise, après avoir obtenu du Moufty et Cady lesquier permission de le faire enterrer solennellement, non avec les coutumes qui se devoit et méritoit, mais selon le temps et le pays. Et

« On ne sçauroit bonnement exprimer les regrets de toute sorte de gens de condi-
« tion et de religion sur cet accident. Le jour suivant, nous redressasmes la cha-
« pelle ardente qui avoit demeuré tendue, quarante jours durant, avec la messe
« tous les jours, pour l'âme du Roy; tendismes nostre église en noir; et sur
« l'heure du midi, qui revient à la quarte de nostre horloge françois en esté, on
« fist le convoy honorablement : nos petits escholiers avec des cierges allumés,
« alloient les premiers, suivis de plusieurs autres estrangiers; puis venoient les
« religieux, et après, les domestiques (gens de la maison). Douze gros cierges de
« la noble compagnie de Sᵗᵉ Anne, qui faict le corps de la ville pour les chrestiens
« catholiques, portés par douze, vestus en sacs, qui représentent les douze apôtres,
« et n'avoient coustume de marcher que pour la procession du Saint-Sacrement,
« précédoient immédiatement le cercueil, couvert, à la mode de France, d'un
« drap de velours noir avec la croix de satin blanc. Suivoit M. de Carlat, frère
« du deffunct, assisté des Illustrissimes ambassadeurs d'Angleterre et de Venise.
« . . . Mais nous le mismes puis en son lieu de repos la nuict à huis clos (a). .
« . . . . De là à six ou sept jours, on fit le service solennel avec une oraison
« funèbre, faite par le mesme des nostres qui fist celle du Roy, non sans larmes
« des auditeurs.

« Pour nous, nous ne pouvions faire plus grande perte, pour l'assistance et
« secours humains en ses quartiers... »

(a) Afin de perpétuer la mémoire de M. de Salignac, une pierre tumulaire avait été placée au-dessus du caveau qui renfermait ses restes. M. de Saint-Priest, ambassadeur à Constantinople, fit pieusement relever cette pierre en 1773, et y fit mettre l'inscription suivante :

D. O. M. Illus. et Exc. D. D. Joannes de Gontaut de Biron, baroni de Salagnac, Regis Christianiss. apud Imperatorem Ottomanum oratori tumulum hunc suis sumptibus faciendum curavit Ludovicus Gedoin, beneficiorum acceptorum memor. — Obiit natus annos 57, die 12 octobris anno 1610. — Hoc pietatis monumentum ante deletum in pignus amoris renovari jussit Ill. et Exc. D. D. Franciscus Emmanuil de Guignard de Saint Priest, Eques nobilissimus Regis Galliarum ad eamdem aulam imperatoriam legatus anno Dⁿⁱ 1773.

s'y trouvèrent tous les religieux de St François, de Ste Marie, des Jacobins, Dominicains, et un ou deux de St Anthoyne; et croy que tout le peuple de Galatha s'y trouva, les religieux marchant chacun en leur ordre, ne portant les croix eslevées, mais en mains, et marchoient à la teste de tous, les janissaires de sa maison qui l'avoient si bien accompagné en sa vie, et firent après sa mort; après lesquels marchoient le clergé et gens d'Église; puis les douze hommes, qui d'ordinaire marchoient devant lui vestus de rouge allant au Visir, qui lors estoient vestus de grandes robes ou vestes noires; après lesquels marchoient six truchements ou interprettes de sa maison, puis le corps richement accommodé et porté par six hommes vestus de deuil à la longue; après lequel marchoit le s^r du Carlat, son frère, avec les gentilshommes et officiers principaux qui marchoient après lesdits sieurs ambassadeurs, au milieu duquel estoit le sieur du Carlat, vestu de robe à très longue queue, qu'un jeune page portoit. Et ensuite marchoient les seigneurs marchands vénitiens, qui lui rendirent ce pieux et dernier office, car ils l'aymoient tous parfaitement. Or est il que, depuis la maison de France qui est à Péra jusqu'à l'église St Benoist où habitent les bons Pères Jésuites, où il fut enterré, il y a un grand demy mil ou demy cart de lieue; de sorte que toute la file du peuple, qui estoient Arméniens, Grecs tant catholiques que schismatiques, avec les Pérots catholiques et autres qui se trouvèrent à cet enterrement, contenoient plus de la moitié du chemain. Le service fut honorablement faict en la susdite église St Benoist par tous les religieux où assistèrent les deux ambassadeurs, combien que l'un fut de la religion; aussy ne fut-il dit messe, car c'estoit sur l'heure des vespres. Bref je ne puis dire combien fut répandu de larmes et tristes complaintes d'hommes et femmes de Galata, qui assistèrent à ces funérailles, outre celles de tous ceux du logis; car c'est la vérité que ce pauvre seigneur estoit grandement recommandable pour son humanité et bonté, estant des plus officieux vers les grands et petits, qu'il se pouvoit voir.

Le service donc estant finy, les ambassadeurs accompagnèrent le sieur du Carlat en son logis, avec la plus part de leur assistance, qui furent puis congédiés, avec tous les compliments que l'on peut faire en tel pays; et restasmes puis comme gens perdus en ceste maison de tristesse. Le lendemain 14e fut faict le service, où assistèrent tous les religieux susdits avec grande affluence du peuple de Péra et Galata, *là où à la messe le Révérend Père Canillac fit l'oraison funèbre avec autant d'érudition que le sujet en fut digne, et dura cest services toute la quarantaine, durant lequel temps ne se voyoit que tristesse et mélancolie; ne voyant plus celuy qui nous y faisoit vivre avec félicité*), mais c'est le propre de ce val de misère, où n'y a rien de permanant, et où la tristesse et la vie humaine sont sy voisins l'un de l'autre, qu'ils se talonnent à chasque pas; à raison de quoy le bien et le mal se suivent pêle mesle tour à tour. Car depuis ceste fascheuse mort, nous ne bations plus que d'une aisle, voyant le sieur du Carlat ne vivre de jour en autre que comme allant à la mort; y ayant jà un an et plus qu'il estoit malade d'une maladie languissante, de laquelle il devenoit sec comme bois. Ce qui me fit résoudre, voyant le tout aller en désordre, de retourner en France, pour ne voir la fin qui s'en ensuivit après la mort du sieur du Carlat, qui ne survescut plus de trois ou quatre mois au plus monseigneur l'ambassadeur son frère.

PIÈCES JUSTIFICATIVES.

INSTRUCTION

*au baron de Salagnac, envoié par le Roy, ambassadeur
à Constantinople* (1).

26 juillet 1604.

Le Roy, sur les instances et supplications qui luy ont souvent esté faictes par le s^r de Brèves, conseiller de Sa Maj^{té} en son Conseil d'Estat et son ambassadeur résident à la Porte du Grand Seigneur, de luy permettre de revenir en ce roy^{me}, après avoir dignement et au contentement de Sa Maj^{té} desservy ladite ambassade, l'espace de quinze à seize ans, a résolu de rappeler ledit s^r de Brèves de ladite charge. Et estant nécessaire de choisir quelqu'un pour luy succéder en icelle, Sa Maj^{té} a faict eslection de la personne du *baron de Salignac,* aussi conseiller en son Conseil d'Estat et mareschal de ses camps et armées, auquel elle a voulu faire bailler, en partant, le présent mémoire et instruction, affin que suivant icelle, il se conduise en ladite charge, à l'entretènement de l'amitié et bonne intelligence d'entre Sa Maj^{té} et le Grand Seigneur qui est à présent, et au contentement de tous deux et principalement de Sa dite Maj^{té} ; laquelle, à l'exemple des rois ses prédécesseurs, a esté et veult estre très soigneuse de conserver ladite correspondance, pour les advantages qu'elle peult produire au bien universel de la chrestienté, quoy que les émulateurs de la gloire et réputation de ceste couronne ayent souvent publié le contraire, et essayé de faire trouver mauvaise ladite correspondance, laquelle eulx mesmes ont recherché et tenté par diverses voyes, s'ils y eussent peu parvenir.

Doncques ledit baron de Salignac, s'acheminant à Constantinople,

(1) Bibliothèque nationale, fr. 15870, fol. 61. — Original.

prendra la routte de Venize pour s'y embarquer, et saluera, au nom du Roy, les princes et potentats par les Estats desquels il passera, et leur présentera ses recommandations et lettres de Sa dite Maj^té desquelles il a esté chargé, en les asseurant de la continuation de l'amitié de Sa dite Maj^té et leur offrant tous les offices et services qu'il leur pourra rendre par l'intervention du nom et auctorité de Sa dite Maj^té au lieu où il va, comme chose qu'il leur dira qu'il sçait que Sa dite Maj^té aura très agréable.

Estant arrivé audit Venise, il visitera de la part de Sa dite Maj^té les Seigneurs de ceste honorable République, la vertu et prudence desquels sert de miroir et d'exanple à toute la chrestienté, avec tesmoignage qu'il leur rendra du désir que Sa dite Maj^té a de continuer en l'affection et bonne volonté qu'elle leur porte, et du commandement, qu'il a receu de Sadite Maj^té, de faire pendant le temps de sa légation tous les bons et utiles offices qu'il pourra, en bénéfice de leurs affaires. En quoy et pour parfaire ce compliment à l'endroit de ladite Seigneurie avec la dignité qu'il convient, il se gouvernera par l'advis du s^r *de Fresnes-Canaye*, ambassadeur résident sur le lieu, luy estant baillées lettres pour cest effect à l'un et à l'autre.

Ledit baron de Salignac continuera son chemin par Raguze, où il visitera aussi ladite Seigneurie de la part de Sadite Maj^té, et s'asseurera de sa bonne volonté; mais non avec des termes si relevés que ladite Seign^ie de Venise, pour l'inesgalité de leurs Estats et puissances, les priant de favoriser ses ministres et affaires, aux occasions qui se présenteront, suivant les lettres de créance qui luy seront à cest effect baillées pour les présenter à ladite Seign^ie de Raguze. En quoy il se conduira par l'advis du s^r *Bourdin*, résident pour les affaires et services de Sa Maj^té audit lieu. Lequel y estant principallement entretenu par elle pour la direction des lettres et pacquets de Sadite Maj^té à ses ambassadeurs en Levant, bien que ledit Bourdin ne s'en soit jusques à présent beaucoup entremis à l'occasion des frégates que ladite Seign^ie de Venise faict partir de quinze en quinze jours pour porter leurs dépesches à leur Bayle résident en Constantinople, il regardera avec ledit Bourdin l'ordre qu'ils auront à tenir à l'advenir par bonne et mutuelle intelligence pour l'envoy des pacquets de Sadite Maj^té, mesmement quand ladite voye de Venise viendroit à faillir.

Devant que partir de ladite ville de Ragouze, il envoyera quelcun des siens à Constantinople devers ledit s^r de Brèves, pour l'advertir de sa venue, affin de la faire sçavoir au Grand Seigneur et au Bassa Visir, pour donner ordre qu'il soit receu avec la dignité qu'il convient à l'honneur qu'il a de représenter la personne du premier prince de la chrestienté (dont les prédécesseurs ont si longtemps esté unis d'amitié et de bonne intelligence avec les empereurs de l'auguste Maison des Ottomans), ainsi qu'ont esté les autres ambassadeurs de France en Levant, et aussi pour préparer un logis. Et ne passera, deux journées proche de Constantinople, qu'il n'ayt eu responce dudit s^r de Brèves, et entendu ce qu'il aura à faire pour son entrée en ladite ville.

Où estant arrivé, et après s'estre diligemmnent informé dudit s^r de Brèves, de toutes choses qui regardent le bien et service de Sadite Maj^{té} et de l'estat des affaires de l'empire de Levant, suivant le commandement qu'elle en faict par ses lettres audit s^r de Brèves, ils adviseront et arresteront ensemble le temps propre et convenable, pour faire introduire ledit baron de Salignac au baise main de Sa Hautesse, et l'installer en ladite charge et légation. Et n'oubliera ledit baron de Salignac (en faisant entendre audit s^r de Brèves le contentement qui demeure à Sa Maj^{té} de ses bons et fidèles services en ladite charge), de retirer de luy les dernières dépesches qu'il aura faictes à Sadite M^{té}, et qu'il en aura receues et les autres mémoires et instructions qui peuvent estre par devers luy, concernant ladite charge, et qui pouroit servir de lumière audit baron de Salignac, aux négociations qu'il aura à conduire pour le service et par le commandement de Sa dite Maj^{té}. Et s'instruira aussi dudit s^r de Brèves, des advis et intelligence qu'il peult avoir establies par delà pendant sa résidence en ladite charge, affin de s'en servir et prévalloir en bénéfice des affaires de Sadite Maj^{té} et des commandemens qu'elle luy pourra faire.

Ayant ledit baron de Salignac obtenu le jour de son audience, et estant admis audit baise main, il présentera à Sa Hautesse les lettres de créance de Sadite Maj^{té} qui lui seront présentement baillées. Et commencera son discours, par le plaisir et contentement que Sa Maj^{té} a receu de l'assomption de Sa Hautesse à son empire. De quoy, outre l'office de conjouissance que Sa Maj^{té} lui a faict faire par ledit s^r de Brèves immédiatement après ladite assomption, il luy dira qu'il a encore charge de se congratuler avec luy. Et, pour luy faire paroistre en quelle estime Sa Maj^{té} tient et répute sa grandeur et générosité, estant yssu de ceste ancienne et auguste maison qui a si longtemps et si heureusement gouverné l'Empire d'Orient et tant de roy^{mes} et Estats qui sont soubsmis à son obéissance, elle luy a voulu envoyer les présens qui ont esté baillés audit baron de Salignac pour luy porter, ainsi qu'il est accoustumé, non pour esgaler son mérite à si peu de chose, mais pour tesmoignage de l'affection que Sa Majesté luy porte et luy faire cognoistre combien elle est désireuse de soigneusement et religieusement garder et observer, avec tous les devoirs d'amitié, l'ancienne bonne correspondance et intelligence qui a esté longuement entretenue entre les empereurs de France et les empereurs Ottomans, prédécesseurs de Sa Maj^té et de Sa Hautesse. A quoy, comme Sa Maj^té est résolue de ne manquer jamais, elle se promect aussi que Sa Haultesse y coopèrera de son costé, comme à chose qui ne luy est moins utile et honorable qu'à Sadite Maj^té, tant pour la réputation des affaires de l'un et de l'autre que pour le prolfict qu'en tirent leurs communs subjects, par le moyen du trafficq et négoce qu'ils ont ensemble ; ayant Sa Maj^té après envoyé par delà ledit baron de Salignac, pour y résider son ambassadeur, représenter sa personne comme a faict ledit s^r de Brèves, et tesmoigner par ce moyen à toute la chrestienté, combien la continuation de leur commune correspondance luy est chère et recommandée ; à quoy il adjoustra tels autres termes d'honesteté qu'il jugera convenir au sujet, de sorte qu'il gagne, à ceste première audiance, sa bénévolence, et si bien, que pendant le temps de sa légation, il trouve les négociations qu'il aura à conduire, faciles et aysées. Et d'autant que ledit s^r de Brèves a donné advis qu'il avoit de nouveau faict renouveller et amplifier de quelques articles, les capitulations et traités d'amitié qui avoient aussi esté reconfirmés depuis sept ou huict ans, pendant le règne du feu empereur Mehemet, dernier décédé, ledit baron de Salignac en remerciera aussi ce seigneur, et ce faisant le requerra de la part de Sadite Maj^té qu'il tienne la main qu'elles soient à l'advenir mieux observées qu'elles n'ont esté par le passé ; lny remonstrant les désordres que commettent sur les subjects de Sa Maj^té et autres trafiquans soubs sa bannière, les corsaires de ses roy^mes d'Alger et de Thunis, retenans encores esclaves en Alger, au mespris de l'auctorité de Sa Maj^té et des commandemens de leur empereur, jusques au nombre de trois mil quarante cinq subjects de Sa Maj^té, et environ un million des facultés des habitans de la ville de Marseille et coste de Provence, dont ledit baron de Salignac sera encore plus particulièrement informé par ledit s^r de Brèves. Mais entre toutes les autres plaintes, il faut faire esclatter devant Sa Haultesse, celle du désordre que les janissaires d'Alger ont naguères faict au Bastion de France en Affrique, qui avoit esté basti et establi depuis soixante dix ans, avec la permission des Grands Seigneurs successivement, pour faciliter la pesche du corail et l'enlèvement et transport du costé d'Afrique, de toutes sortes de marchandises, et où commandoit le s^r de Moissac, gentilhomme ord^re de la Chambre de Sa Maj^té. Lesquels janissaires, croyans que la famine qui estoit audit Alger, ne procédoit que de la traitte des bleds, qui se faisoit hors dudit lieu en ce roy^me, se seroient tellement esmeus que, persuadés de ceste faulse opinion, ils auroient naguères faict délibérer dedans un divan, que ledit Bastion seroit razé et desmoly. Et quelque protestation qui fut faicte au contraire par le Bassa d'Alger et les principaux de ladite ville, qui recognoissoient la suite et conséquence de cest attentat, la rage des janissaires auroit passé jusques là, qu'ils auroient contrainct Morat Raïs, chef des gallères et brigantines d'Alger, de s'y acheminer pour faire ladite desmolition. Ce qu'il auroit exécuté, de façon qu'outre la perte de vingt mil escus que cousteroit ledit Bastion de France à rebastir et remettre en tel estat qu'il estoit auparavant, il y a esté vollé et desrobbé, en faisant ladite desmolition, plus de vingt cinq mil escus appartenant audit s^r de Moissac, sans une quantité d'autre attirail qui servoit à ladite pesche de corail. De quoy ledit baron de Salignac demandera raison à Sa Haultesse, et en fera retentir la plaincte si hault, qu'il y soit pourveu, et que ledit Morat Raïs et tous ceux qui ont assisté, soit en la résolution, soit en l'entreprise, non seulement soyent punis et chastiés, comme il convient à cest attentat, mais encores contraincts à la rédification dudit Bastion desmoli, et que ledit Grand S^gr permette audit s^r de Moissac de s'y establir, de sorte que sa personne et ses moyens ne soient plus à la discrétion desdits janissaires et Morat Raïs, affin que s'il leur prenoit envye d'y faire un nouveau désordre, il se puisse défendre contre lesdits attentats. Car Sadite Maj^té est à bon droit sy mal satisfaite de cestuy cy, qu'elle ne le peult porter, qu'avec un grand ressentiment de l'excès qui y a esté faict. Lequel, n'estant réparé, produira beaucoup de mal à leurs empires, à cause des accidens qui en pourront arriver. Sur quoy ledit baron de Salignac remonstrera audit Grand Seigneur que, ces désordres estant endurés sans y apporter remède, les capitulations d'entre les deux empires estant si mal observées, leur seront plus tost honteuses et dommageables que autrement. Que Sa Maj^té a eu patience jusques à présent, estimant que les commandemens de Sa Haultesse et du feu empereur, son père, seroient mieux obéis et respectés, et qu'il sera pourveu à toutes ces plainctes ; mais que c'est chose qu'elle ne peult plus endurer. Partant ledit baron de Salignac dira franchement audit Grand Seigneur, et après luy, à son premier Bassa et à ses principaux ministres que, s'ils n'y donnent autre ordre, Sa M^té sera contraincte d'entendre aux ouvertures et recherches que luy font les autres princes chrestiens, pour garantir et délivrer ses pauvres subjects de telles avanies et oppressions, indignes de leur ancienne amitié et confédération, affin qu'ils se résolvent de luy donner en cela quelque contentement. Et leur déclarera de plus que, comme ces excès et mespris sont insuportables à Sa Maj^{té}, ils produiront à la fin des effets contraires à son désir et à leur antienne amitié; pour le respect de laquelle Sa Maj^{té} n'a ces jours passés voulu ny voir ny recevoir un ambassadeur que le roy de Perse envoyoit devers elle; luy ayant deffendu de passer plus avant en son roy^{me} que la ville de Marseille, où il s'estoit rendu, en intention de continuer son voiage vers Sa M^{té}, qui lui a fait faire commandement de se retirer, à cause que ledit roy de Perse qui l'envoyoit, faisoit la guerre à ce Seigneur, avec lequel Sadite Maj^{té} estant en paix, elle ne vouloit rien faire qui la peust altérer, mais au contraire se monstrant amye de ses alliés, se faire aussy paroistre ennemye des ennemys d'yceulx.

Et à ce propos, ledit baron de Salignac se pourra estendre sur les moyens que Sadite Maj^{té} a de bien faire à ses amys, Dieu luy ayant donné un des plus beaux et advantageux partages du monde, plus abondant en biens de la terre et autres commodités, très florissant en nombre de peuples, et surtout d'une généreuse Noblesse, plaine de valleur et de dextérité. De là il passera à la prospérité de la France et au repos dont Sadite Maj^{té} jouyst, n'y ayant un seul mouvement d'armes en tout le roy^{me}, où par la grâce de Dieu Sa Maj^{té} est aussi absolument recogneue et obéie qu'oncques aucuns de ses prédécesseurs ayent esté : ce qui la rend non seulement redoutable, mais aussi recherchée de tous ses voysins, tant sa divine bonté a voulu estendre de grâces et bénédictions sur son règne, qu'elle espère qu'il sera remarqué par la postérité, pour exemple de règne bienheureux. Ayant outre cela donné à Sa Maj^{té}, pour fils, un Dauphin doué de toutes rares et excellentes qualités qui se peuvent désirer en un prince de son aage, lequel elle espère laisser digne successeur, non seulement des vertus héroïcques du père, mais encores de ce puissant et florissant Estat, donnant très grande espérance de faire à l'advenir un grand fruict en la chrestienté, par le soing que Sa Maj^{té} veult prendre de son éducation et de ses meurs. Et n'oubliera surtout ledit baron de Salignac de magniffier la royalle et auguste personne de Sa Maj^{té}, la prudence de laquelle en temps de paix, et ses vertueux et généreux exploicts en temps de guerre, ont esté cogneus et formidables à tous ses voysins. A quoy ledit baron de Salignac adjoustera que, pour se maintenir davantage en ceste créance, Sa Maj^{té} faict faire un bon nombre de gallères qu'elle espère mettre bientost en mer, affin de n'y estre moins redoubtée que sur la terre, et donnant d'ailleurs si bon ordre au redressement de ses affaires, qu'il n'y a point de doubte que ceux avec lesquels Sa Maj^té vivra en paix, ne puissent espérer un grand et notable advantage de son amitié et alliance.

Ledit baron de Salignac n'oubliera, en passant, de toucher un mot des grands travaux que Sa Maj^té a soufferts pour mettre en repos ce roy^me, lequel elle trouva, à son avènement à la Couronne, si rempli de partialités et divisions, qu'il estoit impossible qu'un autre Hercule peust surmonter et coupper les testes de cest hydre et monstre de rebellion qui s'estoit emparé des cœurs de la pluspart des habitans des bonnes villes de cedit roy^me. De façon que Sa Maj^té, estant en ce prédicament par toute la chrestienté, elle peult donner contrepoix aux affaires du monde, de quelque costé qu'elle se veuille ranger, et principallement aux guerres que ladite chrestienté voudra entreprendre pour la propagation de la religion chrestienne. Il luy parlera aussy des desseings du roy d'Espagne sur la Barbarie et mesme sur Alger, dont il a fait assez souvent retentir le théâtre du monde, fomenté et appellé à ce faire par le roy de Congue et les Arabes. Il luy dira qu'il est certain que, sans la crainte que ledit roy d'Espagne a eue des armes de Sa Maj^té, il eust desjà exécuté ladite entreprise.

Il le mettra aussi sur le propos de la paix de Hongrie, comme de chose que Sa Maj^té désire, et qu'elle sera tousjours très ayse de favoriser si c'est le bien et advantage de ce Seigneur et de son empire. Mais il luy dira que Sa Maj^té y a recogneu jusques icy l'Empereur peu disposé. De quoy, elle l'a bien voulu faire advertir par ledit baron de Salignac, affin qu'il ne se laisse endormir aux apparences et espérances que l'on luy pourroit donner de ladite paix; estimant Sa Maj^té, qu'il convient à l'amitié qu'elle a jurée à cedit Seigneur, de luy en faire parler aussi franchement. Et s'il venoit à propos de toucher quelque chose de la paix que recherche le roy d'Espagne avec le roy d'Angleterre, ledit baron de Salignac fera entendre audit Grand Seigneur, que les affaires en sont en tels termes, qu'il semble que ledit roy d'Angleterre le désire. Et y a plus d'apparence d'en voir réussir quelque chose que de l'accomodement des affaires des Pays Bas, où la guerre se continue tousjours avec autant de chaleur que jamais, chacun ayant les yeux tendus sur ce qui arrivera des sièges d'Ostande et de l'Escluse; dont ledit baron de Salignac luy dira que l'évènement estoit fort incertain, lorsqu'il est parti de ce roy^me.

Voylà ce que Sadite Maj^té désire qu'il face entendre dès le premier coup audit Grand Seigneur; d'autant qu'après l'avoir veu ceste fois, il ne parlera plus à luy qu'à son partement, et aura seulement à négotier avec ses principaux ministres et principalement avec son Bassa Visir;

lequel s'il faut que ledit baron de Salignac visite avant que d'estre introduict audit baise main, ainsi qu'ont faict cy devant quelques autres ambassadeurs, il en usera comme ont faict les autres, et se conduira néantmoins en cela par l'advis dudit s^r de Brèves, duquel il sçaura comment deffunct le s^r de Lancosme et luy s'y sont gouvernés : ce qu'il observera aussi à la distribution des présens qui luy ont esté baillés, pour estre par luy délivrés le plus dignement, et à l'honneur de Sa Maj^{té}, que faire se pourra.

En quelque sorte que ce soit, devant ou après le baise main, Sa Maj^{té} veult que ledit baron de Salignac visite ledit premier Bassa, et lui donne les présents que Sa Maj^{té} luy envoye, lui faisant entendre l'estime que Sa Maj^{té} faict de sa vertu, à la marque de laquelle il a esté appellé par ce Seigneur, pour la conduicte et direction des principaux affaires de son empire ; de quoy Sa Maj^{té} s'estant desjà conjouye avec luy par lettres qui luy ont esté présentées par ledit s^r de Brèves, il ne sera point mal à propos que ledit baron de Salignac luy en face un nouveau compliman, l'asseurant de la bonne grâce de Sa Maj^{té}, et le priant d'estre favorable aux affaires de Sadite Maj^{té} et de ses subjects, en toutes les occasions qui se présenteront, le tout avec l'advis dudit s^r de Brèves à son arrivée. Et pour l'y mouvoir davantage, Sadite Maj^{té} luy escript les lettres qui seront aussi baillées audit baron de Salignac.

Il visitera semblablement le Général de la mer *Cygal* qui est allé en Perse, s'il le trouve de retour à son arrivée et le conviera aussi de se rendre favorable aux affaires de Sadite Maj^{té}, et de ses subjects, et autres trafficquans soubs la bannière de France, luy tenant les langages dont l'instruira ledit s^r de Brèves, et selon aussi la disposition en laquelle il le trouvera. Et fera pareil compliman à l'endroit de deux ou trois Bassas et de l'Aga des Janissaires, pour lesquels Sa Maj^{té} luy a faict bailler des lettres en créance sur luy.

Il y a quelque temps que les Anglais, du temps de la feue royne d'Angleterre, obtindrent, du feu Grand Seigneur dernier mort, permission de trafficquer par toutes les Eschelles de son empire soubs la bannière anglaise, au préjudice de celle de France ; et ayant esté travaillé par le s^r de Brèves jusques icy pour faire revocquer ladite permission, l'on luy a donné quelques espérances sans aucun effect. Au moyen de quoy si ledit baron de Salignac, marchant dedans les mesmes pas dudit s^r de Brèves, entreprend de faire renverser ladite bannière angloise, comme possible, selon l'estat auquel il trouvera les affaires, il sera conseillé de faire, il ne s'y embarquera légèrement, s'il ne cognoist en pouvoir venir à bout, affin de n'offenser inutilement et mal à propos le roy d'Angleterre. Mais s'il juge pouvoir mettre par terre ladite bannière, Sa Maj^{té} désire qu'il n'en perde l'occasion.

Entre tous les roys et princes de la chrestienté, la précédence de Sa Maj^{té} n'est point controversée par delà, laquelle mesmes luy est accordée avant l'Empereur qu'ils tiennent seulement pour estre roy de Hongrie, et outre cela, leur tributaire. De quoy Sa Maj^{té} a voulu que ledit baron de Salignac ayt esté adverty, affin que si la paix, qui se traitte entre ledit Grand Seigneur et ledit Empereur, venoit à estre conclue, et que ledit Empereur envoyast un ambassadeur à la Porte, ledit baron de Salignac se garde bien de luy laisser usurper ceste prérogative d'honneur et de précédence, au préjudice de Sadite Maj^{té}, mais la conserve à l'égal de son honneur et de sa propre vie et personne.

Et d'autant qu'après l'intérest de l'Estat, l'un des principaux fruicts qui se recueille de l'amitié et confédération de la France avec ledit Grand Seigneur, est le trafficq et entrecours des marchandises que font les subjects des deux princes les ungs avec les autres, Sadite Maj^{té} commande audit baron de Salignac d'avoir sesdits subjects et autres trafficquans par delà soubs sa bannière, en toute bonne recommandation, et tenir la main qu'ils soient favorablement traictés par toutes les Eschelles de l'empire de Sa Haultesse, que justice leur soit ouvertement administrée, et que les consuls establis èsdites Eschelles, ou leurs vice consuls facent leur debvoir de les protéger, comme leurs charges et debvoirs les y obligent.

L'on a faict souvent plusieurs plainctes à Sa Maj^{té} que les Anglois tiennent la mer du costé du Levant comme de celui d'Occident, et y commettent une infinité de déprédations, estant si accoustumés à ceste friandise de desrobber, qu'ils ne s'en peuvent retirer. Au moyen de quoy Sadite Maj^{té} veult que, s'ils continuent en ces désordres et à piller ainsi les marchands trafficquans esdites Eschelles, ledit baron de Salignac s'en plaigne à ce Seigneur et à sesdits Bassas et principaux ministres, et face instance qu'il y soit pourveu et que le cours de tant de volleries soit arresté.

Sadite Maj^{té}, meue d'une singulière piété, veult et commande semblablement audit baron de Salignac, qu'il ayt en recommandation les chrestiens de toutes nations qui se trouveront par delà, les deslivrant d'injustice et d'oppression, autant qu'il luy sera possible. Et affin que chascun cognoisse que Sa Maj^{té} est digne de ce tiltre de Roy très chrestien qu'elle porte, elle veult aussi qu'il ait soing des Lieux Saints qui y sont, et assiste les religieux qui y servent, les protégeant du nom et de l'auctorité de Sadite Maj^té en toutes occasions.

Comme aussi Sadite Maj^té désire qu'il ayt en recommandation les Flamans qui trafficquent par delà et subjects à la domination des Estats généraux des Provinces Unyes des Païs Bas, et luy commande de les assister et favoriser comme ses propres subjects en tout ce qu'ils auront besoing de sa protection.

La Seigneurie de Venise, ayant accoutusmé de tenir un Bayle à la Porte dudit Grand Seigneur, ledit baron de Salignac aura toute bonne correspondance avec luy, comme a eu ledit s^r de Brèves pendant sa résidence par delà, et assistera et favorisera les affaires de ladite Seigneurie de tout ce qui deppendra de luy, aux occasions qui s'en présenteront, asseuré que Sadite Maj^té le recevra à service très agréable; comme aussi qu'il s'employe en ce qu'il pourra pour les affaires de la République de Raguze, sans touteffois permettre que les ungs ny les autres entreprennent ny obtiennent rien au désadvantage de la bannière de Sa Maj^té et de sa dignité et représentation.

Sa Maj^té ayant accoustumé, à l'exemple des roys ses prédécesseurs, d'entretenir par delà quelques drogmans ou interprètes en langue arabesque, qui traduisent les lettres que le Grand Seigneur luy escript et autres actes publics qui doibvent estre envoyés à Sadite Maj^té, et leurs gages estant confondus dedans la pension qu'il luy plaist donner à ses ambassadeurs en Levant, pour leur entretènement en ladite charge, elle désire que ledit baron de Salignac les ayt aussi en recommandation, et qu'estant bien payé de son dit entretènemen, comme il sera, il donne ordre aussi et tienne la main que lesdits drogmans et interprètes soient bien paiés et satisfaicts.

Pour fin, Sadite Maj^té ayant promis audit s^r de Brèves, s'en revenant en ce roy^me, de repasser par Jérusalem, pour visiter les Saints Lieux, ledit baron de Salignac luy confirmera ladite permission de la part de Sadite Maj^té. A laquelle néantmoins il luy dira qu'il fera service très agréable d'user de diligence, et se rendre près d'elle le plus tost qu'il luy sera possible.

Faict à Monceaux, le XXVIe jour de juillet 1604.

Signé : HENRY,

et plus bas : DE NEUFVILLE.

TESTAMENT (1).

Au nom de Dieu, aux Vignes de Péra lez Constantinople, ce dix septiesme septembre mil six cent dix.

Ayant esté commandé ce jourd'huy par monseigneur de Salagnac, conseiller du Roy en ses Conseils d'Estat et privé, ambassadeur pour Sa Majesté en Levant, de le venir trouver en sa chambre, où il gisoit en son lict malade, toutesfois sain de jugement Dieu mercy, et plein de bon et ferme propos, comme recognoissant que nous sommes tous mortels, et qu'il n'y a rien de si incertain que l'heure de la mort et l'événement d'icelle : après avoir invoqué l'assistance du Saint Esprit, désirant mettre ordre à ses affaires et à celles de sa maison, m'a commandé d'escrire ce qui s'ensuit, qu'il veut et entend devoir servir pour déclaration de sa dernière volonté sur le règlement d'iceux, sy tant estoit qu'il pleust à la divine bonté de l'apeller de ce monde.

Premièrement, après avoir recommandé son âme à Dieu, a dict en ces mots :

Pour les affaires de la Maison en France, j'en ay disposé avant que de partir.

Et pour le gouvernement et nourriture de François de Biron, baron de Salagnac, mon fils, j'en laisse la charge à ma femme (laquelle j'autorise de nouveau, et pour cela et pour tous autres affaires de ma ma maison), et luy remets la charge de tout comme auparavant, tant que faire se peut et en la meilleure forme et manière ; et ce, à cause que je l'en recognois très digne et très capable, selon qu'elle me l'a faict voir, principalement depuis ma résidence en cet ambassade et par combien de bon jugement, de vertu et d'industrie, elle s'est gouvernée en l'administration de tout ce qui me touche.

Secondement, afin que les choses de ce païs ne donnent nulle peine à personne, et que ce qui ne se sçayt pas de plusieurs, ou que la mauvaistie des personnes peut inventer, ne puisse nuire, je veux bien asseurer que ce que le sieur Olivier Olivery, premier interprète du Roy en ceste Porte, a gouverné assez longuement l'estat de ma despence, il l'a faict avec toute bonne fidélité et diligence, et m'en tiens très content et satisfaict de luy. De sorte que l'on n'en puisse de luy, cy

(1) Biblioth. nat., fr. 16171, fol. 333.

après prétendre, ny demander aucune chose ; comme je fais aussi pour René Fonsibée, de présent mon maistre d'hostel ; lequel durant l'administration du consulat de Satalie, quelques uns pensoient qu'il me fut desbiteur de quelques choses. Ayant bien voulu précisément mesurer les choses avec ses bons services, je prétends que l'on ne luy en puisse demander aucune chose à l'advenir, et ainsy qu'il demeure quitte de tout.

Tiercement, pour ce que depuis quelque temps, Charles Olivery, interprette du Roy en ceste Porte, a eu le régime de ma despence, je le tiens sy homme de bien, que j'ordonne qu'on croye le compte qu'il rendra.

Quartement, parce que je crois qu'il se trouvera quelque chose de deub aux interprettes du Roy, depuis que je suis en ceste charge, en ceste résidence, je désire qu'ils soient entièrement payés de ce qui leur sera deub.

Quintement, comme j'ay divers serviteurs, je désire qu'ils soient entièrement paiés de tout ce qui leur sera deub. Particulièrement ayant reconnu le sieur dom Nicolas Lesdos, mon aumosnier, plain de toutes les bonnes qualités qui se pouvoient, en ce qui est de sa charge, l'ayant monstré, tant par le voiage venant icy, que depuis que j'y suis, je luy donne, sy Dieu faict sa volonté de moy, toute la chapelle de quoy il m'a dit la messe, tant en argenterie qu'autres ornemens. Et parce qu'il a pleu à Sa Sainteté le nommer, à ma requeste, à l'évesché de Milo, je désire aussy que tout ce qu'il aura besoin, tant pour son expédition d'icy que pour les frais de son voiage pour aller jusques audit Milo, luy soit fourny.

Sextement, parmy la quantité de serviteurs que j'ay, il y en a dont la longueur de leurs services mérite récompence. J'ordonne que Pierre Estivain, mon valet de chambre, et Guillaume Sambay, mon sommelier, et Christophle Odo, qui m'a longtemps servy aussy, ayent récompense particulière outre leurs gages ordinaires ; et de cette récompense les prie de se contenter de ce que mon frère le sieur de Carla en ordonnera, sans en cela comprendre les deux cens escus que je doibs audit Estivant, mon valet de chambre, que j'entends qu'ils luy soient paiés.

Septiesmement, me trouvant aussy bien et fidellement servy de Jacques Angusse, mon secrétaire, afin de luy donner envie de continuer sa charge soubs mon frère, auquel je résigne la charge de cet ambassade, attendant la volonté du Roy et de la Roine régente, je luy donne cent sequins outre ses gages que j'entends et veux qu'ils luy soient bien paiés, sy tost qu'il aura pleu à Dieu de faire sa volonté de moy.

Huitiesmement, n'ayant point jusques icy baillé au sieur Julien Bourdier aucuns gages, je désire aussy que l'on luy donne cinquante escus après que Dieu aura faict sa volonté de moy.

Neufviesmement, il y a aussy quelques serviteurs céans comme Alonse, le jardinier, et un Pierre, le cuisinier, qui n'ont point de gages. Je désire qu'on leur donne quelque chose ; et de cela je m'en remets à mon frère d'en faire comme il jugera.

Dixiesmement, je désire encore qu'il soit donné comme dessus à Louis Denis, mon secrétaire, cinquante escus ; et prie de se contenter de ce que je fais, et croire que j'aurois fait davantage, s'il m'estoit loisible.

Onziesmement, surtout je désire et prie que s'il se trouve que je doive quelque chose, qu'il soit incontinant payé.

Douziesmement, je donne aussy à la Résidence des Pères de la Compagnie de Jésus, qui est icy au monastère de St Benoist, tous mes livres en général ; priant lesdits Pères, de vouloir accepter cela pour une démonstration de l'honneur et affection que je leur porte.

Ainsi signé : SALAGNAC,

et plus bas : ANGUSSE, secrétaire.

Codicille dudict sieur de Salagnac, dudict jour dix septiesme septembre mil six cent dix.

Plus, j'ordonne qu'il soit donné à la mère de Françoise, lorsqu'elle se trouvera partye, pour la marier, deux cens sequins ; et à ladicte Françoise aussy, pour bonnes considérations, cinq cens autres sequins. Lesquels seront mis en rente, en quelque lieu seur, afin que l'intérest qui en proviendra, serve pour la nourrir, vestir et entretenir, jusques à ce qu'elle soit en âge d'estre mariée. Et qu'alors qu'elle se mariera, lesdits cinq cens sequins, et ce qui pourra estre de plus, du reste de revenu d'iceux, luy soient donnés en dot. Et le sieur Olivier, premier interprète du Roy, prendra, sy ce luy plaist, le soin et administration des dicts cinq cens sequins et des autres deux cens sequins. De l'administration du tout, donnera compte en ceste chancellerie, laquelle pourra pourvoir d'un autre administrateur de cet argent, au cas qu'il vint faute du dict Olivier. Et en cas que ladicte Françoise, ou sa mère ou aucunes d'elles vint à mourir, premier que d'estre mariée, ou mariée sans hoirs, je veux et entends que ce que je leur donne retourne à mes héritiers. J'entends toutes fois que ce que je donne à la mère Françoise, la fille l'hérite par survivance.

Et pour ma vaisselle d'argent du service de table, et de la chambre, je veux et entends que mon frère s'en serve tant qu'il plaira au Roy et à la Roine de le laisser cette mienne charge; mais que lorsqu'il aura pleu à Leurs Majestés de luy donner un successeur, que toute ladicte vaisselle d'argent soit rendue à mes héritiers avec le reste, tant de meubles que immeubles, qui se trouvera estre à moy; dont j'ordonne qu'Auguste, mon secrétaire, face un inventaire aussy bien que de la vaisselle, à ce que le tout soit rendu à mes héritiers.

Je donne à mon frère mes chevaux et mes habits qui sont icy, et désire que mes livres couverts de velin blanc avec filets d'or, et celuy intitulé *Le Code Henry*, luy demeurent pour s'en servir comme dessus.

Ainsi signé : SALAGNAC,

et plus bas : ANGUSSE, secrétaire.

Certificat comme monsieur d'Angusse a mis le testament suscript de monsieur de Salagnac en la chancellerie de l'ambassadeur et ambassade de Levant, le 15ᵉ d'octobre 1611.

Aujourd'huy quinziesme d'octobre 1611, l'original du testament de feu monsieur le baron de Salagnac, jadis conseiller du Roy en ses Conseils, et son ambassadeur en cette Porte, signé par luy en deux endroits d'iceluy et de maistre Jacques Angusse, son secrétaire (duquel coppie est cy devant transcripte et collationnée à l'original par moy Claude Brisset, secrétaire de monsieur le baron de Sancy, conseiller du Roy en ses Conseils et ambassadeur pour Sa Majesté en cette Porte soubs^{né}), a esté mis en la chancellerie de mon dict seigneur par iceluy sieur Angusse, porteur d'iceluy, suivant l'ordonnance expresse de mon dict seigneur de Sancy, et commandemens faicts audict sieur d'Angusse, pour y avoir recours par qui et ainsy qu'il appartiendra. Dont et de quoy ledict sieur Angusse a demandé acte, à luy octroié le présent pour luy servir en temps et lieu ce que de raison.

Fait ès Vignes de Péra lez Constantinople, en la chancellerie de Mgr de Sancy, l'an et jour susdict.

Signé : BRISSET.

Nous Achilles de Harlay, seigneur baron de Sancy, conseiller du Roy en ses Conseils d'Estat et privé, et ambassadeur pour Sa Majesté en

Levant, certiffions à tous qu'il appartiendra que le seing cy dessus est celuy de maistre Claude Brisset, nostre secrétaire, et qu'en cette qualité, foy est adjoutée aux actes et escrits publics qu'il passe comme vrays, bons et valables ; en foy de quoy nous avons signé ces présentes de nostre propre main, les an et jour susdits.

Signé : DE HARLAY.

TABLEAU GÉNÉALOGIQUE
DES
MAISONS DE GONTAUT ET DE SALIGNAC

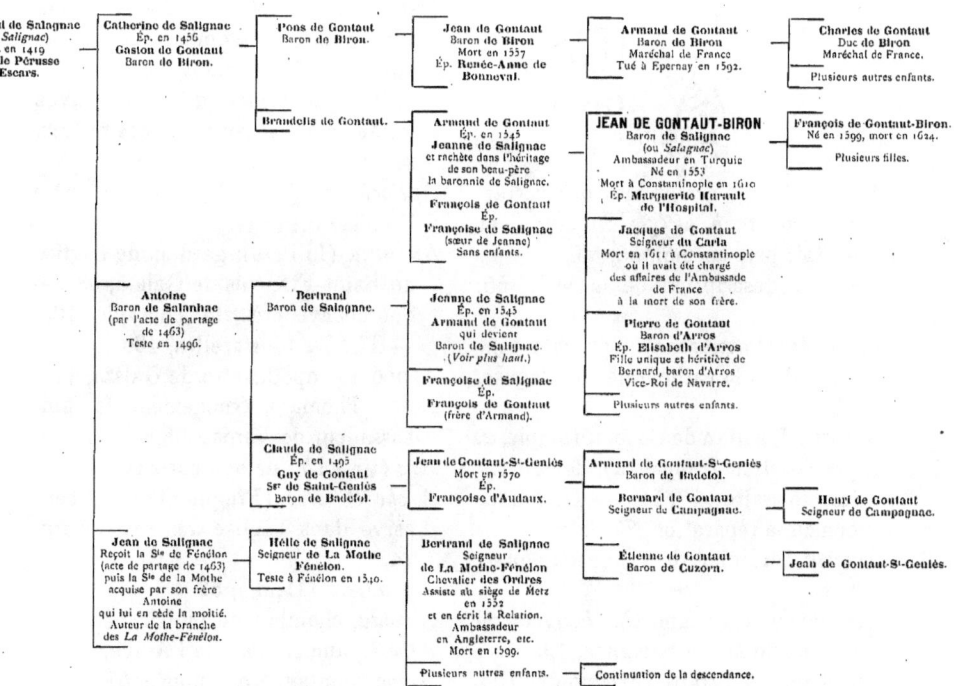

TABLE ANALYTIQUE

ABYDOS (l'Aga d') envoie des rafraîchissements à M. de Salagnac, et lui fait bon accueil, 53, 56.

Abydos : description de la ville, 55, 56.

ABRAHAM (Patriarche) : son chef conservé dans la cathédrale de Raguse, 24.

ACMETH I, sultan de Constantinople, 2.

Alger (bastion français à), démoli par les janissaires, 77, 143. — La France demande réparation, 77, 142.

ALONSE, jardinier de M. de Salagnac, 151.

ALORMAND (Alexandre), écuyer de cuisine de M. de Salagnac, 19.

ALY-PACHA maltraite l'évêque de Milo, 32.

AMURAT-RAYS, chef des galères d'Alger, démolit le bastion français, 77.

AMDROS (l'évêque d'), 38.

ANGLAIS, empiètent sur le protectorat de la France dans le Levant, 146. — Leurs déprédations dans les mers du Levant, 147.

ANGUSSE (Jacques d'), premier secrétaire de M. de Salagnac, auteur d'une relation du voyage à Constantinople, IV, 18. — Son éloge et témoignage d'estime que lui donne son maître, 150. — Dépose à la chancellerie de l'ambassade le testament de M. de Salagnac, 152.

ANHALT (le prince d'), traite avec M. de Salagnac au sujet des reîtres, XL.

Antiochette (cité d'), sur la côte Eolide, 49.

ANTOINE (le Père), gardien de l'église de Saint-François de Galata, 98. — Son abbaye près de Thérapie, 105. — Tire les tourterelles, 130.

APOLOGNE, apothicaire de Galata, 123.

AQUY (Thomas), truchement de l'ambassadeur de Venise, 98.

Arc (tir à l') : détails curieux, 110.

Arche de Noé (Fragment de l') conservé dans l'église de Wittemberg, 24.

Argentière (Ile d'), 32.

Arhoda, chambre du plaisir, 68.

Athesis, ancien nom de l'Adige, 5.

Athos, montagne renommée, 57.

AUBUSSON (Hardouin d'), chevalier de Malte, délivré par Salagnac, 124. — Malade de la fièvre, 130.

Auch, visité par Catherine de Médicis et la cour du roi de Navarre, XIII.

Augsbourg : description de la ville, 3. — Détails sur son horloge d'ébène, 3.

AUTRICHE (archiduc d'), fait la guerre en Flandre, 80.

AZAN, premier vizir, reçoit en grande cérémonie la visite de M. de Salagnac, 63, 64.

B

Baillio : nom donné aux ambassadeurs de la Seigneurie de Venise, 53.

BAISE (François), valet de cuisine de M. de Salagnac, 19.

BARREAU (Nicolas), parisien, accompagne M. de Salagnac à Constantinople, 18.

BAVIÈRE (le duc de), reçoit magnifiquement M. de Salagnac, 4.

BEAUVEAU (Henry de), gentilhomme lorrain, accompagne M. de Salagnac à Constantinople, 19, 48.

Beligrad, village près Constantinople ; son origine, 98.

BELLEGARDE (maréchal de), se rend indépendant en Dauphiné ; Salagnac est envoyé vers lui, XVII.

BIRAC (Henri de), premier valet de garde-robe du Roi, 17.

Blanche (mer) : les galères du Grand-Seigneur y sont passées en revue, 43.

Bolzano, ville sur l'Adige, 5.

BONVALET (Pierre de), accompagne M. de Salagnac à Constantinople, 18.

BONNE (Octave), ambassadeur de Venise auprès de la Porte, 71.

BOON (Pierre de), gentilhomme breton de la suite de M. de Salagnac, 19.

BORDIER (Julien), périgourdin, auteur de la relation du voyage de M. de Salagnac à Constantinople, III. — Nommé écuyer de M. de Salagnac, 97. — Se livre au plaisir de la chasse, 101. — Désire faire un voyage à Trébizonde, 117. — Va aux bains d'Yalonne. — Reçoit un legs de son maître, 151.

Bourcia. — Voir Yalonne.

BOURDIN (Nicolas), agent du Roi à Raguse, 21. — Notice, 21, 22, 23, 25, 140.

BRÈVES (François-Savary de), ambassadeur du Roi à Constantinople, LVI. — Mécontente le Roi et est rappelé, LVII, LVIII, 1. — Envoie un gentilhomme au-devant de M. de Salagnac, 54. — Le reçoit dans son logis, 60, 61. — Lui conseille de visiter les vizirs, 63, 65. — Reçoit des présents du Grand-Seigneur, 70. — Fait renouveler les capitulations, 142.

BRISSET (Claude), secrétaire de M. de Sancy, ambassadeur dans le Levant, transcrit le testament de M. de Salagnac, 152.

Brochets : pêche merveilleuse, 106. — Abondance de ce poisson à Ponte-Picolo, « escadrons aquatiques », 107.

Bucentaure (vaisseau dit le), honoré des Vénitiens ; sa description, sa fête le jour de l'Ascension, 11.

C

Cabréra, petite île dans le voisinage de Cerigo ; grand péril qu'y court M. de Salagnac, 31.

CABRÉRÈS (Jean de Gontaut, baron de), nommé gouverneur de Cahors, XXII.

Cahors, assiégée et prise par le roi de Navarre, XX, XXI, XXII.

CALIL-PACHA, personnage de grande vertu, 94. — Très dévoué à M. de Salagnac, 95, 96.

Calonic (île de), 61.

Caloyers (monastère de), superbe résidence très affectionnée de M. de Salagnac, 99, 125.

CALOYERS (les Pères), très dévoués à M. de Salagnac, 130.

Cambrai (siège de) où M. de Salagnac est fait prisonnier, 23.

CAMPAGNAC (Henri de Gontaut, seigneur de), accompagne M. de Salagnac à Constantinople, 17.

CANILLAC (le Père de), jésuite, prononce l'oraison funèbre de M. de

Salagnac, LXVIX, 138. — Supérieur des Jésuites établis à Galata par M. de Salagnac, 85. — Raconte comment on apprit la nouvelle de l'assassinat d'Henri IV, 122. — Fait l'oraison funèbre du Roi, 123. — Assiste M. de Salagnac dans sa dernière maladie, 132. — Fait le récit de sa mort, 133.

CAPIGY-AGA, chef des portiers du Sérail, 66, 67.

CAPOUDAN-PACHA, grand amiral des mers, 54, 70.

CAPY-AGA, chef des eunuques, 68.

CARBONNIÈRE (Jean de), seigneur de La Capelle-Biron, accompagne M. de Salagnac à Constantinople, 18.

CARLAT (Jacques de Gontaut-Biron, seigneur de), frère de M. de Salanac, va le joindre à Lyon, 6; — l'accompagne dans son voyage, 16. — Commet une imprudence, 20. — Commande le vaisseau de M. de Salagnac, 59. — Sa conversion, 87. — Tombe malade, 133. — Conduit le deuil de M. de Salagnac, 137. — Sa mort, 138.

CASE, marseillais, vice-consul à Scio, 33.

Cerigo (île de), 31.

Ceste. — Voyez Sestes.

CHARLES (le Père), jésuite, 88.

Chasses : détails nombreux et curieux, 92 et suiv.

Chiens de chasse, id., id.

CHIONE, nymphe qui a donné son nom à l'île de Chio, 35. — Voyez Scio.

CLARISSIMES, gentilshommes vénitiens, 7.

CLOVIS : Sa sépulture à Inspruck, 5.

Compare (cap del), 21.

Congue (le roi de), excite le roi d'Espagne contre le sultan, 145.

CONTARINI (le seigneur), ambassadeur de Venise, assiste au service funèbre célébré à Galata pour le Roi, 122. — Assiste à la sépulture de M. de Salagnac, 135.

Corbillac et *Melunois*, noms des bateaux qui font le service des voyageurs sur la Seine, entre Melun et Paris, 126.

Corfou, 26.

Coron, citadelle près de l'île de Sapience, 30.

Codignac (confitures de), 16.

COULLON (Claude), frère lai, jésuite, 85.

Coutras (bataille de), 31.

CROC (Jean du), périgourdin, de la suite de M. de Salagnac, 19.

CYGAL, général des mers, est prié d'être favorable aux affaires du Roi, 146.

D

DAUBOIS (Bernardin), gentilhomme lorrain de la suite de M. de Salagnac, 17.

DENYS (Louis), secrétaire de M. de Salagnac, 18. — Est le premier à apprendre la mort du Roi, 120. — Reçoit un legs de son maître, 151.

Divan : salle du palais du Grand-Seigneur, 65.

DOMINIQUE (religieux de Saint-), à Scio, 38 ; — à Galata, 132, 137.

DUERN (Jean), gentilhomme allemand de la suite de M. de Salagnac, 19.

DUMOULIN, ministre protestant, a une conférence avec Madame de Salagnac qui le réfute victorieusement, LII.

DURAS : son duel avec le vicomte de Turenne, à Agen, XV.

E

Elmedingen, 2.

HEMER-HOR-BACHY, grand écuyer du Grand-Seigneur, 65.

ESPAGNE (le roi d') a des desseins sur la Barbarie et sur Alger, 145. — Sollicité par le roi de Congue et les Arabes, 145. — Fait la guerre en Flandres, 80, 145.

Est (le cardinal d') est salué par M. de Salagnac, 5.

Estivain (Pierre d'), valet de garde-robe de M. de Salagnac, 18. — Qui lui fait un legs, 150.

Etlingen, 2.

F

Falconera (île de), 32.

Faucon (chasse au), 93.

Faula (Campo de) sur la côte d'Istrie, 20.

Ferondire (Jacques de Trillier, sieur de), accompagne M. de Salagnac dans son voyage, 18.

Flandres : L'Espagne y fait la guerre, 80, 145.

Fonsibée (René), maître d'hôtel de M. de Salagnac, 150.

Forneti (Dominique), interprète du Roi, 54.

Franciscain (religieux), consul du Roi à Galipoly, reçoit M. de Salagnac chez lui, 58, 59, 61.

Franciscains (les religieux) de Galata donnent leurs soins à M. de Salagnac dans sa maladie, 132.

Françoise (la mère de) : M. de Salagnac lui lègue 500 sequins pour marier sa fille quand elle sera en âge, 151.

Fresne (Philippe de Canaye, seigneur de), ambassadeur à Venise, va au-devant de M. de Salagnac, 5. — L'accompagne au palais Saint-Marc, chez le doge de Venise, 7, 8. — Rend compte à M. de Villeroy de la réception faite à M. de Salagnac, et de son départ de Venise, 14, 16.

Frentz (le sieur de), XLI.

G

Gaillard (Jean), périgourdin, argentier de M. de Salagnac, 18.

Galata. Habitée par un grand nombre de français, 63. — Description de la ville, 83. — Église Saint-Benoist, 84. — Chapelle de l'Annonciation restaurée par M. de Salagnac pour y établir les jésuites, 84, 85, 86, etc. — Les vignes de Péra, logis de l'ambassadeur, 90. — Galata tire son nom de l'abondance de lait fournie par elle à Constantinople, 90.

Galipoly : M. de Salagnac y relâche, 57, 58, 60, 61.

Gedouin (Louis), seigneur de Belland, parisien, premier secrétaire de M. de Salagnac, 17.

Glauvert (Thomas), ambassadeur d'Angleterre à Constantinople, invite M. de Salagnac à dîner, 111. — Son adresse à tirer de l'arc, 111. — Se brouille avec son médecin, 132. — Assiste aux obsèques de M. de Salagnac, 136.

Goby (le Père Charles), jésuite, 85.

Gonthier (le Père), jésuite, a une conférence avec le ministre Dumoulin, LII, LIII.

Grand-Seigneur (Le) reçoit magnifiquement M. de Salagnac ; description de son palais et de sa cour, usages, costumes, etc., 63 et suivantes.

Guillaume (le Père), jésuite, prêche l'avent à Galata, 87.

Guron (Jean de Rechignevoisin, seigneur de), envoyé par M. de Fresne au-devant de M. de Salagnac, 54. — Va visiter Abydos, 55. — S'embarque avec M. de Salagnac, 57, 59.

H

Halil-Pacha, très affectionné à M. de Salagnac, 97.

Hala (Ozéas), serviteur allemand de M. de Salagnac, est exécuté pour meurtre, 19.

HALLIER (François de l'Hôpital, seigneur du), va recevoir M. de Salagnac aux Iles-Rouges, 60.
HAZANADARS, trésoriers du Grand-Seigneur, 66.
HENRY IV : la nouvelle de sa mort parvient à Constantinople, 119. — Douleur générale qu'elle y cause, 120. — Service funèbre en son honneur, 121, etc.
Heraclée (ancienne cité d'), 61.
Hevister : ville traversée par M. de Salagnac, 2.
HODOT (Christophe), lorrain, fauconnier de M. de Salagnac, 19. — Qui lui fait un legs pour ses bons services, 150.
Hongrie : le Roi offre au Grand-Seigneur d'y affermir la paix, 80.
HOPITAL (Marguerite de l'), femme de M. de Salagnac, IX. — Réfute le ministre Dumoulin, LIII.

I

INSPRUCK : le chroniqueur dit à tort qu'on y voit la sépulture de Clovis, 5.
ISOLANTS : habitants des îles voisines de Scio ; leurs danses, 37.

J

JANISSAIRE-AGA, colonel-général de l'infanterie, 68.
JANISSAIRES (les) d'Alger démolissent un bastion français, 77, 78.
Janissaire (cap), ou Sigée, 49, 50.
JEAN, marseillais, patron de galères de Scio, dévoué à M. de Salagnac, 43.
JÉSUITES : leur superbe collège à Augsbourg, 3. — Appelés à Constantinople par M. de Salagnac, 84. — Noms des pères fondateurs de la mission, 85. — Honneurs qu'ils rendent à la dépouille de feu M. de Salagnac, 132 et suiv.

JHEVON, périgourdin, palefrenier de M. de Salagnac, 19.
JOUANET (Charles), parisien de la suite de M. de Salagnac, 18.
JUIFS (porte des) ou Chifout Capsy, à Topana, 64.

K

KOLOKYTHIA (golfe de) ou Marathonisi, autrefois de Laconic : grande tempête qui y éclate, 30.
KOUKO (le roi de) (ou Congue) favorise les Espagnols, 76, 145.

L

Laconic (golfe de), 98.
La Fère (siège de), XLVII.
LA FEUILLADE. — Voir Aubusson.
Lampsac (bourg de), jadis une des plus fameuses cités de Phrigie, 61.
LANCOSME (feu M. de), ambassadeur dans le Levant, 146.
LA PORTE (le sieur de), commandant de Montignac, XXVIII.
LARDIMALIE (le sieur de), succède à M. de Salagnac dans la charge de gouverneur du Périgord et du Limousin, XXXIX.
La Réole (prise de) : M. de Salagnac s'y distingue, XII, XIV.
LELLAU (Henry), ambassadeur d'Angleterre, reçoit honorablement M. de Salagnac, 70. — Lui fait don d'un beau cheval, 107.
Le Saphosine, ville entre Padoue et Venise, où l'ambassadeur de Venise va recevoir M. de Salagnac, 5.
LESDOS (Nicolas), aumônier de M. de Salagnac, 17. — Pourvu de l'évêché de Milo, 17, 33, 88. — Persécuté par les Grecs, est obligé de se réfugier à Rome, 33. — M. de Salagnac lui lègue sa chapelle, 158.
Lesina (ville de), 21.

Levesque (le Père Guillaume), jésuite, 85.
Limoges (collège de), fondé par M. de Salagnac, LXX. — Couvent des Récollets fondé par M. de Salagnac, LXX.
Limousin : M. de Salagnac se démet de sa charge de lieutenant général en Limousin, LV.
Lissa (ville de), 21.

M

Marans (prise de), XXXIII.
Marichal (Jean), chanoine de la Sainte-Chapelle de Paris, accompagne M. de Salagnac dans le Levant, 18.
Marmara (île de), 59.
Marseillais (patron) : les Turcs s'emparent de son navire et tuent son équipage, 79.
Marseille (Messieurs de), demandent une enquête sur les actions de M. de Salagnac, LXVI.
Mastic (village de), ainsi appelé à cause des arbres à mastic qui y croissent, 35.
Matapan (cap), 30.
Médicis (Catherine de), visite la Gascogne, XIII.
Mehemet (le sultan), accorde des privilèges aux habitants de l'île de Scio, 35.
Mehet-Pacha, grand vizir, favori du sultan, 70.
Melunois et Corbillac : noms des bateaux qui font le service entre Paris et Melun, 126.
Metelin (île de), 49.
Milanesse (Alexandre), noble vénitien chez lequel loge M. de Salagnac, 6.
Milo (île de) : possède un évêché catholique à côté d'un évêché grec, 32. — Mauvaise entente entre les deux évêques, 32. — Mauvais traitement infligé par les Turcs à l'évêque catholique, 32. — L'aumônier de M. de Salagnac nommé évêque de Milo, 33. — Persécuté par « ceste canaille de Grecs », et contraint de se retirer à Rome, 33.
Misaguy (le seigneur Nicolo), un des principaux habitants de Scio, 33. — Montre à M. de Salagnac les arbres du mastic, 37. — Fait baptiser un fils qui lui est nouvellement né et prie M. de Salagnac d'en être le parrain, 38. — Accompagne M. de Salagnac au port où il doit s'embarquer, 44.
Modon (le fort de), 26, 30.
Moissac (le sieur de), gentilhomme ordinaire de la chambre du Roi, commandant du bastion français à Alger, 77. — Les janissaires démolissent son fort et lui volent plus de 20,000 écus, 77, 142. — Le Roi demande réparation de cet excès, 78, 142.
Monségur, défendue par M. de Salagnac, XXVIII, XXIX.
Montignac, assiégée par Mayenne et défendue par M. de Salagnac, XXVII.
Munich, visitée par M. de Salagnac, 4. — Description des merveilles de la ville, 4.
Munier (Christophe), valet de chambre de M. de Salagnac, 18.
Murat Guyaga, renégat marseillais, prend M. de Salagnac dans sa galère, 59.
Mustapha, renégat français, habile armurier, 168.

N

Nagara (port de), 52.
Natolie (pays de) : les habitants prennent frayeur en apercevant le bateau de M. de Salagnac, 49.
Navarrin : M. de Salagnac y fait escale, 26. — Description de la ville et du port, 27, 28. — Furieuse tempête, feu Saint-Elme, 28. — L'aga

envoie des présents à M. de Salagnac, 29.
NEMOURS (Jacques de Savoie, duc de), 6. — Sa belle mort, 134.
NÉAUFITO, patriarche de Constantinople, très attaché à M. de Salagnac, 212. — Description de ses vêtements, 113. — Honneurs qu'il rend à M. de Salagnac, 114. — Messe solennelle du rite grec, 114, 115.
NISENGY-BACHY, grand chancelier turc, 66.
NYVONNÉ, donne au Roi des détails sur les négociations avec les reîtres, XL.

O

OLIVERY (Olivier), premier interprète du Roi, gouverne les affaires de M. de Salagnac, qui rend témoignage de sa fidélité dans son testament, 149.
OLIVERY (Charles), premier interprète du Roi, gouverne la dépense de M. de Salagnac, 124, 150. — Qui lui confie l'administration du legs fait à une fille de sa maison, 151.
Ostende (ville d'), assiégée par l'archiduc d'Autriche, 80.

P

Padoue, 5.
PARABÈRE (Jean de Baudéan de), à la bataille de Coutras, XXXI.
Paris (siège de), XXXVI, XXXVIII.
Parenzo, petite ville ruinée, sur la côte d'Istrie, 20.
Péra (les vignes de) : quartier de la ville de Galata; pourquoi ainsi appelé, 90. — M. de Salagnac y loge; description de son logis, 90, 91.
PERBANAC (Ibrahim), trucheman turc de M. de Salagnac, 19.

Périgueux : M. de Salagnac en est nommé gouverneur, XVIII. — Lettre du roi de Navarre à ce sujet, XIX.
PERSE (le roi de), convie les princes de la chrétienté à la guerre contre les Turcs, 84, 144. — Le roi de France repousse ses propositions, 74, 144.
Pforzheim, 2.
PIERRE, jardinier de M. de Salagnac qui le gratifie dans son testament, 151.
PRÉGADI (conseil des), à Venise, 8.
PONTAC (M. de), chevalier de Malte, prisonnier des Turcs, délivré par M. de Salagnac, 124.
Ponte-Picolo : M. de Salagnac va y passer l'automne avec sa suite, 106. — Pêche merveilleuse de brochets, 106, 107.

Q

Quarnus : golfe de Quarnero ou de Fiume, 20.
QUEYAGA, maître d'hôtel du Divan, 66.
Qui t'aime, aime-le, etc. : proverbe turc, 94.

R

Raguse : réception de M. de Salagnac, 21, 22. — Le Sénat l'invite à dîner, 22. — Visite des églises, 23. — Fameuses reliques, portrait de la sainte Vierge, langes de la crèche, têtes d'Abraham, d'Isaac, de Jacob et de Siméon, etc., fragment de l'arche de Noé, 23, 24. — Présents offerts par la seigneurie de Raguse, 25.
REGNAULT (le sieur), de la suite de M. de Salagnac, 18.
REGNAUX (Jean), serviteur de M. de Salagnac, périgourdin, 19.

Rhodes : les galères turques y attendent le beau temps, 55.

Rivoli : le duc de Savoie y séjourne, 6.

RIDET (Jean), chirurgien champenois, de la suite de M. de Salagnac, 18.

ROBERT (Jean), fait sauter la porte de Cahors, XXI.

Rodosto, ville maritime de Thrace, 61.

ROHAN (le duc de) : description qu'il fait de l'horloge d'Augsbourg, 3.

Rolland (château de), 20.

Rouges (îles) ou des Princes, 60. — Leur excellent climat, 99.

ROZAN (le sieur de) : son duel avec M. de Turenne, XV.

S

Sables d'Olonne sont témoins des faits d'armes du jeune Salagnac, 73.

SARCEVAL, fauconnier du Grand-Seigneur, 97.

Sain-de-Nicopoli (village de), 126.

Saint-André (îles de), en l'une desquelles est un monastère de *Caloyers,* 99, voyez *Caloyers.* — Très giboyeuses, 99, 100, 130, 131.

Saint-Blaise (église cathédrale de) à Raguse ; sa description, ses reliquaires, 23.

SAINT-ELME, patron des mariniers, 28.

Saint-Elme (feu) paraît sur le vaisseau de M. de Salagnac, 28.

SAINT-GENIÉS (Jean de Gontaut), baron de Cuzorn, accompagne M. de Salagnac à Constantinople, 17.

SAINT-NICOLAS, patron des mariniers, 28, 44.

Saint-Roch : nom du vaisseau sur lequel s'embarque M. de Salagnac, 19.

Sainte-Marie (les religieux de), 132.

SALIGNAC (Bertrand, baron de) : sa fille épouse Armand de Gontaut-Biron, VI.

SALIGNAC (Armand de Gontaut-Biron, baron de), achète la baronnie de Salignac, VI.

SALIGNAC (François de Gontaut, baron de) : sa mort et son oraison funèbre, LXX, LXXIII.

Salzebourg, 2.

SAMBAY (Guillaume), sommelier de M. de Salagnac, périgourdin, 19. — Nommé au testament de son maître, 150.

SANCY (Achilles de Harlay, baron de), ambassadeur à Constantinople, 152.

Sapienza (île de), anciennement appelée *Spagia,* 26, 30.

SAVOIE (Charles-Emmanuel, duc de) habite Rivoli, 6.

Scio : Entrée du port difficile ; danger que court M. de Salagnac, 33. — Les notables de la ville font visite à l'ambassadeur, 34. — Excellence du climat, 34. — Site enchanteur rappelle le jardin fabuleux de l'*Amadis des Gaules,* 34. — Description de l'île, 35. — Arbres du *Mastic,* 35, 37. — Bon naturel des habitants, 37. — Récréations, passe-temps, etc. 37, 38. — Baptême du fils de l'hôte de M. de Salagnac par l'évêque de Scio, 38. — Danses du pays, 39. — Les femmes « sont les plus accomplies, belles, et gracieuses de tout le Levant », 39. — Description de leur costume, 40, 41, 42. — Perdrix domestiques, 43. — Départ de Scio, 44. — Tempête, dangers courus, etc., 45 et suivantes.

Scamandrie (ruines de), 57.

Scutari : Le Grand-Seigneur y a bâti une maison de plaisance, 94. — M. de Salagnac va y chasser, 94, 116.

Sembot, voir Sambay.

Sérail (description du), 65.

Sélymbrie (ville de), 61.

Sèque (la) : Atelier monétaire à Venise, où sont frappés les *sequins,* 10.

Sestes sur l'Helespont, 52, 55.

SORT (Jean le), parisien, pâtissier, de la suite de M. de Salagnac, 19.

Spagia : voir *Sapienza.*

Strasbourg : fameux pont sur le Rhin, 2.

Stuttgard, 2.

Sunie (Cap de), 33.

TABLE ANALYTIQUE.

T

Tarde (Jean) : Chroniqueur de Bergerac, 75.
Tempel (le sieur de), xli.
Térapie (bourg de), appelé par M. de Salagnac l'abbaye du père Antoine, 98.
Terzygy-Bachy, tailleur du Grand-Seigneur, 67.
Thère (île de), 33.
Tine (l'évêque de) veut bâtir un hôpital à Galata, 87, 88.
Trente (ville de), 5.
Tremblement de terre : panique qu'il occasionne, 109.
Troie (cité de), 49, 50.
Turenne (M. de) : son duel avec Rozan et Duras, xv.
Turin (séjour à), 6.

U

Uluchaly, Capoudan-Pacha, comble le canal de Navarrin, 28.

V

Valiros (Gaspard de), cap. gascon, à la bataille de Coutras, xxxi, xxxii.
Valentin (le docteur), renégat, donne ses soins à M. de Salignac, 123, 131.
Valone (La) : ville sur la côte d'Albanie, 26.
Vasel (Pierre le), sieur de Bellefontaine, gentilhomme normand de la suite de M. de Salagnac, 18.
Venise : Magnifique réception faite à M. de Salagnac, 7. — Description de la salle du conseil dite du *Pregady*, 8. — Église Saint-Marc, 8, 9. — Son trésor, 9, 10. — Exécution d'un faux monnayeur, 10. — Atelier monétaire de *La Seque* où sont frappés les *sequins*, 10, 11. — Arsenal, 11, 12. — Le Bucentaure, 11. — Somptueuse collation offerte à l'ambassadeur et à sa suite, 13. — Préparatifs du départ, 14, 15, 16. — Embarquement, 16.
Vérone, 5.
Viau (Étienne), frère lai, jésuite, 85.
Vinot (Jean-Baptiste), parisien de la suite de M. de Salagnac, 18.
Vivier (du), jeune médecin parisien, fort sujet à une grande maladie, 129. — Va aux bains d'Yalonne, 131. — Sa mort, 132.
Vizir-Azan, premier ministre du Sultan : Récit de la visite que lui fait M. de Salagnac, 63. — Cérémonial de la réception, 64.

Y

Yalonne (bains d') ou de Bourcia : M. de Salagnac s'y rend avec sa suite, 123. — Descriptions du lieu, 124. — Jeux, chasse, pêches, 124, 125, 126. — Nature des eaux, description de la source, premier bain, etc., 127, 128, 129 et suivantes.
Ynard (Pierre), patron d'une galère, prend M. de Salagnac à son bord, 15.
Yusuf-Aga, personnage des plus accomplis, 93, 97.

Z

Zante (île de la), 26.

TABLE DES MATIÈRES.

Préface. . . . . I à LXXVI
   Vie du baron de Salignac V

LIVRE Ier.
VOYAGE A CONSTANTINOPLE.

I. — Partement de Paris de Monseigneur le baron de Salignac, ambassadeur pour Sa Majesté très chrétienne à Constantinople 1
II. — De ce qui se passa durant nostre séjour à Venise. 7
III. — De l'arsenal de Venise. 11
IV. — De l'origine ou commencement de la cité de Venise 13
V. — Préparation sur nostre partement et embarquement de Venise. . 14
VI. — Partement de Venise pour aller à Constantinople. 19
VII. — De l'ancienne cité de Raguse. 25
VIII. — De nostre embarquement de Raguse pour aller à Constantinople. 25
IX. — Du Péloponèse ou Morée. 26
X. — De la ville et port de Navarin. 27
XI. — De l'isle de Scio et contours d'icelle. 34
XII. — De la cité et faubourg de Scio. 36
XIII. — De l'ancienne générosité des Sciotes. 36
XIV. — De nostre séjour en l'isle de Scio. 36
XV. — De nostre fascheux embarquement de l'isle de Scio pour aller à Constantinople 44
XVI. — De plusieurs anciennes cités qui souloient estre sur le canal de l'Helespont 50
XVII. — Des chasteaux Dardaniens, savoir Ceste et Abide. 55
XVIII. — De la cité de Gallipoly. 58
XIX. — Visite du seigneur ambassadeur au visir Azan. — Son baisemain au Grand Seigneur 63

TABLE DES MATIÈRES.

LIVRE II.

SÉJOUR EN TURQUIE ET ÉPISODES DE LA VIE DU BARON DE SALIGNAC.

VIII. — Description des églises de Galata.	83
IX. — Vignes de Péra. — Logis de Mgr l'ambassadeur de France.	90
LXXI. — De nostre exercice durant nostre séjour de Constantinople.	92
LXXIV. — [Parties de chasse. — Monastère des Caloyers].	97

LIVRE IV.

V. — Suite de nostre séjour à Constantinople.	105
VII. — Suite de nostre séjour de Constantinople.	108
XIII. — Que l'arc et la flèche est très noble et ancienne arme offencive et très commode en guerre.	110
XIV. — Du patriarche de Constantinople qui pria le seign^r ambassadeur de se treuver à une sienne messe solennelle à Péra.	112
XXI. — Continuation de nostre séjour de Constantinople.	116

LIVRE V.

LXV. — De la triste et désolée nouvelle de la mort du feu roy Henry IVme.	119
LXVI. — De nostre voyage des baings d'Yalone près la ville de Bourcie en Bithynie.	124
LXVII. — Des baings d'Yalone.	126
LXVIII. — De nostre retour des bains d'Yalonne.	130
LXIX. — De la maladie, mort et enterrement de Monseigneur de Salignac, ambassadeur pour Sa Majesté en Levant.	131

PIÈCES JUSTIFICATIVES.

Instruction au baron de Salagnac, envoié par le Roy, ambassadeur à Constantinople, 26 juillet 1604.	139
Testament du baron de Salignac.	149
Tableau généalogique des Maisons de Gontaut et de Salignac.	155

TABLE ANALYTIQUE.	157

www.ingramcontent.com/pod-product-compliance
Lightning Source LLC
Chambersburg PA
CBHW060130170426
43198CB00010B/1110